Die *schrulligen* Habsburger

Konrad Kramar · Petra Stuiber

Die *schrulligen* Habsburger

Marotten und Allüren eines Kaiserhauses

Weltbild

Genehmigte Lizenzausgabe für
Verlagsgruppe Weltbild GmbH,
Steinerne Furt, 86167 Augsburg

Umschlaggestaltung: Studio Höpfner-Thoma, München
Umschlagmotiv: AKG/Berlin, bearbeitet von
Hubert Höpfner-Thoma
Gesamtherstellung: GGP Media GmbH,
Karl-Marx-Straße 24, 07381 Pößneck

Printed in Germany

ISBN 3-8289-0787-3

2005 2004 2003
Die letzte Jahreszahl gibt die aktuelle Lizenzausgabe an.

Inhalt

Vorwort

Er hätte sein Leben dafür gegeben, Wissenschaftler werden zu dürfen – er gab es schließlich her, einfach nur, weil er mit diesem Leben nichts mehr anzufangen wusste. Die wenigen glücklichen Stunden seines Lebens verbrachte Kronprinz Rudolf mit der Vogelkunde. Wenn er oft wochenlang durch die Donauauen streifte und nächtens Größen und Maße der erlegten Vögel in seine Notizbücher eintrug, wenn er jagte und forschte, dann hatte Rudolfs Leben einen Sinn – nur eben nicht jenen, den die Dynastie dafür vorgesehen hatte.

Wer dem Weg der Habsburger durch die Geschichte folgt, erlebt eine Familie, die sich konsequenter als jede andere Dynastie Europas eisernen Prinzipien unterworfen hat: Machterwerb und Machterhalt, Regierung und Repäsentation.

Fürs Leben wie auch fürs Sterben eines Habsburgerherrschers gab es ein striktes Protokoll. So, wie sie nach eindrucksvollen Totenbettszenen – stets wurden die letzten Worte aufgezeichnet – einbalsamiert und, ihres Herzens und ihrer Eingeweide entledigt, in die Kapuzinergruft einfuhren, so verbrachten sie ihr öffentliches Leben: streng nach gottgewollter Vorschrift.

Die Krone war für viele Mitglieder der Dynastie mehr Bürde als Würde, der sie auf ganz verschiedene und oft sehr eigenartige Weise begegneten. Die persönlichen Vorlieben, die ihr Leben und in einigen Fällen ihren Regierungsstil entscheidend mitprägten, sind eine wahre Fundgrube an Kuriositäten, teils mit tragischem, teils mit komischem Einschlag.

Dieses Buch begleitet die Dynastie durch fünf Jahrhunderte. Es beginnt mit Friedrich III., dem wortkargen und wortscheuen Eigenbrötler, der von einer Gier nach Kostbarkeiten besessen war: so groß, dass er über seinen vollen Schatztruhen die Welt rund um sich vergaß. Sie wollte ihm, davon war er überzeugt, ohnehin nichts Gutes.

Wir betrachten Maximilian I. nicht als Kaiser und Krieger, sondern als beinahe manischen Selbstdarsteller, der ein Leben lang

an seiner eigenen Legende arbeitete. In die Geschichte wollte er eingehen, dafür gab er den letzten Gulden aus seiner ohnehin chronisch leeren Staatskasse.
Wir schauen zu, wie Karl V., der Herrscher eines Reiches, in dem die Sonne angeblich nicht unterging, sich allmählich zu Tode isst, wundern uns über eine spröde Kaiserin Elisabeth, die dagegen fast nichts isst und statt zu tafeln lieber turnt. Wir begegnen einem begabten Komponisten namens Leopold, der für seine Hochzeit eigenhändig an einer Oper mitschreibt und seine Beamten nach ihren Gesangskünsten auswählt. Allein sein lästiger Hauptberuf, Kaiser, verhindert eine große Künstlerkarriere.
Wir beobachten den Gärtner Franz beim Tulpenzüchten im Burggarten und reisen mit Josef inkognito in der Postkutsche quer durch Europa. Wir verfolgen Maximilian, den Bruder des Kaisers Franz Joseph, in die fernen Welten, die er bereist und von denen er träumt, wenn ihn seine ererbten Pflichten gerade nicht fortlassen. Sein Fernweh bringt ihm beinahe eine Weltreise, ein exotisches Kaiserreich und schließlich einen gewaltsamen Tod.
Nicht als historische Figuren, sondern als Persönlichkeiten werden Herrscher hier porträtiert – als Menschen, deren Leben vielleicht anders ausgesehen hätte, wären sie von ihrem Schicksal nicht auf den Thron gesetzt worden.
Dieses Buch soll einfach Spaß machen, unterhaltsam sein und den an Geschichte durchschnittlich interessierten Lesern ein bisschen mehr Einblick in österreichische Herrscherhistorie bieten. Nicht Glanz und Gloria haben die Autoren interessiert, sondern die kleinen und großen Schrullen, Leidenschaften und Spießbürgerlickeiten derer, die ein Weltreich regierten. Das Buch macht aus Herrscherpersönlichkeiten, denen zu Lebzeiten vor allem Verehrung und Respekt entgegengebracht wurden, »ganz normale Menschen« – mit einigen Marotten.

Wien, im Sommer 1999
Konrad Kramar und Petra Stuiber

Friedrich III.

Lockruf des Goldes

Es war wieder einmal spät geworden. Längst hatten die Glocken der Georgskapelle Mitternacht geschlagen. Die Wiener Neustädter Burg war in tiefen Schlaf gefallen, nur in den Zimmern des Kaisers brannte noch Licht. Müde hockten die Diener, die für die Nacht eingeteilt worden waren, auf ihren Sesseln. Es galt, die Augen offen zu halten. Denn bald würden die Herrschaften wieder nach neuen, frisch gefüllten Lampen verlangen, zum dritten Mal in dieser langen Nacht.

Unüberhörbar drang die Stimme von Enea Silvio Piccolomini nach draußen; der Sekretär des Kaisers ereiferte sich wieder einmal über die vergangene Größe der Antike, die man von Neuem entdecken müsse. Thomas Ebendorfer, der berühmte Historiker, war aus Wien angereist, um über den letzten Stand seiner Ermittlungen über die glorreiche Herkunft der Habsburger zu berichten. Das römische Adelshaus der Colonna, das wären doch passende Ahnen. Ein Stammbaum mit Karl dem Großen oben drauf, da gäbe es noch einige historische Probleme zu beseitigen.

Nur gelegentlich geriet die eloquent geführte Diskussion ins Stocken. Friedrich brachte sich mit ein paar ungeschickt formulierten Sätzen in die Diskussion ein. Sicherlich konnte der Kaiser Latein, hatte er sich doch Sätze von Seneca, Horaz und anderen römischen Autoren feinsäuberlich in sein persönliches Notizbuch eingetragen, doch so flüssig wie bei den gelehrten Herren ging das eben nicht. Auch hatte er wieder einmal nur mit einem Ohr zugehört und davon wohl nur die Hälfte verstanden. Rudolf IV., sein Großonkel, der wäre doch ein Herrscher gewesen! Er, Friedrich, würde es ihm gleichtun, die Vorherrschaft der Habsburger im Reich wiederherstellen. Dann versank er wieder in sein Schweigen.
Er war müde, doch schlaflos. Den frühen Abend hatte er alleine in seiner Schatzkammer verbracht, hatte in seinen Truhen und Kisten gewühlt. Die Edelsteine, seinen ganzen Stolz, durch die Finger gleiten lassen. Über die Finanzierung weiterer Kleinodien sinniert.
Es war bereits Nacht geworden, als er seine Berater zur Plauderstunde gerufen hatte. Ein Glück wohl, dass die Herren zu Gast waren, sonst hätten wie sonst so oft die Kammerdiener seinen Ausführungen lauschen müssen, bis er endlich müde geworden war. Am nächsten Tag würde er sich wohl wieder einmal bis Mittag nicht blicken lassen. Ein Wutanfall erwartete dann denjenigen, der es wagte, ihn wegen etwaiger Regierungsgeschäfte aus dem Schlaf zu reißen.
In diesen langen Nächten erfuhr der Kaiser von einer Welt, die ihm ein Leben lang fremd blieb. Vor den Menschen da draußen schützte ihn die unüberwindliche Mauer seines trägen Gemüts und seiner maßlosen Egozentrik. Seinem zwar politisch wertlosen, aber doch Ehrfurcht einflößenden Rang entsprechend, waren es einige der größten Köpfe seiner Zeit, die er so um sich versammelte. Neben Enea Silvio, dem späteren Papst Pius II., Ebendorfer, der für ihn schon die Antrittsrede als deutscher König verfasst hatte, waren da Astrologen, Alchemisten und Philosophen, viele unter ihnen Juden. So eröffnete sich ihm nicht nur die abendländische Geisteswelt, sondern auch der Orient. Friedrich hatte so viel in seinem langen Leben zu hören bekommen – von seiner Abstammung, von der Würde des römisch-deutschen Kai-

Von Gold und Geiz ein Leben lang besessen:
Friedrich III.

sertums, von mittelalterlichen Geheimlehren, von den Kriegen, die er führen müsse, der Ehre, die er zu verteidigen, den Künsten, die er zu fördern hätte: Er hatte es mit bleierner Geduld zur Kenntnis genommen und sich seinen eigenen bescheidenen Reim darauf gemacht. Eine eigenartige Wühlkiste aus halb verdautem Wissen, Aberglauben und mittelalterlicher Mystik – das war die Basis für Friedrichs Weltbild. Sein privates Notizbuch, eine seltsame Sammlung von Lebensweisheiten, Zitaten und biografischen Notizen, ist wie ein intimer Blick in diese Wühlkiste in seinem Kopf. Scheinbar ungeordnet reihte er Sprichwörter aneinander wie: »Alle Zeiten verwandeln die Zeit« oder »Im Glück findet man viele Freunde«. Tiefgreifender Pessimismus spricht daraus, genährt nicht von weisem Verständnis, sondern vielmehr von einem halsstarrigen Unverständnis für die Welt.

Er hatte kein wirkliches Interesse an den Menschen rund um ihn, kein wirkliches Interesse an der Zeit, in der er lebte. Als er 1493 im damals beinahe biblischen Alter von 77 Jahren starb, erlebte das alte Europa einen seiner radikalsten Umbrüche. Die Renaissance und mit ihr die Neuzeit waren angebrochen – und Friedrich steckte mitten drinnen, ließ sich von einem Strom treiben, der ihn am Ende nicht für möglich gehaltene Ziele erreichen ließ. Er war der Erste in einer über ein halbes Jahrtausend fast ununterbrochenen Reihenfolge von Habsburgerkaisern, begründete die österreichische Vorherrschaft in Mitteleuropa – und schien dabei stets nur das zu tun, was er entschieden am besten konnte: ausharren und warten. Für Friedrich war die Welt nichts als ein Spielfeld, auf dem er seine von Gott in Auftrag gegebene kaiserliche Mission zu erfüllen hatte. Diese zutiefst mittelalterliche Überzeugung, die den Habsburgern übrigens bis zu ihrem Ende als Herrscher anhaftete, ermöglichte es diesem so trägen und wenig raffinierten Menschen tatsächlich, Geschichte zu schreiben.

Im historischen Überblick macht seine Regentschaft den Eindruck einer unglaublichen Erfolgsbilanz. 1435 rang der knapp Zwanzigjährige seinem Tiroler Onkel Friedrich IV. die Herrschaft über Innerösterreich ab, also in etwa die heutigen Bundesländer Steiermark und Kärnten. Fünf Jahre später verhalfen ihm zwei Todesfälle in der Verwandtschaft zu einem rasanten Machtzuwachs.

Albrecht V., Herrscher über die österreichischen Kernlande, Ungarn und Böhmen und obendrein soeben zum römisch-deutschen König gewählt, war gegen die Türken ins Feld gezogen und dabei an der Ruhr erkrankt. Er schaffte es nicht mehr heim nach Wien und ließ eine hochschwangere Frau, ein verwaistes Herzogtum und drei Königskronen zurück. Fast zur selben Zeit war in Tirol Friedrich IV. gestorben und hinterließ, seinem Spitznamen »mit der leeren Tasche« zum Trotz, ebenfalls ein durchaus gut situiertes Herzogtum.

Sigismund, der Sohn des Tiroler Herrschers, war noch minderjährig, Ladislaus, der Nachkomme Albrechts, kam überhaupt erst nach dem Tod seines Vaters auf die Welt. Friedrich war somit der einzige erwachsene Habsburger und wurde zum Vormund für beide Sprösslinge bestellt. Er war, zumindest formell, Herrscher über all jene Gebiete, die später über Jahrhunderte von Habsburgern regiert werden sollten. Es schien, als hätte die Geschichte, die da plötzlich solche Kapriolen schlug, dem jungen Habsburger ein Trugbild politischer Macht so drastisch vor Augen geführt, dass er es sein Leben lang nie wieder vergessen sollte. Friedrich hatte sein Lebensziel festgelegt, nun sollte er es mit eiserner Geduld und Ausdauer bis zu seinem Tod verfolgen.

Kurz nach Friedrichs Aufstieg beschlossen die deutschen Kurfürsten, ihn zum römisch-deutschen König zu wählen. Eine Entscheidung, die wohl nicht von der Autorität, sondern vielmehr von der menschlichen und politischen Schwäche des Habsburgers motiviert gewesen sein dürfte. Die römische Königswürde war längst zu einer gering geachteten Formalität verkommen. Je schwächer der König war, dem Deutschlands Fürsten diese Würde übergaben, desto weniger Einfluss hatte er auf ihre Politik. Friedrich hat sich um Deutschland tatsächlich ein Leben lang nicht gekümmert. Er wollte das Fundament des »Hauses Österreich« errichten.

Doch seine Gegenspieler waren mächtig. 1458 wurde Matthias Corvinus König von Ungarn. Er war wohl der erste Renaissancefürst Mitteleuropas und somit nicht nur ein großer Förderer der Künste, sondern vor allem ein äußerst machtbewusster und kriegslüsterner Herrscher. Er drang in den kommenden Jahrzehnten ständig in Österreich ein und eroberte 1485 sogar

Wien. Ebenfalls 1458 wählten die Adeligen in Böhmen Georg Podiebrad zum Herrscher. Er half zwar Friedrich ein paarmal aus äußerst misslichen Lagen, war aber ansonsten auch ein unangenehmer Gegenspieler, dessen sich Friedrich ständig irgendwie versichern musste.
Die Türken, denen schon Albrecht entgegengezogen war, hielten den Balkan bis hinauf nach Ungarn zumindest zeitweise besetzt und drangen von dort aus in Friedrichs Stammländer, die Steiermark und Kärnten, vor. Mit kleinen kämpfenden Einheiten führten sie zwar keinen Eroberungskrieg, plünderten und zerstörten jedoch ständig die Dörfer.
Friedrichs schlimmster Feind allerdings wurde sein eigener Bruder Albrecht VI., der ständig neue Gebietsforderungen erhob. 1462 kam es also zu einem Bruderkrieg um Wien, in dessen Verlauf Friedrich, eingeschlossen in der Hofburg, ganz und gar unkaiserlichen Hirsebrei essen musste, um seinen Hunger irgendwie zu stillen.
Eigentlich hatte Friedrich gegen alle seine Gegner wenig aufzubieten. Er hatte nur einen wirklich mächtigen Mitstreiter, der ihm schließlich zum Sieg verhalf: den Tod. Ladislaus starb, kaum volljährig geworden, 1457. Bruderfeind Albrecht VI. bekam 1463 eine »große Peul« unter der Achsel, die ihn das Leben kostete. Georg Podiebrad verabschiedete sich 1471 aus der Weltpolitik und Matthias Corvinus war kaum siegreich in Wien eingezogen, als er es auch schon wieder in Richtung Ewigkeit verlassen musste. Übrig blieb Friedrich – und in seinen Händen die Macht. Als er selbst 1493 starb, war diese Macht noch immer nicht viel mehr als ein großes Konzept, doch ihr Fundament war felsenfest. Friedrichs Sohn Maximilian sollte darauf jenes Reich errichten, in dem bald darauf »die Sonne nicht mehr unterging«. Der einsame Eigenbrötler hatte seine Mission erfüllt.
Friedrichs Auftritt auf der politischen Bühne war wenig spektakulär, aber dafür umso wirkungsvoller. Ein gutes Wort über ihn verlor trotzdem keiner seiner Zeitgenossen. Um es etwas brüsker zu formulieren: Leiden konnte diesen Menschen tatsächlich niemand.
Die Wiener, die für Fremde nie eine besondere Vorliebe hatten, riefen dem Steirer schon bei seinem ersten Einzug in die Stadt

nach, er möge gefälligst heim nach Graz gehen. Man beschimpfte ihn öffentlich als König der Juden und behandelte ihn derart abweisend, dass der missmutige Kaiser in sein privates Notizbuch schrieb, die Wiener seien viel schlimmer als die Böhmen oder Ungarn und würden aus schierer Bosheit ihre Herrscher so schlecht behandeln.

Seine eigene Frau, Eleonore von Portugal, hat wohl ihr ganzes kurzes Leben bereut, ihn geheiratet zu haben. Die glanzvolle Hochzeit war vermutlich der erste und letzte Lichtblick in der Beziehung dieser zwei so grundverschiedenen Menschen. Friedrich hatte sie mit seiner Kaiserkrönung in Rom verknüpft und leistete sich einen Einzug, dessen Pracht alle in ihren Bann schlug. Allein Gewand und Schmuck des Kaisers sollen eine Million Gulden wert gewesen sein.

Ein solcher Auftritt ließ Eleonore von einem kaiserlichen Leben in Friedrichs Residenz Wiener Neustadt träumen. Die Realität sah anders aus. Wiener Neustadt war zwar eine durchaus respektable Stadt und auch Friedrichs Burg hatte nach außen hin einiges Format, doch drinnen sah alles anders aus. Wo kaiserliches Gepränge und zur Schau gestellter Reichtum keine politische Notwendigkeit hatten, entfaltete sich eine von Friedrichs markantesten Eigenschaften: Geiz. Als Verächter von Alkohol und üppiger Kost, überzeugtem Nichttänzer und meist schlecht gelauntem Langschläfer machte ihm das höfische Leben keinerlei Freude. Wozu also einen Gulden zu viel dafür ausgeben? Eleonore musste also mit einem Mann leben, der, nachdem er den Vollzug der Ehe nur mühsam und mit einigen Tagen Verzögerung vollbracht hatte, an weiterem Intimleben nur äußerst wenig Interesse hatte. Kein Einzelschicksal, doch Friedrichs Kleinlichkeit machte es seiner Ehefrau unmöglich, ihr Dasein auf andere Weise etwas bunter und fröhlicher zu gestalten. Für höfische Spielereien war kein Geld da. Die quälende Gleichgültigkeit ihres Mannes brachte Eleonore immer häufiger zur Raserei. Einmal sogar war die Kaiserin von einem Untergebenen persönlich beleidigt und gedemütigt worden. Als sie Friedrich bat, ihn zu bestrafen, meinte er nur, man könne eben nicht jeder Hure Kind erziehen. Sie beschimpfte ihn, er wäre es nicht wert, sich auch nur mit einer Schürze zu bedecken, wenn er ihre Ehre

nicht wiederherstellte. Jedoch auch solche Grobheiten lockten den Kaiser nicht aus der Reserve.
Allein gelassen im Alpenvorland mit nur einer Hofdame aus Portugal, verwandelte sich die südländische Schönheit bald in eine verbitterte, rasch gealterte Frau. Ein Kind nach dem anderen starb schon im Babyalter, bis schließlich nur zwei übrig blieben, Maximilian und Kunigunde. Eleonore sah ihre Kinder nicht mehr heranwachsen. Sie starb jung.
Friedrichs Gegenspieler Matthias Corvinus spottete, der Kaiser würde wohl eher sein Land ins Unglück stürzen als einen Gulden dafür auszugeben, würde lieber sein Gold als seine Mitmenschen schonen. Er hatte Recht. Der Kaiser legte sein Geld lieber in etwas an, was nur ihm ganz allein gehörte und an dem er sich vermutlich in aller Stille und Heimlichkeit bis ins hohe Alter erfreut hat: einen Schatz. Was für viele mittelalterliche Fürsten eine standesgemäße Wertanlage war, entwickelte sich beim ebenso geizigen wie gierigen Friedrich zu einer Manie. Er war besessen von Edelsteinen, von Gold- und Silberobjekten. Ganz nebenbei häufte er auch völlig ungeordnet Handschriften, Bilder oder naturwissenschaftliche Geräte an, doch was ihn wirklich von Jugend an in seinen Bann schlug, war der Glanz von Juwelen und Edelmetall.
Wenn es darum ging, seinem Schatz ein paar neue Kostbarkeiten hinzuzufügen, legte der Kaiser das Phlegma, das ihn sonst wie ein Panzer von der Außenwelt abschirmte, ab. Er verfiel in regelrechte Begeisterung. Dass er die Hausmacht der Habsburger so nachhaltig stärken konnte, ist wohl vor allem seiner Geduld und seinem langen Leben zu verdanken. Dass er ihren über Jahrzehnte in alle Lande zerstreuten Schatz wieder in den Schatzkammern der Wiener Neustädter und später der Grazer Burg zusammentragen konnte, war das Produkt zäher Verhandlungen, ungeheurer Hartnäckigkeit und, wie man heute in Wien sagen würde, Groschenzählerei.
Bereits Friedrichs erster Auftritt in der Geschichte ist ein Erbschaftsstreit. Kaum war er die bereits lästige Vormundschaft seines Onkels Friedrich IV. losgeworden, verlangte er von diesem auch den Schatz seines Vaters zurück. Friedrich, der ja mittlerweile keine leeren Taschen mehr hatte, stand nicht an, die Kost-

barkeiten, die er in Verwahrung genommen hatte, dem jungen Herzog auszuhändigen. Schon bald traf in Wiener Neustadt eine erste Lieferung aus Tirol ein. In Innsbruck wünschte man sich für diese bereitwillig erbrachte Lieferung ein paar Gewehre und Pulver aus dem Nachlass von Friedrichs Vater. Der willigte ein und zeigte in einem recht skurrilen Akt von Großzügigkeit seine wahren Interessen. Die paar Bücher seines Vaters, so schrieb er nach Innsbruck, könne man ruhig behalten. Die würde er gerne dem Oheim schenken. Für damalige Zeiten, der Buchdruck war noch nicht erfunden, ein wirklich kostbares Geschenk. Schließlich handelte es sich allesamt um wertvolle Einzelstücke. Aber am Inhalt der Bücher war er ohnehin nicht interessiert. »Der Kaiser gibt den Lorbeer, aber er kann ihn nicht schätzen. Eher liebt er das Lied, wie der Barbar es singt«, spottete ein Zeitgenosse über Friedrichs Desinteresse an Literatur. Eine Geschichte Österreichs hatte er bei Thomas Ebendorfer in Auftrag gegeben. Als der Historiker das umfangreiche Werk schließlich ablieferte, bat Friedrich erschrocken um eine Kurzfassung. So viel Interesse brachte er für seine Ahnen doch nicht auf.

So wenig er sich um Literatur scherte, so genau kontrollierte Friedrich die Inventarlisten des väterlichen Schatzes, die er in seinen Händen hielt. Und wenn ein geiziger Pedant wie Friedrich einmal zu kontrollieren anfing …

Schon kurz darauf traf eine geharnischte Forderung in Tirol ein: Der Herzog möge sich gefälligst besinnen, sein Bruder Ernst müsse wohl weit mehr besessen haben.

Was darauf folgte, war ein zäher Streit um jeden Silberlöffel. Nach und nach trafen in Wiener Neustadt Perlen, Saphire und schließlich ein Ring ganz aus Saphir ein. Der Ring liegt heute noch in der Schatzkammer in Wien.

Der Grundstein für seinen Schatz war gelegt. Von jetzt an würde Friedrich jede Gelegenheit nützen, um ihm ein paar Kostbarkeiten hinzuzufügen. Wie von einem echten Österreicher zu erwarten, nützte er gleich seine erste Auslandsreise, um kräftig einzukaufen.

Eigentlich war er ja im Sommer 1436 ins Heilige Land aufgebrochen, um sich zum Ritter schlagen zu lassen. Aber es wäre

nicht Friedrich gewesen, hätte er eine solche Fahrt nicht für einige Geschäfte benützt.
Eine Anekdote erzählt von einem Abstecher des Kaisers nach Ägypten, wo er sich in der Verkleidung eines Kaufmanns in den Bazaren herumtrieb, um von jüdischen Händlern Edelsteine zu kaufen.
Auf der Heimreise machte er in Venedig Station, um ebenfalls Geschäfte zu machen. Bei einem gewissen Amadeo kaufte er kostbare Stoffe. Über die Einkaufstour nach Venedig berichtet er übrigens selbst – in seinem bereits erwähnten berühmten Notizbuch, das er nach seiner Heimkehr aus Palästina zu schreiben begann. Inmitten dieser seltsamen Ansammlung von Sinnsprüchen, Erinnerungen, politischen Kommentaren und allerlei zusammengestoppelten Halbweisheiten finden wir alle Details dieser angeblich so erfolgreichen Verkaufsgespräche.
Politische oder religiöse Anliegen seiner Reise waren Friedrich nur ein paar Bemerkungen wert. Aber jeden Gulden, den er sich in Venedig wegen seiner ach so billigen Einkäufe erspart hatte, erwähnte er ausführlich und voll kaum verhohlenem Stolz.
Kaum hatte er also eine kleine Sammlung angelegt, wollte er sie selbstverständlich auch entsprechend kennzeichnen.Hier finden sich zutiefst kleinliche Pedanterie und eine tüchtige Portion mittelalterlichen Aberglaubens zu einer Geste Friedrichs zusammen, die mehr Geschichte machen sollte, als es der junge Herzog wohl jemals erwartet hätte.
Die Buchstabenfolge AEIOU, vielleicht das bekannteste, sicherlich aber das am meisten missverstandene und missbrauchte Motto der Habsburger, hat Friedrich ganz vorne in sein Notizbuch eingetragen, mit der anschließenden Erklärung, dass alles, Silbergeschirr, Kirchengewänder und Kleinodien – und überhaupt alles, was er bauen und anfertigen ließ, ja alles, was er überhaupt besaß – mit diesem Zeichen versehen werden sollte. In beinahe kindlichem Stolz erwähnte er außerdem, dass ihm diese wunderbaren fünf Buchstaben ganz alleine eingefallen seien.
Die Nachwelt stürzte sich auf dieses AEIOU. Ließ es sich doch hervorragend als die Grundlage allen österreichischen Herrschaftsanspruchs interpretieren. Spätere Habsburgerkaiser fabu-

lierten großzügig: »Alles Erdreich ist Österreich untertan«, lateinisch »Austria erit in orbe ultima« (Österreich wird auf Erden einzigartig sein«) oder »Aller Ehre ist Österreich voll«. Aus fünf Buchstaben ließ sich tatsächlich einiges machen. Vor allem, weil Friedrich das Rätsel schlicht als Rätsel bestehen ließ und keinerlei Erklärung hinzufügte, was er wohl mit den fünf Vokalen gemeint hatte. Auf eine Tatsache hat man sich, all dieser österreichischen Einzigartigkeit zum Trotz, mittlerweile doch geeinigt: Imperiale Visionen plagten Friedrich zu dieser Zeit sicherlich noch nicht. Er hatte nicht den geringstenGrund, sich Hoffnungen auf die Kaiserkrone zu machen. Und da das eigentliche Kernland Österreich zu dieser Zeit nicht einmal von ihm, sondern von Albrecht V. regiert wurde, hatte es wohl auch wenig Sinn für den jungen Herzog, diesem Österreich allzu viel zukünftige Größe zuzuschreiben.

Egal, Österreich hatte ein unsterbliches Motto, über das man noch im 20. Jahrhundert herrlich Witze machen konnte: »Österreich ist auf Erden wirklich das Letzte« übersetzte man etwas böswillig aus dem Lateinischen.

Friedrich aber hatte etwas ganz anderes im Sinn. Schon im alten Orient war es magische Praxis, die geheimnisvolle Kraft der Steine zu beschwören, indem man ihnen gewisse Buchstabenfolgen einritzte. Die Spätantike berief sich auf König Salomon, der den Vokalen magische Kraft zugesprochen hatte. »Mystische Stimmen« nannte das Mittelalter die fünf Vokale, verbarg sich doch in diesen fünf der Name Gottes.

Woher Friedrich nun die Anregung für sein Zeichen bekam, bleibt wohl für immer unklar. Hatte er es aus Palästina mitgenommen oder von seinem Zwischenstopp auf Zypern, wo er in den dortigen Ritterorden aufgenommen wurde? Das Schweigegelübde dieses Schwertordens könnte ihn jedenfalls dazu veranlasst haben, seinem Rätsel keine Lösung anzufügen.

Doch Friedrich musste nicht weit reisen, um orientalischer Mystik zu begegnen. Seine Residenz Wiener Neustadt war ein Zentrum rabbinischer Gelehrsamkeit und die Beziehungen des Kaisers zu den Juden der Stadt dürften sich wohl nicht nur auf finanzielle Fragen beschränkt haben. Obwohl man dem Kaiser wohl regelmäßig aus schlimmer finanzieller Misere geholfen hat.

Buchstabensymbolik, verschlüsselte Gottesnamen: Friedrich hat von diesen Spielarten mittelalterlicher Mystik vermutlich auch nur die Hälfte verstanden. Auf jeden Fall müssen ihn diese Geheimnisse fasziniert haben, hinterlässt er doch in seinem Notizbuch einige Versuche mit Geheimschriften und Verschlüsselungen. Es scheint, als hätte der junge Fürst seinen Besitz unter den Bann einer Art von Zauberspruch stellen wollen, um ihn so allen Schicksalsschlägen zum Trotz an sich zu binden.

Es gelang Friedrich nicht, seinen ganzen Besitz zu markieren, doch er hinterließ sein AEIOU an vielen Stellen. Vor allem an vielen Gebäuden, die er errichten ließ, prangen noch heute die fünf Vokale. Ein Stadtspaziergang durch Wiener Neustadt kann sich so zu einer regelrechten AEIOU-Rätselrallye entwickeln. Nun wirken so prächtige Ausführungen des Zeichens wie an der Liebfrauenkirche tatsächlich eher kaiserlich als magisch. Doch als man bei der Stephanskirche einen Mammutknochen ausgrub, den man für den Schenkel eines Giganten hielt, befahl Friedrich sofort, sein AEIOU einritzen zu lassen. Sicherlich eine Geste, die mehr mit Magie als mit Politik zu tun hat.

Doch es hieße Friedrich verkennen, würde man seiner Buchstabenspielerei jeglichen politischen Charakter absprechen. Die persönliche Autorität eines Kaisers hatte ihm die Natur nicht gegönnt, also konnte dieser menschenscheue, grüblerische Einzelgänger seine Machtansprüche ausschließlich in Symbolen und Gesten darstellen. Schon der millionenschwere Mantel bei seiner Krönung zeigt, wie Friedrich seine gottgegebene Würde darzustellen versuchte. Auch das AEIOU diente diesem Zweck. Er war ein Herrscher, der nicht herrschen konnte, also musste er andere Wege finden, um seine Macht zu erhalten und bei Gelegenheit auszuweiten. Er wählte einen typisch österreichischen Weg. Wer sich ihn zum Feind machte, wer seine Gesetze brach, der wurde nicht gleich bestraft, sondern vorerst in Sicherheit gewiegt. Friedrich konnte auf seine Chance warten. »Die Rache ist die Wirtschafterin der Zeit«, pflegte er zu sagen. Er konnte wunderbar Streit und Missgunst unter seinen Widersachern anzetteln, bis einer von ihnen plötzlich des Kaisers Hilfe oder Rat notwendig hatte. Was dann geschah, lassen wir am besten den Hofhistoriker Joseph Grünpeck im Original berichten: »Nachdem sie durch unsägliche Martern langen Wartens und durch ständiges Herumlaufen bei denen, welche die Angelegenheit zu besorgen hatten, aufs Äußerste geplagt worden waren, mussten sie eine Audienz um einen ungeheuren Preis erkaufen, in der sie nicht sicher sein konnten, einen günstigen Bescheid zu bekommen. Am Hof eines so bedeutenden Fürsten geht eben alles der Reihe nach.«

Zu Recht fühlt man sich hier an ein österreichisches Amt erinnert. Vierhundert Jahre vor Metternich hatte da einer die Bürokratie als Werkzeug seiner Rache erfunden.

Zurück zu Friedrichs Lieblingsbeschäftigung, dem Anhäufen von Kostbarkeiten. Kaum hatte er sich der Vormundschaften über den minderjährigen Ladislaus und den ebenfalls noch nicht regierungsfähigen Sigismund versichert, versuchte er auch schon, sich deren ererbtes Vermögen einzuverleiben. Zwar hatte er in Tirol gelobt, sich persönlich um das Erbe des jungen Sigismund zu kümmern, doch legte er diesen Schwur wohl in seinem Sinne aus. Er kümmerte sich so gründlich um die Schätze seines verstorbenen Onkels, dass die Tiroler sie nie wieder zu Gesicht bekamen. Auch in Perchtoldsdorf bei Wien gab er ein gleich lautendes Versprechen für den jungen Ladislaus – und dachte nicht im Traum daran, es zu halten. Da Ladislaus' Vater früh gestorben war und keine Zeit mehr gehabt hatte, sich um den Familienunterhalt anständig zu kümmern, musste dessen Frau Elisabeth nach und nach das Familiensilber veräußern. Ein kostbares goldenes Diadem, 56 Saphire, 50 Rubine, kostbare Halsbänder – all das ging für ein lächerliches Pfand an einen Händler. Es lässt sich unschwer erraten, wer dieses Pfand auslöste und so ein paar Steine mehr in seinen Truhen einlagern konnte.

Sogar die ungarische Stephanskrone hatte Friedrich auf solche Weise in seine Finger bekommen. Ohne jemals Macht über Ungarn zu besitzen, besaß er also das Herrschaftssymbol des Landes. Matthias Corvinus musste einigen politischen Druck ausüben, um ihn zur Herausgabe der Krone zu zwingen.

Als der junge Ladislaus endlich seine Regentschaft antreten durfte, schickte er ein ziemlich grobes Schreiben an seinen Vormund, mit der Aufforderung, all das herauszugeben, was er sich auf so zwielichtige Weise angeeignet hatte. Wer das Schreiben liest, staunt, was Friedrich da alles aus dem Besitz der österreichischen Erzherzöge abgezweigt hatte. Sogar die gesamte Bettwäsche hatte er aus sämtlichen Schlössern mitgehen lassen.

Friedrich blieb unbeirrbar bei seiner Beschaffungspolitik. Knapp bei Kasse zu sein war damals Alltag jedes Fürsten. Kriege, Hofhaltung, Bestechungen – all das brachte einen mitteleuropäischen Fürsten regelmäßig an den Rand der Zahlungsunfähigkeit. Auch Ladislaus musste bald seine Kleinodien beim Pfandleiher, das waren in diesem Fall natürlich andere Fürsten, zu Geld machen. Er starb und Friedrich löste das Pfand ein. Denn an einem hielt der Kaiser, der öfter pleite war als alle anderen, als Einziger unbeirrbar fest: Aus der Schatzkiste wird nichts verkauft.

Viel schlimmer noch: Egal ob Geld vorhanden war oder nicht, Friedrich kaufte – aber er kaufte wenigstens mit gehöriger Fachkenntnis. Hofhistoriker Grünpeck bescheinigt ihm ungeheures Wissen über Gold und Edelsteine. Fälschungen, wie sie im ausgehenden Mittelalter überall im Umlauf waren, erkannte er sofort. Schon in seinen frühen Regierungsjahren beschäftigte er einen Steinschleifer und einen eigenen Einkäufer, der für ihn günstige Gelegenheiten in ganz Deutschland ausfindig machen sollte. Im Übrigen verkehrte er persönlich mit Juwelieren und Goldschmieden bis hinauf nach Nürnberg.

Dass seine Sammelleidenschaft ständig von einer nicht zu stillenden Gier angefeuert wurde, führte gerade in seinen ansonsten gut inszenierten öffentlichen Auftritten zu oft peinlichen Situationen. Sein Italienzug, der in der Kaiserkrönung in Rom und der gleichzeitigen Heirat mit Eleonore von Portugal gipfeln sollte, war als Demonstration von politischer Macht und wirtschaftlichem Reichtum geplant. Der bereits erwähnte Mantel, in dem Friedrich in Rom an der Spitze eines gigantischen Festzugs im Vatikan einzog, ist nur ein Beispiel für Glanz und Gloria, die der Herzog für diese Reise aufbot. Immerhin handelte es sich um zwei eminent wichtige politische Akte. Doch schon das Vorspiel zur Hochzeit, die Brautwerbung in Lissabon, war auf unschöne Weise danebengegangen. Der Kaiser hatte seine Gesandten so ärmlich ausgestattet, dass man sie am portugiesischen

Hof eher für Landstreicher als für fürstliche Boten hielt und sogleich einsperrte. Friedrich hatte sich bei seiner neuen Verwandtschaft, zu der immerhin Berühmtheiten wie Heinrich der Seefahrer zählten, nicht gerade vorteilhaft eingeführt.

Die Romfahrt selbst erweckte bei den italienischen Würdenträgern keineswegs den geplanten Eindruck. Weder Weisheit noch freigiebigen Sinn würde man bei ihm finden, urteilte der Erzbischof von Florenz, sondern lediglich eine unstillbare Gier nach Geschenken.

Sein edelsteingespickter Prunkmantel sorgte anschließend in Rom für einen Tumult. Einem alten Brauch folgend, wollten die Zuschauer ihm diesen Mantel entreißen. Friedrich, der wohl eher sein Leben als seine Edelsteine hergegeben hätte, wehrte sich nach Leibeskräften. Es kam sogar zu Todesfällen.

Als er zwanzig Jahre später seinen Sohn zu dessen Eheverhandlungen nach Burgund führte, übermannte den Kaiser ebenfalls die Gier. So sehr, dass er sich von seinem Verhandlungspartner Karl dem Kühnen regelrecht zum Gespött machen ließ. Der Burgunder, der im Gegensatz zu Friedrich auf ausgesprochen glanzvolle Hofhaltung Wert legte, tat während des gesamten Treffens in Trier nichts anderes, als dem Kaiser seinen Reichtum vorzuführen. Friedrich, der sich, wieder einmal in Geldnöten, sogar die Reisekosten bei den Fuggern geliehen hatte, kam aus dem Staunen nicht heraus. Kostbare Tapisserien, goldenes Geschirr, edelsteinbesetzter Schmuck: Karl wusste eben, was seinen armseligen österreichischen Verwandten beeindrucken würde. Es tat seine Wirkung. Friedrich, der anfangs noch über das »welsche Geprotze« geschimpft hatte, verlor bald die Fassung und begann sein Gegenüber regelrecht um Kleinodien und kostbare Reliquien anzubetteln. Nach diesem peinlichen Formfehler meinte Karl, Friedrich endgültig überrumpeln zu können, und begann seine maßlosen politischen Forderungen aufzutischen. Da hatte er sich in der kaiserlichen Krämerseele allerdings verschätzt. Über den Tisch ließ sich Friedrich nicht ziehen. Ohne auf Karls politische Wunschträume einzugehen, verließ er grußlos die Stadt. So ersparte er sich obendrein, die Rechnung für seinen Besuch zu bezahlen. Die musste, um einen Eklat zu vermeiden, der Erzbischof von Mainz übernehmen.

Der gerade vierzehnjährige Maximilian hatte einen weiteren Grund, seinen Vater aus tiefster Seele zu verachten und ihm zu misstrauen. Hatte ihm schon seine früh verstorbene Mutter Eleonore erzählt, was von diesem Steirer zu halten war, so machte ihr gänzlich verschiedenes Wesen Vater und Sohn schließlich zu regelrechten Feinden.
Maximilian ließ seinen Vater sogar ausspionieren, um mehr über seinen sagenhaften Reichtum zu erfahren. Er hatte Angst, dass sich da irgendwelche Hofschranzen bereichern wollten, noch ehe er sein Erbe angetreten hatte. Ein Passauer Priester wurde dem alten Mann als Beichtvater geschickt, um etwas über den Inhalt der 60 Kisten zu erfahren, die in den Burgen lagerten. Doch wenn es ums Geld ging, war Friedrichs Instinkt untrüglich. Auf die auffallend neugierige Fragerei des Paters über sein Vermögen antwortete er ärgerlich, Fragen, die den Beichtenden ärgern könnten, wären erstens verboten und zweitens solle sich sein Sohn gefälligst persönlich bei ihm über sein Erbe erkundigen.
Der Prunk der römischen Hochzeit blieb ein Einzelfall, Friedrich sollte seinen Schatz nie wieder für Repräsentation oder andere politische Zwecke einsetzen. Er zeigte ihn von da an überhaupt nicht mehr gerne her. Auch Freunden oder Verbündeten wurde der Blick in seine Schatzkammern in Wiener Neustadt und Graz verwehrt.
Am liebsten zog er sich alleine zu seinen gut gefüllten Kisten und Truhen zurück. Je älter er wurde, desto häufiger zog er die Einsamkeit jeglichem Kontakt zu den Menschen vor. Während sein Sohn Maximilian seine ersten Schritte auf der politischen Bühne machte, ging er daran, diese zu verlassen. »Heillos« würde er handeln, meinte der alte Kaiser und wich ihm aus, so gut er konnte. Er zog sich nach Linz zurück. Geheimwissenschaften wie Astrologie oder Alchemie hatten ihn sein Leben lang fasziniert, jetzt gehörte seine ganze Zeit dem Goldmachen und den Sternen. In der zur Festung ausgebauten Linzer Burg verkroch er sich am liebsten auf die Aussichtswarten. Keinen Menschen wollte er in diesen »contemplatoria« sehen. Hier interessierten ihn nur die Sterne. Rund um ihn wurde das Bild des Weltalls gänzlich erneuert. An der Wiener astronomischen Schule fasste man Erkenntnisse, die zur Grundlage für die wissenschaftlichen

Revolutionen Galileis oder Keplers werden sollten. Friedrich wusste davon, war aber zu antriebslos, um sich damit wirklich zu beschäftigen.

So blieb sein Wissen über Astronomie zutiefst mittelalterlich. Nächtelang schaute er hinauf in die Sterne und sammelte seltsam pseudowissenschaftliches Schriftenmaterial, aus dem er seine Erkenntnisse schmiedete. Er berechnete Horoskope und weil es seinem magischen Weltbild entsprach, ließ er sich von ihnen auch in seinem politischen Handeln leiten. Das Schicksal seines Sohnes Maximilian hat er angeblich in den Sternen vorausgesehen. Eine zeitgenössische Abbildung zeigt ihn übrigens mit zwei seiner Hofastrologen unter dem Torbogen der Linzer Burg. Die Astrologen halten einen Himmelsglobus in den Händen und besprechen mit ihrem Kaiser die aktuelle Sternenlage.

Vermutlich kannte er die neuen astronomischen Instrumente, wie sie etwa in Nürnberg gebaut wurden. Es waren die Wegweiser, die Spanier und Portugiesen in den kommenden Jahrzehnten quer über den Erdball führen sollten. Verwendet hat er sie sicher nicht

Er las nicht nur in den Sternen, sondern auch aus der Hand. Auch aus der Gestalt eines Menschen meinte er dessen Schicksal herauslesen zu können.

Neben solchen Jahrmarktskünsten begeisterte ihn auch die Alchemie, die er zwar ohne jede naturwissenschaftliche Bildung aber mit Begeisterung betrieb. Gerade die ständige finanzielle Knappheit und seine ausgeprägte Gier nach Gold und Edelsteinen dürften ihn zu solchen Experimenten motiviert haben. So wie die meisten Alchemisten wollte er einfach Gold machen. Es wurde aber nichts daraus. Die finanziellen Schwierigkeiten blieben ungelöst, das einzige konkrete Ergebnis seiner Labortätigkeit war ein Trank, der bei allen Leiden rasche Linderung herbeiführen sollte. Seine Hofbediensteten bekamen dieses Elixier häufiger verabreicht, als ihnen lieb war.

Friedrichs Kammerherr Hugo von Werdender diente gewissermaßen als Laborant, führte aber auch ausführlich Protokoll über die Versuche seines Herrn. Leider ist uns von diesen Aufzeichnungen gar nichts erhalten geblieben. Kaiser Ferdinand II. ließ sie ebenso wie Friedrichs astronomische Schriften mit einer

Gründlichkeit vernichten, die beinahe Misstrauen erwecken könnte. Was galt es zu verheimlichen?
Vermutlich wenig. Auch wenn Martin Luther ein paar Jahrzehnte nach des Kaisers Tod diesem bescheinigte, eine Art Zauberer gewesen zu sein, deuten alle Anzeichen eher auf einen etwas dilettantischen Giftmischer und Sternengucker hin. Friedrich war ein Pseudowissenschaftler, angeleitet von einem durch und durch magischen Weltbild, das ihm in Wahrheit den Zugang zu allen Erkenntnissen seiner Zeit verwehrte.
Sein persönlicher Kosmos war voll gestopft mit unzähligen Symbolen und Gegenständen, die einer Himmelsordnung und keineswegs physikalischen Gesetzen gehorchten. In diesem seltsamen Weltall hatten natürlich Christentum und tiefer Aberglaube problemlos nebeneinander Platz.
So nahm der alte Kaiser zunehmend weniger Notiz von der Welt und die Welt zunehmend weniger von ihm. Dass Kolumbus 1492 Amerika entdeckt hatte, erfuhr er selbstverständlich noch von seiner portugiesischen Verwandtschaft. Die wahre Bedeutung dieses Ereignisses konnte er nicht mehr begreifen, zu weit weg war diese Welt bereits. Ihm war es recht, sie hatte ihn ohnehin ein Leben lang nur geplagt.
Noch einmal aber wurde der Kaiser Opfer seines eigenen Geizes und seiner Menschenfeindlichkeit. Niemand wollte den zunehmend gebrechlichen Greis bedienen, ihn umsorgen. Wie alle geld- und goldgierigen Charaktere glaubte auch Friedrich, dass diese Edelmetalle auf alle Menschen eine ähnlich starke Anziehungskraft ausübten wie auf ihn. Also versuchte er dienstbare Sklaven mit kleinen Geschenken zu locken – auf eine für ihn typische, ausgesprochen schrullige Art.
Er legte in seiner Kammer kleine Goldverstecke an, die jeder, der sich in dem Raum einige Zeit aufhielt, unweigerlich finden musste. Machte also einer der Dienstboten eine glückliche Entdeckung, durfte er die Kleinigkeit – Friedrich war ja noch immer ein Geizhals – behalten. Doch auch von solchen Aufmerksamkeiten ließen sich nicht viele locken. Das bisschen Geld war die Plackerei mit dem alten Misanthropen nicht wert.
In seinem eigens für ihn eingerichteten Turmzimmer verkrochen, war Friedrich schließlich derart zum Einsiedler geworden,

dass skurrile Gerüchte über ihn in Umlauf kamen. Mausefallen seien seine Aussichtswarten und er würde dort nichts als Mäusedreck und tote Fliegen sammeln, erzählte man sich in Linz. So zäh er sich in all den Jahren gegen seine Feinde gewehrt hatte, so zäh wehrte sich der hagere Greis gegen seinen letzten Feind, den Tod. Sogar die Amputation eines Beines überstand er. Für die damaligen hygienischen Verhältnisse eine beachtliche Leistung seiner Abwehrkräfte. Am 19. August 1493 war der Kampf schließlich endgültig vorüber. Ein Durchfall, ausgelöst durch eine Überdosis seines Lieblingsobstes Melonen, überwältigte den zählebigen Achtundsiebzigjährigen. Sein schlechter Ruf hatte ihn bis an sein Lebensende begleitet. Sein Reichtum aber und seine politische Mission überlebten ihn um Jahrzehnte, wenn nicht Jahrhunderte. Genauso hatte es der seltsame Eigenbrötler gewollt.

MAXIMILIAN I.

Ein Showstar und sein Heldenleben

Auf Rettung war nicht mehr zu hoffen, zu hoch hatte sich der wagemutige Jäger verstiegen, zu steil und glatt war der Fels. Schon hatte man das Allerheiligste aus dem Tabernakelschrein einer nahe gelegenen Kirche geholt, um Seiner Majestät sozusagen per Fernmeldung einen letzten christlichen Segen in die Martinswand bei Innsbruck hinaufzuschicken. Unten am Fuße des Berges hatte sich der gesamte Hofstaat Maximilians versammelt und starrte gebannt hinauf, wo der Kaiser unbewegt und scheinbar hilflos seinem Ende entgegensah.

Das kleine, unscheinbare Männchen, das sich über die Felszacken hantelte, blieb vorerst unbemerkt. Plötzlich aber streckte sich Maximilian von oben eine Hand entgegen. Er ergriff sie und halb kletternd, halb gezogen konnte er sich unter dem Jubel der Zuschauer aus seiner Lage befreien.

Heute noch, ein halbes Jahrtausend später, zeigt man in Innsbruck den Fremden gerne die Wand, in der sich der Habsburger bei der Gamsjagd verstiegen hatte. Bis heute widersprechen sich die Legenden, wer nun der wunderbare Erretter des Kaisers gewesen wäre. Oskar Zyps, ein tüchtiger Jäger aus der Gegend, ein unbekannter Zirler Bauernbub oder – und diese Version der Geschichte ließ Maximilian selbst eifrigst verbreiten – der Herrgott persönlich oder zumindest einer seiner Engel.

Als tollkühnes Abenteuer eines Naturburschen, mit einem Wunder als Draufgabe, so hat die Legende von der Martinswand den Kaiser um viele Jahrhunderte überlebt. Noch in der Romantik machte man Balladen aus der dramatischen Anekdote.

Doch sie ist, wie das ganze Leben des populären Habsburgers, eine gute Inszenierung. Die Martinswand bestieg des »Heiligen Römischen Reiches oberster Erzjägermeister«, wie er sich selbst gerne nannte, vor allem des Showeffekts wegen. Wenn man nämlich die malerischen Felsen mit dem Gamsspieß durchkletterte, konnten Herren und vor allem Damen des Hofes von den Fenstern des nahe gelegenen Schloss Martinsbühel zuschauen wie bei einem Tennismatch. Kaiserliche Kraxeleien erste Reihe fußfrei, sozusagen. Maximilian selbst wusste die Martinswand ganz gezielt für seine Zwecke einzusetzen. Hier, schrieb er in eines seiner Notizbücher, könne er »den Gembs vor so vielen schönen Frauen fällen ohne allen Grauen«. Maximilian war eben ein Showstar. Er pflegte sein Image, ja man kann behaupten, es wäre diesem Mann nichts wichtiger gewesen als Ruhm, Ehre und eine quasi unverderbliche Erinnerung als größter Herrscher der bekannten Welt.

»Gedechtnus« hieß das in der Sprache der anbrechenden Renaissance. Allein dieses »Gedechtnus« zählte für den Habsburger. »Wer sich im Leben kein Gedechtnus macht, der hat nach seinem Tod kein Gedechtnus, und demselben Menschen wird mit dem Glockenton vergessen«, diktierte er für seinen autobiografischen Ritterroman »Weißkunig«. Übrigens nur eines von zahlreichen Werken, die nichts anderem als der Selbstdarstellung des Kaisers dienten.

Für den einfachen Mann des 16. Jahrhunderts jedenfalls war Maximilian ein Held. Wo der rastlose Herrscher auch unterwegs war, überall schüttelte er Hände, herzte Kinder und mischte sich unters Volk, wie das heute noch allzu leutselige Bürgermeister gerne tun. Wobei er zwar inkognito auftrat, aber doch so, dass

Ein unermüdlicher Baumeister der eigenen Legenden:
Maximilian I.

jeder wusste, wer da gerade den einfachen Bürgersmann mimte. Ihm voraus eilte ein ganzes Schatzkästchen von abenteuerlichen Geschichten und Legenden. In München hätte er einer Löwin mit Gewalt den Mund geöffnet und ihr die Zunge herausgezogen. Das Tier war angeblich so beeindruckt, dass es ihm die Hand abschleckte. Man erzählte sich, er habe eine wütende Bärin mit seiner Faust erwürgt und hätte beim Karneval in Münster ganz oben auf den Zinnen der Stadtmauer getanzt.

Maximilians Lebensbilanz ist die eines Tausendsassas, der so viele Dinge gleichzeitig tat, dass er fast nichts fertig stellte. Er hatte unglaubliche Pläne, träumte von Kreuzzügen, von neuer Macht und Glanz für den römisch-deutschen Kaiser, von Weltherrschaft und sogar dem Papststuhl in Rom. Er wollte schlicht der Größte sein – und er wollte vor allem, dass die ganze Welt davon erfuhr.

Maximilian ließ sein strategisch geplantes Image hinaustragen bis in die hintersten Winkel seines Reiches. Die Druckerkunst, deren wahre Bedeutung er rasch erkannt hatte, wurde sein wichtigstes Propagandainstrument. Und wie ein moderner Werbefachmann wusste er um die gemeinsame Wirkung von Text und Bildern. Er ließ Flugblätter drucken, auf denen er in Kriegszeiten die Gräueltaten des Gegners anprangerte. Sein Porträt, in riesiger Auflage auf Papier gedruckt, hing bald in jeder gutbürgerlichen Stube gleich neben dem Herrgottswinkel. Schaupfennige, die zwar wenig wert waren, aber dafür das Bild des Kaisers trugen, wurden bei zahlreichen Anlässen großzügig unters Volk verteilt. Auf großen Münzen zeigte er sich mit einer Unzahl an Wappen und Titeln und ging so als mächtigster Mann Europas von Hand zu Hand.

Im ganzen Land sang man Lieder über den Kaiser Max, seine Heldentaten, seine Großzügigkeit und natürlich über sein Glück bei den Frauen. Allesamt Geschichten, die seine Propagandisten gezielt verbreitet hatten. Und die ließen keine Gelegenheit aus, um den einfachen Leuten das Bild ihres heldenhaften Herrschers bis in die Hütte hinein zu tragen. Als 1492 ein Meteorit in der Nähe der Kleinstadt Enisheim niederging, wurden rasch Gedichte und Lieder in Umlauf gebracht, die den Himmelsbrocken als Zeichen für einen Sieg Maximilians über Frankreich deuteten.

»Die streitbare Regierung und das künftige Gedechtnus sind mehr wert denn das Geld«: So lautete sein Motto für ein Leben voll Kriegen, Schulden und Leidenschaften jeder Art – Frauen, Malerei, Musik, Turniere und Feste.

Es war seine Mutter Eleonore, die schon im Kleinkind die Träume von einem Heldenleben geweckt hatte. Sie, die leidenschaftliche Portugiesin, war ja an der Seite von Maximilians Vater Friedrich regelrecht vertrocknet. Einsam und frustriert saß sie in der zugigen Wiener Neustädter Burg und hatte nur noch ein Ziel: Ihr Sohn durfte kein solch menschenscheuer Sparefroh, nicht so ein feiger Duckmäuser werden wie sein Vater. Nächtelang erzählte sie ihm alte Heldensagen der Portugiesen und der Habsburger und ließ ihn viel lieber tanzen und mit Pfeil und Bogen spielen, als ihn zu den Schulaufgaben zu setzen, wie es Friedrich gerne gehabt hätte. Es war der einzige Erfolg im Leben der unglücklichen Kaiserin. Als sie starb, war Maximilian gerade zehn Jahre alt und trotzdem bereits ein kleiner Held, der besser focht und ritt, als er Latein konnte. Zwar interessierte er sich für alles, hatte aber nicht die Geduld, sich tatsächlich zu vertiefen. Er blieb so sein Leben lang: ein glänzender Turnierkämpfer und ein hundsmiserabler Lateiner. So holprig waren seine Diktate, dass alle Ansätze, daraus eine lateinische Autobiografie zu machen, scheiterten.

Im Alter von siebzehn Jahren bereits fiel die für das Leben Maximilians mit Sicherheit wichtigste Entscheidung. Er wurde nach Burgund verheiratet. Jahrelang hatte sein Vater mit zäher Geduld diese Heirat mit Maria, der Tochter Karls des Kühnen, vorbereitet. Sie war ohne Zweifel die attraktivste Partie Europas. Das Herzogtum, das etwa die Gebiete des heutigen Belgien und der Niederlande umfasste, war ungemein reich. Handelsrouten zu Wasser und zu Land führten durch seine Provinzen, seine Tuchmacher exportierten ihre Ware in die ganze Welt. Für den verarmten Habsburgerherrscher, der kleinkrämerisch und geizig auf seinem Schatz hockte und nicht wusste, wie er sein Land gegen alle übermächtigen Gegner verteidigen sollte, ein Traum.

Und Karl wusste diesen Traum auch zu präsentieren. Als Friedrich zum ersten Mal mit Maximilian nach Burgund reiste, traute er seinen Augen nicht. Eine solche prachtvolle Hofhaltung hatte er noch nie gesehen. Während der gesamte Hausschatz der Burgunder da vor den Augen der beiden armseligen Österreicher durch die Straßen von Trient geführt wurde, begannen die Verhandlungen. Denn Friedrich, so arm und politisch machtlos er auch war, hatte doch etwas zu bieten, was Karl für sein Leben gerne gehabt hätte: die römisch-deutsche Kaiserwürde. Er wollte der Nachfolger des Habsburgers werden und bot ihm dafür seine Tochter.

Die Verhandlungen verliefen vorerst im Sand. Friedrich und Max fuhren nach Hause, der Burgunder begann wieder einen seiner zahlreichen Kriege zu führen. Diesmal gegen die Schweiz. Doch er hatte sich übernommen. Noch während seine Leiche irgendwo bei Nancy in einem Teich lag, brachen in Burgund die Aufstände los. Karl hatte wohl ein bisschen zu viel Geld aus seinen Untertanen ausgepresst. Der französische König Ludwig XI., die Spinne genannt, nützte die Gelegenheit, um die unliebsame Konkurrenz aus dem Weg zu schaffen. Er ließ große Gebiete Burgunds besetzen.

In der Not erinnerte man sich am burgundischen Hof an die Verhandlungen mit den Habsburgern. In aller Eile wurde Maximilian mit Maria verheiratet. 1477 verabschiedete er sich auf dem Wienerberg von seinem Vater, um nach Gent zu ziehen.

Er sollte ihn viele Jahre nicht sehen, denn für den frisch gekürten Burgunderherzog begann ein langwieriger Krieg mit Frankreich. Ein zähes Hin und Her, in dem Maximilian mehr als einmal am Rand der Niederlage stand. Einmal wurde er, mittlerweile deutscher König, in Brügge sogar von seinen eigenen unzufriedenen Untertanen ins Gefängnis geworfen. Schließlich kratzte der greise Friedrich 1488 sein letztes Geld und eine Armee zusammen, befreite seinen Sohn und schaffte es schließlich, die Lage in Burgund einigermaßen zu stabilisieren. Wieder einmal arbeitete der Tod für die Habsburger. Der französische König Ludwig war gestorben und sein Nachfolger war ein ausgesprochen schwacher Herrscher, der nichts als Ritterromane im Kopf hatte. Maximilian schlug ihn vernichtend und gewann damit die Niederlande, so der neue Name des Landes, endgültig für das österreichische Herrscherhaus. Regieren allerdings wollte er hier nicht mehr. Seine Frau – er hatte sie wirklich geliebt – war bereits vor zehn Jahren gestorben. Die zwei Kinder, die sie ihm geschenkt hatte, Philipp und Margarete, sollten vorerst in Burgund bleiben. Mit ihnen hatte Maximilian noch große politische Pläne. Vorerst aber überließ er die Provinz einem tüchtigen Statthalter, Herzog Albrecht von Sachsen. Albrecht sollte in den kommenden Jahren alles einigermaßen in Ordnung bringen. Maximilian übersiedelte nach Innsbruck. Die wohlhabende Stadt in den Alpen sollte von da an seine Hauptresidenz bleiben, wenn er auch bis an sein Lebensende eigentlich selten zu Hause war.

Als typischer Habsburgerherrscher setzte er auch weiterhin auf Kriege und Hochzeiten, um seine Macht zu erhalten und auszuweiten. Eine Prinzessin aus der Bretagne hatte ihm unglückseligerweise der französische König vor der Nase weggeheiratet. Da Maximilian, schon um seinen Ruhm zu verbreiten, über einen erfahrenen Stab an Propagandafachleuten verfügte, brachte er die ganze Sache immerhin als skandalösen Brautraub an die europäische Öffentlichkeit.

Die nächste Kandidatin sollte weniger seine Macht vergrößern als vielmehr seine chronisch leeren Kassen füllen. Bianca Maria Sforza stammte aus einem Mailänder Fürstengeschlecht, das der Wirtschaftsaufschwung der Renaissance in wenigen Jahrzehnten ungemein reich gemacht hatte. Dass die Sforza die dazugehörige politische Macht gewaltsam an sich gerissen hatten, verschaffte ihnen keinen guten Ruf. Maximilian war es egal. Hauptsache, Geld kam in seine Kriegskasse und dazu ein mächtiger Bündnispartner für seine Eroberungspläne in Italien. Aus denen wurde trotz allem nichts. Der Kaiser verzettelte sich, seine Armeen und Mitstreiter in einem endlosen Krieg um Italien, in dem zwar die Allianzen ständig wechselten, der Hauptgegner aber immer derselbe blieb: Frankreich. Am Ende blieben dem Habsburger ein paar Grenzorte.

Nur in der Heiratspolitik mit Spanien blieb er Sieger gegen die Franzosen. Über Jahrhunderte teils von den Arabern besetzt, teils in zahlreiche Fürstentümer zerfallen, war Spanien unter Ferdinand und Isabella kürzlich vereinigt worden und gerade dabei, sich in eine europäische Großmacht zu verwandeln. Schließlich eroberten Spaniens Schiffe gerade die Neue Welt.

Maximilian gelang es, sowohl für Philipp als auch für Margarete das Geschwisterpaar Juan und Juana als Ehepartner aus der Dynastie an Land zu ziehen. Obwohl die Ehen kurz und unglücklich werden sollten, erfüllten sie schließlich, Jahrzehnte später, ihren Zweck. Spanien wurde Teil des Habsburgerreiches.
Ähnlich glücklich war Maximilian in Ungarn und Böhmen. Hier gelang ihm allerdings erst in seinen letzten Lebensjahren der durchschlagende Erfolg. Auf dem Kongress von Wien wurde ein Projekt fixiert, das den Habsburgern erstmals politischen Einfluss in den beiden Ländern sichern sollte: Die Doppelhochzeit von Wien band die österreichische Dynastie gleich zweifach an die Jagellonen, damals die mächtigste Herrscherfamilie Osteuropas. Maximilians Enkelin Maria und sein Enkel Ferdinand waren der Einsatz. Er lohnte sich: Die zwei Ehen wurden das Fundament für die jahrhundertelange Herrschaft der Habsburger in Ungarn und Böhmen.
Maximilians Realpolitik war schlicht: Er hatte ein paar mäßig erfolgreiche Kriege geführt, eine Hand voll zukunftsträchtiger Hochzeiten geschlossen und die Habsburger beim Spiel um die Vorherrschaft in Europa ein paar Felder vorrücken lassen.
In Wahrheit aber hinterließ er seinen Nachkommen eine Last, von der sie sich über Jahrhunderte nicht erholen sollten: Schulden. Er hatte von seinem Vater Friedrich einen schlecht geführten Haushalt übernommen und führte ihn geradewegs in den Bankrott. Vor allem Maximilians Kriegsausgaben überstiegen ständig die Einnahmen, sodass sie bald nur noch durch Kredite finanzierbar waren. Doch die waren für einen zumindest nominell mächtigen Herrscher damals leicht zu bekommen. Mit dem Anbruch der Renaissance erlebte auch das Geldgeschäft seine erste Hochblüte. Neben vor allem italienischen waren auch einige deutsche Bank- und Handelshäuser entstanden. Dem wohl mächtigsten unter ihnen, der Augsburger Familie Fugger, war Maximilian schließlich auf Gedeih und Verderb ausgeliefert. Die persönliche Beziehung zum Chef des Hauses, Jakob Fugger, brachte zwar unaufhörlich Unmengen von Geld ins Rollen, doch die fatalen Konsequenzen rollten gleich hinterher.
Vom Tafelsilber bis zu den Prunkrüstungen war ohnehin alles bereits verpfändet. Wollte Maximilian also, wie etwa bei der

Wiener Doppelhochzeit, kaiserlichen Prunk auffahren, musste er ihn sich erst von Fugger aus dem »Pfandl« holen. Viel schlimmer aber war, dass die Fugger, geschickte Kaufleute, wie sie eben waren, begannen, Maximilian wirtschaftspolitische Privilegien abzuverlangen. Kaum hatte sich der Kaiser mit Geschick und Schulden in ein Land eingeheiratet, saßen schon die Fugger in den wertvollen Blei-, Silber oder Goldminen. Zeitweise hatten sie auch den Lebensmittelhandel bereits in ihrem eisernen Griff.
Eine erschütternde Szene illustriert die finanzielle Misere, in der Maximilian seinen Lebensabend verbrachte. Als er alt, krank und müde zum letzten Mal nach Innsbruck heimkehren wollte, verweigerten die Innsbrucker Wirte seinem Tross das Quartier. Zu groß waren die bereits angehäuften und über Jahre nicht bezahlten Schulden. Der Kaiser polterte und tobte. Es blieb ihm trotzdem nichts anderes übrig, als die Stadt wieder zu verlassen.
Wen wunderte es da noch, dass sich Maximilian zunehmend in eine Scheinwelt flüchtete. Je größer die Schuldenberge wuchsen, je langwieriger die Kriege wurden, desto prächtiger, größer und oft grotesker wurde seine Selbstinszenierung. Als übermächtige Herrscherfigur wollte er in die Geschichte eingehen: als letzter Ritter, als legitimer Nachfolger Karls des Großen, als, ganz im Stil der römischen Cäsaren, gottgleicher Kaiser.
Ehrgeizige Pläne sicher, aber ebenso ehrgeizig setzte der in die Jahre gekommene Maximilian alle Mittel daran, diese seine einzigartige »Gedechtnus« in Szene zu setzen.
Ein ganzer Stab von literarischen und künstlerischen Hilfskräften wurde am Hof beschäftigt. Da ihre Arbeit fast ausschließlich der Selbstdarstellung des Kaisers dienen sollte, waren es zum Großteil nur mittelmäßig begabte Köpfe, die da zu seinem Ruhm zeichneten und fabulierten. Einer der wenigen großen Künstler im Dienste Maximilians war Albrecht Dürer. Seine berühmten Porträts des alternden Kaisers haben das Bild für die Nachwelt geprägt. Dürers Beiträge zu den Druckwerken Maximilians haben diesen ihren wesentlichsten künstlerischen Wert verschafft. Der kunstverständige Maximilian wusste genau um die Größe Dürers. Eines Tages, als der Meister gerade an einem Deckengemälde in Augsburg arbeitete, rief Maximilian einen Adeligen zu sich und forderte ihn auf, Dürer die Leiter zu hal-

ten. Als dieser meinte, das wäre wohl unter seiner Würde, brüllte der Kaiser wütend, er könne aus keinem Adeligen einen Künstler machen, aber aus einem Künstler jeden Tag einen Adeligen. Dürer wurde sofort in den Adelsstand erhoben, der aufmüpfige Edelmann musste unter die Leiter.

Als Humanist, Kunstmäzen und Förderer der Wissenschaft zeigte Maximilian bereits das typische Gehabe eines Renaissancefürsten. Seine Leidenschaft aber galt dem Mittelalter. Tief beeindruckt von der prachtvoll zelebrierten Ritterromantik des burgundischen Hofes, sollten auch seine Werke ihn zum Idealbild eines solchen Ritters stilisieren. Maximilians Schöpfungen sind ein letztes romantisierendes Dokument einer untergegangenen Epoche. Hier werden in Wort und Bild noch einmal die Ideale höfischen Lebens hochgehalten. Die »Minne«, die »Aventiure«(Abenteuer) und die »Virtu« (Mannhaftigkeit) – das alles floss in der übermenschlichen Gestalt zusammen, zu der sich der Habsburger in seinen späteren Lebensjahren machen ließ.

Die künstlerischen Vorhaben des Kaisers waren gigantisch. Sie blieben aber, wie so vieles in seinem Leben, unvollständig. Andere Renaissanceherrscher gaben Geld und Gold für ihre Künstler und ließen sie zu ihrem Ruhm arbeiten. Maximilian aber fühlte sich selbst als Künstler. Er wollte keine Kunst in Auftrag geben, er wollte sie selber schaffen. Alles, was an seinem Hof entstand, trägt seine Handschrift, ist von ihm diktiert, entworfen und maßgeblich mitgestaltet – und das kostete Zeit. Zeit, die der ohnehin zwischen Schlachtfeld, Karneval und antikisierender Philosophenrunde hin und her gerissene Tausendsassa nicht hatte. Dass obendrein das Geld ständig mühsam zusammengekratzt werden musste, verzögerte die Fertigstellung vieler Werke noch weiter. Über Statuen und groß angelegte Geschichtsbücher, Reiterstandbilder und Klöster erfahren wir nur aus den Aufzeichnungen des Herrschers und seiner Zeitgenossen: Sie konnten nicht verwirklicht werden.

Was der Kaiser aber tatsächlich hinterließ, ist trotzdem beeindruckend und sicherlich einzigartig. Maximilians Ruhmeswerke sind keine stereotypen Huldigungen, wie man sie für einen Herrscher dieser Zeit eben anfertigte. Sie sind sein für die Nachwelt festgehaltener Lebenstraum.

Am deutlichsten wird das in den dichterischen Werken. Der Kaiser schrieb sie zwar nicht selbst nieder, dafür fehlte ihm mit Sicherheit die Geduld, aber er notierte seine Gedanken in kurzen oft unvollständigen Sätzen oder Stichworten. Gelegentlich diktierte er sie auch einem seiner Schreiber, in einer Weise, die an moderne Manager denken lässt. Bei einer Fahrt über den Bodensee ging er auf Deck auf und ab, dicht gefolgt von seinem Hofschreiber Grünpeck, der fleißig notieren durfte, welche Ruhmestat aus seinem bisherigen Leben dem Kaiser gerade in den Sinn kam. Aus diesen Bodensee-Aufzeichnungen wurde übrigens nichts. Das erste literarische Großprojekt Maximilians, seine Autobiografie, scheiterte nämlich. Der Grund: Sie sollte, dem Zeitgeschmack entsprechend, in Latein gehalten sein. Und Maximilians Latein war, wie bereits erwähnt, so holprig, dass sich kein Schreiber fand, der dieses Wirrwarr zusammenfassen konnte.

Maximilian machte aus der Not eine Tugend und schrieb von da an auf Deutsch. Selbstverständlich nicht, ohne ausführlich den patriotischen Charakter einer solchen Handlung zu betonen. Dass seine Bücher auf Deutsch weit größere Verbreitung fanden und man sich die darin enthaltenen Legenden in jedem Dorf seines Reiches weitererzählte, war ihm sicherlich recht.

Es entstanden drei groß angelegte Dichtungen, die allesamt in einer entrückten, mittelalterlichen Welt spielen, in der sich Maximilians Biografie verschlüsselt wieder findet. Die politische Realität, mit der Maximilian zunehmend weniger zurechtkam, tritt zurück. Nicht Nationen, sondern Turniergesellschaften treten gegeneinander an. Nicht Geld und Macht sind die Hauptanliegen der Kämpfer, sondern die Erringung der Gunst edler Frauen, großer Ehre und natürlich der Huld eines weisen und gerechten Gottes, der selbstverständlich auf der Seite Maximilians kämpft. In Zeiten, wo die Reformation begann, einen Graben durch Deutschland und die habsburgischen Erbländer zu ziehen, ein beinahe rührender Wunschtraum.

Maximilian tritt nicht persönlich in Erscheinung sondern in Gestalt dreier allegorischer Figuren. »Freydal« (in etwa »alles über die ritterlichen Freuden«) heißt der Held des ersten Buches und er hat in diesem Ruhmeswerk nichts anderes zu tun, als Turniere zu fechten. Vierundsechzigmal tritt dieser Ritter zu Rennen,

Stechen oder Fußkampf an, jedes Mal zu Ehren einer Dame. Deren Namen sind übrigens neben denen der Gegner in einem angefügten Verzeichnis aufgereiht.

Der Text des nie fertig gestellten Werkes ist entsprechend langwierig und zäh. Maximilian war vermutlich selbst bald draufgekommen, dass sich aus so einer stereotypen Turnierfolge kaum eine spannende Geschichte machen ließ. Er, selbst ein begeisterter Turnierkämpfer, wollte einfach seiner größten Leidenschaft ein dichterisches Denkmal setzen. Seine Wirkung verfehlte der »Freydal« trotz seiner Holprigkeit nicht. In der für Maximilian so typischen Verwirrung von Lebensgeschichte und Legende machte er den Kaiser für die Nachwelt zum besten Turnierkämpfer seiner Zeit. Kaum zu glauben, wie viele Männer Maximilian virtuos aus dem Sattel gehoben hat. Kaum taucht in einer seiner unzähligen romantischen Biografien irgendwo ein Ritter auf und sucht einen Gegner, übernimmt der Kaiser persönlich den Fall und bezwingt den frechen Herausforderer. Eindrucksvoll dagegen sind die über 200 Bilder, die den Text begleiten, darunter fünf Holzschnitte nach Zeichnungen von Dürer.

Im »Theuerdank« (»der an Abenteuer denkt«) wird die märchenhaft verklärte Geschichte von Maximilians Brautwerbung um Maria von Burgund erzählt. Achtzig unglaubliche Abenteuer muss der Held auf dem Weg zu seiner Erwählten bestehen: Wildschweine und Bären bedrohen ihn, Steinschlag, Kugeln und sogar ein hinterhältig präparierter Bogen gefährden sein Leben. Hinter all diesen Widrigkeiten stecken drei böse Kerle namens »Fürwittig« (kecker Vorwitz), der zu gefährlichen Abenteuern verlockt, »Unfallo«, (Unfälle, unglückliche Zufälle) und Neidelhart (böswillige Nachstellung). Heute vermutet man hinter diesen drei Symbolfiguren die drei Lebensabschnitte des Kaisers und die jeweils dazugehörenden Schwierigkeiten.

Wenigstens im »Theuerdank« kann der Held diese Schwierigkeiten überwinden. Am Ende der Versdichtung sind alle Gefahren überstanden und die Hand der Prinzessin ist gewonnen. Dass das schwerfällige Gereime über Jahrhunderte vor allem bei der Jugend und bei einfachen Leuten populär war, scheint uns heute unverständlich. Doch sogar Goethe hat sich für seinen Faust zahlreiche Anregungen beim »Theuerdank« geholt.

Im Lebensmotto dieses Ritters finden wir jenen Leitsatz, an den sich der alternde Maximilian vermutlich klammerte, als ihm Schulden und Gegner endgültig über den Kopf zu wachsen drohten: »Alles auf der Welt vergeht, nur die Ehr bleibt stet.«

Das letzte und sicherlich bekannteste der drei Ritterepen ist der »Weißkunig«, an ihm arbeitete Maximilian bis zu seinem Lebensende. Mit seinen drei Teilen kommt das Werk der wahren Lebensgeschichte des Kaisers sicherlich am nächsten. Dem Kaiser selbst war der dritte Teil am wichtigsten. Er beschreibt seine Kriegstaten, die er Stück für Stück persönlich diktierte. Dass dieses Buch ebenfalls unvollendet blieb, hängt unmittelbar mit den unvollendeten politischen Zielen Maximilians zusammen. Der Kreuzzug gegen die Türken, der als Abschluss und Höhepunkt seiner politischen Laufbahn geplant war, kam schon aus Geldmangel nie zu Stande. Also blieb auch das letzte Kapitel des »Weißkunig« ungeschrieben.

Das Buch hat Maximilians Biografie trotzdem erfolgreich um einige Heldentaten bereichert. Dass er in der Schlacht von Guinegate den Franzosen eine vernichtende Niederlage zufügte, ist historische Tatsache. Maximilians strategische Legendenbildung aber ließ ihn die Schlacht natürlich mit eigener Hand und letzter Kraft entscheiden. Als er nach drei Tagen als Sieger feststand, fiel er vor Erschöpfung auf der Stelle um und schlief mitten unter den Leichen ein. In Burgund wurde schon die Meldung von seinem Tod verbreitet, als der Kaiser schließlich gut ausgeruht aufstand und umjubelt unter die Lebenden zurückkehrte.

Großartig ist auch am »Weißkunig« vor allem die bildnerische Gestaltung: Schlachtenschilderungen und Einzelkämpfe, Erstürmung von Burgen und Städten, Gartenszenen und bürgerliche Idylle; die ganze Vielfalt mittelalterlichen Lebens steckt in den Holzschnitten Max Burgkmairs, vermutlich nach Dürer das größte Genie, das Maximilian nachhaltig an sich binden konnte.

Dichterisch ist auch dieses Werk staubtrocken und wie seine Vorgänger längst als mittelmäßig abgetan. Der Grund, warum keine dieser Dichtungen nachhaltige literarische Anerkennung finden konnte, hat übrigens einen Namen: Marx Treitzsauerwein. Der Sohn eines Tiroler Rüstungsmachers durfte als Schreiber Maximilians dessen Gedanken und Geistesblitze in zusammenhängende Sätze und schließlich in Bücher fassen. Er tat das zwar sauber und ordentlich, poetisches Talent dürfte aber in seinem aufgeräumten Kanzleischreiberkopf nicht allzu viel zu finden gewesen sein. Dass er sich selbst Dichter nennen durfte, war wohl ein Zugeständnis des Kaisers an diesen dienstbeflissenen Mitarbeiter seiner Selbstverherrlichung. Große Talente hätten da ohnehin nur die dichterische Inszenierung gestört.

Ein Glück für die Kunstgeschichte – und eine seltene Ausnahme –, dass Maximilian den Malern und Bildhauern, die an seiner »Gedechtnus« arbeiteten, weniger ins Handwerk pfuschte. Es war eine seiner Manien, in seinem Reich alles selbst in die Hand nehmen zu wollen. Kein auch noch so unwichtiger Brief, keine amtliche Ankündigung, ja nicht einmal die Rezepte für die Hofküche blieben ungelesen. In den kaiserlichen Archiven finden sich zahlreiche handgeschriebene Notizzettel Maximilians mit kleinsten Kleinigkeiten, über die er sich den Kopf zerbrach.

Seinen Künstlern aber gab er nur die politische Linie der geplanten Werke vor, schließlich waren sie ja zentraler Bestandteil eines gigantischen Imagefeldzugs. In der Ausgestaltung der Motive hatten sie weitgehend freie Hand.

Maximilian als moderner Herrscher wusste genau um den propagandistischen Wert von monumentalen Prunkbauten und Statuen. Doch dazu fehlte ihm leider ein Leben lang das Geld. So ist das einzig bedeutende historische Bauwerk, das er der Nachwelt hinterließ, das Goldene Dachl in Innsbruck. Die zahlreichen riesenhaften Reiterstandbilder, die Maximilian, beeindruckt von den Protzereien seiner italienischen Verwandten, von sich anfertigen lassen wollte, kamen nie über schlichte Papierform hinaus.

Papier sollte schließlich Maximilians wichtigstes Instrument der Eigenwerbung und Selbstverherrlichung werden. Der Kaiser erkannte die ungeheuren Möglichkeiten des neuen Mediums. Da er also keine Triumphbauten in Stein errichten lassen konnte, ließ er sie im Druck entstehen. Seine Ehrenpforte war ein riesenhafter Bilderbogen aus 92 Holzschnitten, die übereinander geschichtet eine Art antiken Triumphbogen ergeben. Auf drei Quadratmetern tummelt sich alles, was ein Kaiser für Ruhm und Glanz eben braucht. Durch drei Pforten, der Ehre und

Macht, des Lobes und des Adels, zieht der Kaiser ein. Mit dabei sind sein Stammbaum, die Wappen seiner Länder, seine Vorgänger, seine Abenteuer und Heldentaten – und rundherum ein Wust an schmückenden Symbolen, die vor allem Albrecht Dürer anfertigte.

Ähnlich gestaltet auch der »Triumphzug«. Ein festlicher Umzug, ebenfalls nach antikem Vorbild, präsentiert den Kaiser in seiner ganzen Macht. Die Gesamtlänge dieser Bilderchronik beträgt 75 Meter. Maximilian hatte solche Umzüge mehrmals persönlich erlebt. Doch die Pracht, die ihm für seinen Umzug vorschwebte, hätte er ohnehin nie verwirklichen können. Dem schwindenden Realitätssinn des Kaisers kam ein Triumphzug auf Papier ohnehin entgegen. So konnte er etwa auch eine Gruppe von Indianern oder Inder aus Kalkutta seinem Triumphwagen folgen lassen, auch wenn diese Länder ihn in Wahrheit nichts angingen.

Es gab kein Druckwerk am Hof Maximilians, das nicht seiner Propaganda diente. Sogar sein Gebetbuch, ebenfalls ein Meisterwerk der Buchkunst, zeigt ihn in einer seiner Lieblingsrollen, als gottgleicher Kaiser. Bibelpsalmen werden darin zum Gebet für die kaiserliche Weltherrschaft umgewandelt. Da mag mit dem »Herrn der Herrlichkeit« zwar ursprünglich Christus gemeint sein, der Herr aber, der in den Illustrationen am Buchrand mit Zepter und Weltkugel thront, ist ganz eindeutig Maximilian. Er hatte es eben nicht nur auf irdische Würden abgesehen.

Was Dürer rund um diese religiöse Anwandlung zeichnete, ist die lustigste und vor allem phantasievollste Schöpfung des deutschen Meisters. Löwen, Kamele und Füchse zerfließen in kunstvollen Ornamenten und Schnörkeln, ein Fuchs bläst ins Horn und der Teufel pustet dem bösen Antonius böse Ratschläge ins Ohr. Wenn man heute meint, Maximilian hätte seine bildenden Künstler vergewaltigt, stimmt das sicher nicht. Solange sie nur ihren politischen Auftrag wahrnahmen, durften sie sich jede Freiheit erlauben. Der Kaiser hatte Humor.

Mit seinen religiösen Ambitionen war es Maximilian allerdings ernst. Die Trennung der Herrscherwürde in ein weltliches Oberhaupt, den Kaiser, und in ein religiöses Oberhaupt, den Papst, war ihm zuwider. Ihm schwebte eine Wiedervereinigung dieser beiden Autoritäten ganz im Stile der römischen Cäsaren vor.

Der Hofschreiber Josef Grünpeck lässt in seiner Biografie des Kaisers den frisch geborenen Maximilian erstaunlicherweise schon bei seinem ersten Bad aufrecht in der Wanne stehen. Keine kuriose Anekdote, sondern ein aus dem Buddhismus entlehntes Symbol für die Berufung zur Herrschaft über die Welt. Dass er im Stehen badete und sich in seinem Gebetbuch in den Sessel Gottes setzte, wird, bei der geringen Verbreitung von Druckwerken, nur auf wenige Adelige und Gelehrte Eindruck gemacht haben. Dass er auch in der Ehrenpforte einen Platz einnimmt, der üblicherweise Gott vorbehalten ist, zeigt, wie konsequent er an seiner eigenen Göttlichkeit arbeiten ließ. Sie ist zentraler Teil seiner »Gedechtnus«, die ihn allmählich unsterblich machte, als er bereits unter der Erde lag. Dann erst wurden die Werke tatsächlich in größerer Auflage gedruckt.
Die dazu passenden Legenden, die er in Umlauf bringen ließ, erzählte man sich, wie bereits erwähnt, schon zu seinen Lebzeiten auf dem Dorfplatz. Den Mantel Christi soll er, einer der berühmtesten Geschichten zufolge, entdeckt haben. Ein Engel habe ihn persönlich aufgesucht und ihn gebeten, nach Trier zu reiten. Der Kaiser tat, wie man ihn geheißen hatte. Als er in Trier die Kathedrale betrat, flammten plötzlich auf dem Altar die Kerzen auf. Man ließ ihn beiseite schieben und entdeckte darunter ein Kleidungsstück, das sich bald als Jesu Mantel herausstellte. Die Würfel, mit denen sich die römischen Soldaten auf Golgatha den nächsten Besitzer des Mantels ausgemacht hatten, lagen nämlich auch gleich dabei.
Interessanter als diese nach bewährtem Schema geschnitzte Legende ist die Tatsache, dass ihre Entstehung in eine Zeit fällt, in der der alternde Maximilian seinen vermutlich kühnsten Plan in Angriff nahm: Er wollte Papst werden. 1511, als Maximilian begann, diesen Plan mit einer Gruppe abtrünniger Kardinäle auszuhecken, war der Papst weniger religiöse oder moralische Autorität als schlicht Chef einer der Machtzentralen Europas. Maximilian hätte den Posten vor allem dazu benutzt, um einen seiner wirklich surrealen Lebensträume zu verwirklichen: einen Kreuzzug. Zunehmend versponnen in mittelalterliche Ideale, wollte er an die großen Kreuzzüge wie den Friedrich Barbarossas anschließen. Da die Türken mittlerweile Konstantinopel er-

obert, den Balkan überrannt hatten und den Ungarn ebenso wie Kärntnern und Steirern das Leben durch ständige Überfälle zur Hölle machten, hätte die Sache für die Habsburger auch einen praktischen Wert gehabt. Als Papst hätte Maximilian die europäischen Mächte mit weit mehr moralischem Nachdruck vor seinen Karren spannen können.

Maximilian, der sich seiner Sache sicher war, leistete sich bereits Scherze über seine ständig wachsende Heiligkeit. Nun, da er ohnehin keine Frau mehr anrühren würde, könnte er sich vom Papst zu dessen engstem Mitarbeiter machen lassen und ihm schließlich nachfolgen. »Priester werden und danach ein Heiliger sein, sodass es für euch notwendig wird, mich anzubeten«, ließ er seine erstaunte Tochter Margarete wissen. »Es gibt nur einen, der mehr gelitten hat als Jesus: mich«, war eine seiner häufig geäußerten Bemerkungen zum Thema. Er hatte eben auch zu Gott eine recht joviale Beziehung.

Beinahe unnötig zu sagen, dass auch aus all diesen Plänen so gut wie gar nichts wurde. Sein Finanzier Jakob Fugger wollte keine Probleme mit seinen Geschäftspartnern in Rom. Und ohne Fugger ging bei Maximilian ohnehin nichts mehr. Da aus dem Papstberuf als Zweitjob nichts wurde, blieb auch der Kreuzzug nur ein heldenhafter Traum, der »Weißkunig« unvollendet.

So blieb dem Kaiser schließlich nur noch ein Ziel, um seinem Werbefeldzug in eigener Sache dauerhafte Wirkung zu verschaffen: ein riesenhaftes Grabmal. Es hatte ihn schon in seinen Vierzigern, mitten in der politischen Krise, beschäftigt, jetzt aber, in seinen letzten Lebensjahren, wuchs es zu zunehmend wahnwitziger Größe. Er werde sich selbst ein Haus bauen, das auf Dauer Anerkennung finden würde. Was Maximilian da seinem Kämmerer ins Ohr flüsterte, zeigt, welchen Zweck das Bauwerk haben sollte.

Hundert riesenhafte Figuren sollten rund um seine Statue stehen: Sagenhelden aus der Vorzeit, römische Cäsaren, Artus und natürlich die Kaiser und Könige ganz Europas. Ein eigenes Kloster im Salzkammergut war geplant, als passendes Umfeld für seine Grabeskirche. Von 1508 an arbeitete man in eigens gegründeten Gießereien in der Nähe von Innsbruck nur noch an den Figuren. In Augsburg machte man sich ebenfalls an einigen

Statuen zu schaffen. Sie mussten aber – der Geldmangel machte auch vor Grabmalen nicht Halt – bald wieder verpfändet werden. So wurde es also schließlich nicht das Salzkammergut. Man baute kein Kloster und das Gedenkmonstrum im Ganzen nicht halb so groß wie geplant. Das Grabmal, das heute in Innsbruck steht, ist trotz allem ungemein beeindruckend. Immerhin achtundzwanzig Figuren stehen rund um die eiserne Statue des knienden Kaisers. Sein ganzes politisches Konzept steht noch einmal in aller Deutlichkeit vor dem Besucher. Wiederherstellung längst untergegangener Reiche: das römische Reich, das Reich Karls des Großen, das der Staufer – oder, am besten, alle zusammen.

Maximilian selbst liegt nicht darin. Als er starb, war an Fertigstellung des Monuments noch nicht zu denken. Er wurde in Wiener Neustadt beerdigt, wo auch seine Mutter Eleonore begraben ist. Für das riesige Grabmal war dort freilich kein Platz. Die Realität hatte den toten Kaiser wieder eingeholt.

So wichtig Maximilian für die europäische Geschichte war, jene Kapitel, die er selbst am liebsten geschrieben hätte, fehlen. Sein Sendungsbewusstsein, seine historische Mission konnte dieser sprühende Fantast nur in seinen eigenen Ruhmeswerken erfüllen. Dort aber sparte er nicht mit historischer Übergröße. Nicht nur in die Nähe von Christus sollten ihn seine Geschichtsschreiber rücken, auch auf Erden wollte er einen guten Platz in der ewigen Bestenliste. Sein Grabmal hatte er mit all jenen dekorieren lassen, denen er gleichkommen wollte. Jetzt musste man nur noch eine Verbindung zu Cäsar, Artus und den Trojanern herstellen. Maximilian begann schon sehr früh, Stammbaumforschung zu betreiben. Unglücklicherweise entsprach der erste Experte, den er mit der Auffindung seiner Ahnen beauftragte, ganz und gar nicht den Erwartungen. Ladislaus Suntheim war nämlich ein seriöser und äußerst penibel arbeitender Historiker. Der durchstreifte zwar über Jahre hindurch französische Klosterarchive, um Hinweise auf eine Abstammung der Habsburger von Karl dem Großen aufzuspüren, hatte dabei aber verständlicherweise wenig Erfolg.

Maximilian, an derart ernsthafter Ahnenkunde nicht im Geringsten interessiert, ließ den Humanisten Suntheim zunehmend links liegen und suchte jemanden, der endlich seine kühnen Abstammungs-Fantasien unterstützte. Er fand ihn schließlich in Jakob Mennel-Manlius, einem wenig begabten, aber dafür umso willigeren Pseudowissenschaftler, der sich nicht den aufklärerischen Prinzipien des Renaissance, sondern vielmehr der Tradition des Mittelalters verpflichtet fühlte. Und dort war die Wahrheit eben immer das, was der jeweilige Fürst für sich beanspruchte und in gefälschten Dokumenten niederschreiben ließ. Manlius also bastelte einen Stammbaum ohne Rücksicht auf historische Tatsachen. Er machte Karl den Großen ebenso zum Vorfahren der Habsburger wie die Trojaner. Am Hof scherzte man bereits, Maximilian würde sich auf diese Weise mit jedem Bettler und jeder Dirne verbrüdern.

Selbstverständlich musste die Ahnentafel ständig der politischen Lage und der Laune des Kaisers angepasst werden. Eine Version, die die Habsburger nach alter Tradition auf eine Familie aus dem antiken Rom zurückführte, wurde wegen zunehmender Verärgerung Maximilians über den Papst schließlich fallen gelassen.

Je älter der Kaiser wurde, desto bizarrer wurden die Vorstellungen von seiner Herkunft, die Manlius zumindest schriftlich zu verwirklichen hatte. In sechs Bänden erfüllte er den Wunsch des Kaisers, als legitimer Erbe des Ost- und des Weströmischen Reiches aufzutreten. Der Anspruch auf die Weltherrschaft war darin selbstverständlich auch begründet.

Zuletzt sollte auch der Himmel ans habsburgische Ahnengebäude angeschlossen werden. Der brave Lohnschreiber fügte sich auch diesem Wunsch bereitwillig und verfasste für den bereits todkranken Kaiser das Werk »Die Heiligen der habsburgischen Sippschaft«. Auf drei Leitern – in Silber, Gold und Edelstein gehalten – steigen sie darin zu Gott empor, in einen Mondhimmel, einen Sonnenhimmel und schließlich einen allerhöchsten Himmel. Für den bereits hochgradig entrückten Maximilian nichts als legitime Ansprüche eines gottgleichen Kaisers. Wenn schon sein politisches Werk, ein brüchiges Gebäude voller Schulden, der Geschichte nicht standzuhalten drohte, so sollten doch wenigstens sein Name, sein Ruhm unbeschadet durch kommende Jahrhunderte gehen. Noch auf dem Sterbebett ließ er sich aus diesem Buch vorlesen, das ihm zuletzt das allerliebste geworden war. Mit Cäsaren und Trojanern, Engeln und Kaisern verbrachte er seine letzten Stunden. Alle Realität war von ihm gewichen, nun war er wirklich nur noch jener übermenschliche Heros, als der er ein Leben lang und möglichst bis in alle Ewigkeit gelten wollte. Dank seiner genialen Werbestrategien ist ihm das auch, aller geschichtlichen Wahrheit zum Trotz, geglückt.

Johanna, die »Wahnsinnige«

Sex, Lügen und Leidenschaft

Das Bild scheint alles zu sagen: Es ist düstere Nacht, auf einem großen Wagen, gezogen von vier prächtig aufgezäumten friesischen Pferden, umgeben von Mönchen mit brennenden Fackeln, schaukelt ein dunkler, schwerer Sarg. Zu Füßen des Sarges, mitten am freien Feld, kniet Johanna, Königin von Spanien. So hat der romantische Maler Pradilla »Juana la Loca«, Johanna die Wahnsinnige, dargestellt, als sie mit dem Leichnam ihres Mannes, Philipps des »Schönen«, auf nächtliche Irrfahrt »quer durch Spanien« ging.

Quer durch Spanien? Nun, das behauptete zumindest einer der Sekretäre des königlichen Hauses. Er war zwar nicht dabei bei besagter Irrfahrt, aber er berichtete, was man sich im ganzen Land erzählte. »Eine Stunde nach Sonnenuntergang ist die Königin aus Miraflores abgezogen mit der Leiche ihres Mannes, die nicht nach civet (Parfum) riecht ...« Der unheimliche Zug überschritt die Brücke von Burgos über den Arlanzón, viele hoch gestellte Edelleute schlossen sich ihm an – das machte die ganze

Sache noch unheimlicher. Im Schritt bewegte man sich in Richtung Torquemada. Tagsüber verweilte man in dem einen oder anderen Kloster und der Sarg wurde in der Kirche oder Kapelle abgestellt. Johanna ließ ihn durch eine bewaffnete Garde bewachen und verbot angeblich, dass Frauen in seine Nähe kamen. Sie wurde derart von Eifersucht gequält, schrieb der königliche Chronist, dass sie den Sarg in aller Eile wegbringen ließ, als der Zug einmal auf dem Vorplatz eines Nonnenklosters Halt gemacht hatte.

Er und andere Chronisten erzählten noch mehr: Zuweilen habe Johanna nachts mitten auf offener Flur den Zug anhalten lassen und Befehl gegeben, den Sarg zu öffnen. Dann habe sie sich über den schauerlichen Inhalt gebeugt, um beim vagen, flackernden Licht der Fackeln, die von vor Furcht und Entsetzen zitternden Händen festgehalten wurden, das zu liebkosen, was von ihrem Mann übrig geblieben war.

Nach den Berichten des Humanisten Petrus Martyr (der Johanna nicht gerade wohlgesinnt war) hatte ein Kartäuser in der trauernden Witwe die Wahnvorstellung hervorgerufen, dass ihr Mann vom Tode wiederauferstehen würde – eine gar wunderbare Auferstehung, und zwar Jahre nach dem Hinscheiden des Betreffenden …

Ganz Kastilien glaubte, die Thronerbin habe den Verstand verloren. Das Gerücht gab es schon lange – dafür hatten ihr verblichener Mann und ihr eigener Vater abwechselnd gesorgt. Und sie selbst tat ein Übriges. Zuletzt mit ihrem Auftritt am 20. Dezember 1506 im Kloster Miraflores, wo Philipp vorläufig bestattet war. Der schöne blonde Habsburger, Sohn von Kaiser Maximilian und Maria von Burgund, Herrscher der Niederlande und Johannas über alles angebeteter Prinzgemahl, war im Alter von nur 28 Jahren am 25. September 1506 durch eine rätselhafte Krankheit »wie eine Blüte dahingerafft worden«, wie es damals poetisch formuliert wurde. Johanna hatte Philipp aufopfernd gepflegt, missachtend, dass sie schwanger und selbst geschwächt war, hatte ihre Pflichten als Königin vernachlässigt und nur dafür gelebt, ihren Mann zu retten. Als er dennoch starb, reagierte sie ruhig und mit königlicher Würde. Die schlug allerdings in eine Monate dauernde Apathie um. »Als schwangere

So sahen sie Generationen romantischer Gemüter:
Johanna, die wahrhaft Liebende, die »Wahnsinnige«

Witwe zurückgelassen sitzt sie da, ihr Kinn auf die Hand gestützt, schweigsam, am liebsten in der Düsterkeit und in der Abgeschiedenheit verweilend.«

Am 20. Dezember nun, schreibt Martyr weiter, habe sich Johanna zum Kloster begeben, um die Herausgabe von Philipps Leichnam zu fordern und ihn dann nach Granada überführen zu lassen. Dort sollte er – so hatte er es in seinem eigenen Testament verfügt – endgültig beigesetzt werden. Granada galt als spanische »Schicksalsprovinz«. Dort hatten die »katholischen Könige«, Isabella von Kastilien und Ferdinand von Aragon, Johannas Eltern, die »Reconquista«, die Wiedereroberung von Spanien und die Befreiung von den Mauren, beendet. Isabellas Leichnam war auch dorthin überführt worden und Johanna wollte den letzten Willen ihres Mannes erfüllen. Die Mönche von Miraflores weigerten sich allerdings, den Leichnam »herauszurücken«. In aller Eile wurde der Bischof von Burgos geholt. Der erklärte, es sei gesetzlich verboten, eine Leiche auszugraben und zu überführen, bevor sie nicht zumindest sechs Monate unter der Erde gelegen sei. Johanna geriet daraufhin vor Wut derart außer sich, dass die Anwesenden befürchteten, sie könne eine Fehlgeburt erleiden. Also gaben Mönche und Bischof ihrem Wunsch nach. Philipp wurde ausgegraben, Johanna ließ zuerst den Bleisarg öffnen und auch den darin befindlichen Holzsarg. Dann bat sie die Umstehenden, sich wirklich davon zu überzeugen, dass dies der Leichnam ihres Mannes war. Auch Petrus Martyr beugte sich über den Sarg und berichtet: »Wir sahen nichts weiter als die vagen Umrisse eines liegenden Menschen. Menschliche Gesichtszüge waren nicht mehr zu erkennen.« Das war kein Wunder: Man hatte den königlichen Körper zwar von den Innereien befreit und alle im Körper verbliebenen Flüssigkeiten ausgepresst (das Herz wurde, in Gold gefasst, in die Niederlande geschickt), aber in Ermangelung von Balsam hatte man den Körper mit Gewürzen gefüllt, wieder zugenäht und in Tücher gehüllt. Das konnte freilich die Verwesung nicht aufhalten.

Als die Umstehenden bestätigten, dass es sich um Philipps Überreste handelte, ließ Johanna den Sarg wieder schließen und auf einen Wagen mit einem friesischen Vierergespann laden. Sogleich begann der gespenstische Zug.

An Johanna entzündeten sich zu Lebzeiten schon die Fantasien der Poeten, Humanisten, Philosophen, Kleriker und Ärzte. Um ihr Leben und ihr Leiden wurden Legenden gerankt, man sprach, schrieb, sang über sie. Selbstzeugnisse der unglücklichen Königin, die ihr Land niemals regieren durfte, sind kaum vorhanden. 46 Jahre lang war sie eingesperrt, ihr »Hof« bestand zumeist aus unerbittlichen Zucht- und Kerkermeistern, die ihr alles verboten, was ihr abgeschiedenes Leben ein wenig erträglicher gemacht hätte. Sie war zart, übersensibel, neigte zu Depressionen und hatte mitunter Zwangsvorstellungen – andererseits war sie enorm zäh, sie gebar sechs gesunde Kinder, die allesamt überlebten (eine Seltenheit zu damaligen Zeiten, auch in den Kreisen der Reichen), und setzte immer wieder klare, logische Handlungen, die ihre Umgebung in ihrem Urteil über die Königin erstaunten und verunsicherten.

Schon als Kind war Johanna anders als ihre Geschwister, anders als ihre Mutter, die robuste Königin Isabella. Sie las viel und besonders gerne ernste Werke, die ihrem Alter eigentlich gar nicht entsprachen. Sie war sehr sprachbegabt, musikalisch und konnte wunderbar tanzen. Ihre Eltern führten sie liebend gerne ausländischen Staatsgästen vor, denen sie ihr Können zeigen musste. Johanna war aber sehr schüchtern, diese Auftritte, zu denen sie gezwungen wurde, waren ein Horror in Fortsetzungen. Die empfindsame Kleine zog sich noch mehr in ihr Schneckenhaus zurück.

Ihre Verheiratung wurde von den Eltern nach dynastischen Gesichtspunkten arrangiert. Isabella und Ferdinand erschien es nützlich, den Thronfolger Juan und seine Schwester Johanna (spanisch Juana) mit den Kindern des deutschen Kaisers Maximilian, Margarete und Philipp, zu verheiraten. Damit sollte die Bedeutung Spaniens in der europäischen Politik gestärkt und der Erzfeind Frankreich entscheidend geschwächt werden.

Johanna war in der Zwischenzeit siebzehn Jahre alt. Zeitzeugen attestierten ihr abwechselnd »keine körperlichen Vorzüge«, andere nannten sie »die Schönheit ihrer Familie«, einer schwärmte von ihr sogar als der »schönsten Prinzessin Europas«. Auf jeden Fall scheint die junge Johanna keine alltägliche Schönheit gewesen zu sein, sondern von sehr eigenwilliger Attraktivität: Sie

hatte ein zartes, schmales Gesicht mit hochgewölbter Stirn und fein geschwungenen Augenbrauen, etwas schwermütige, mandelförmige Augen, feines, rotblondes Haar und eine graziöse Gestalt. Ihre Mutter sorgte persönlich für ihre reiche königliche Ausstattung, und Philipp, erst seit kurzem Herzog von Burgund (so der offizielle Titel des Herrschers der heutigen Beneluxstaaten), den sie persönlich noch nie gesehen hatte, schrieb ihr gar herzliche Briefe. Er nannte sie darin seine »coniunx carissima«, seine innigstgeliebte Gattin, und bedauerte, dass es noch so lange währte, bis sie einander endlich trefffen würden. Die schüchterne Johanna freute sich und machte sich auf den beschwerlichen Weg zu ihrem Verlobten. Da der Landweg zu schwierig und zu unsicher war (mit dem König von Frankreich waren ihre Eltern wieder einmal verfeindet), wählte sie den Seeweg. Die Überfahrt von Spanien nach Burgund war allerdings genauso gefährlich. Das Schiff geriet in einen der ersten Herbststürme des Jahres, fast die gesamte Ausstattung der Braut ging unter.
Als sie Mitte September 1496 frierend und schwer erkältet in Arnemuiden an Land ging, erlebte sie eine herbe Enttäuschung. Philipp war in Tirol bei seinem Vater, man hatte ihn nicht rechtzeitig von Johannas Ankunft informiert. Die Braut zog mit ihrem spanischen Gefolge dem Bräutigam entgegen, das sich bereits laut über die »Taktlosigkeit« des fremdländischen Herzogs die Mäuler zerriss. In Lier trafen die beiden am 18. Oktober endlich zusammen – und die Begegnung spielte sich ab wie in einem Hollywood-Märchen. Nach wochenlangen »scharfen Ritten quer durch Deutschland« kam Philipp am späten Abend, zwei Tage vor dem schon angesetzten Hochzeitstermin, im Kloster von Lier an. Johanna schlief schon, sie wurde eilends herbeigeholt. Und da stand er: athletische Figur, blitzende Augen, markantes Gesicht, lange blonde Locken – sozusagen Brad Pitt und Leonardo di Caprio in Personalunion (dass er verrenkte Kniescheiben und ziemlich schlechte Zähne hatte, übersah Johanna gerne). Und da stand sie: die zarte, exotische Schönheit aus dem Süden – ganz anders als die drallen flandrischen Mädchen, die er bisher gewohnt war. Laut Überlieferung gerieten die beiden bereits bei der formellen Begrüßung in einen derartigen Erregungszustand, dass sie ihre offizielle Vereinigung

keinesfalls aufschieben wollten. Sie nötigten einen der anwesenden Priester, sie sofort zu trauen – und auf ging's ins Hochzeitsbett. Die Leidenschaft der beiden füreinander beflügelte die Fantasie der Hochzeitsgäste; von einem »Rausch der Sinne« war die Rede, der tagelang anhielt und nicht einmal bei der offiziellen Hochzeitsfeier abgekühlt wurde.
Es scheint, dass Philipp zumindest in der ersten Zeit genauso verliebt in Johanna war wie sie in ihn. Doch seine Leidenschaft kühlte sich sehr rasch ab: Philipp war verwöhnt und flatterhaft und lebte hauptsächlich für sein Vergnügen. Das inkludierte auch andere Frauen und von denen gab es am niederländischen Hof genug. Philipp war ein »Playboy«, durchaus freundlich und gutmütig, zumindest in seiner Jugend politisch etwas dumm, leichtfertig im Denken und im Umgang mit Menschen.
Johanna erfuhr sofort von jeder Eskapade, ihr spanisches Gefolge hinterbrachte ihr Philipps amouröse Abenteuer liebend gerne. Die stolzen Spanier fühlten sich nicht wohl in dem fremden Land und als gestrenge Katholiken empfanden sie die freizügigen, lebenslustigen Niederländer als einfach abstoßend. Johanna reagierte abweisend und missmutig, sie überschüttete ihren Mann mit Vorwürfen und machte ihm Eifersuchtsszenen. Um die Ehe der beiden stand es bald nicht zum Besten. Er sperrte sie ein, sie tobte hinter verschlossenen Türen, verweigerte die Nahrung und schlief auf dem Boden. Sie terrorisierte Philipps weiblichen Hofstaat und vernachlässigte sich körperlich. Philipp rächte sich auf seine Art: Er schlief nicht mit Johanna und suchte sie von ihrem spanischen Gefolge und dessen Einfluss fern zu halten. All die spanischen Edelleute waren im Bewusstsein ihrer Würde und ihrer Bedeutung gekommen, in der Hoffnung auf hohe Gehälter und Auszeichnungen, in der Erwartung, die Interessen der spanischen katholischen Könige in den Niederlanden wahrzunehmen. Aber Philipp dachte nicht daran, ihnen diesen Gefallen zu tun. Er postierte seine eigenen Leute in Johannas Hofstaat: Sein Vertrauter, Prinz de Chimay, wurde zu ihrem Ehrenritter ernannt und organisierte ihren Haushalt. Madame de Halewin, Philipps Gouvernante, brachte Johanna das burgundische Hofzeremoniell bei und der spanische Schatzmeister Martin de Moxica wechselte aus Eigennutz die Seiten. Johanna

war von Kindheit an gewohnt, zu gehorchen – zuerst ihrer übermächtigen Mutter Isabella, jetzt ihrem Mann und den Menschen, die er zu ihrer »Aufsicht« bestimmt hatte. Sie wehrte sich nicht dagegen, dass die drei auch über ihr Geld verfügten und es nach Gutdünken ausgaben. Das führte freilich dazu, dass ihr Gefolge, das (so war es vertraglich vereinbart) mit Johanna in Brüssel geblieben war, so schlecht versorgt war, dass sich Armut und Seuchen ausbreiteten. Im Heiratsvertrag war lediglich festgelegt worden, dass die Niederländer für den Unterhalt der Spanier zu sorgen hatten, aber das taten sie nur äußerst nachlässig. Das Gefolge sah, wie sich seine Herzogin auf Bällen und Banketten scheinbar gut amüsierte, und schrieb bitterböse Briefe in die Heimat. Jene Spanier, die dazu ausersehen worden waren, Philipps Schwester Margarete »einzuholen« und zu ihrem zukünftigen Mann, dem Infanten Juan, nach Spanien zu bringen, erzählten Johannas Eltern gleich direkt wahre Schauergeschichten vom Verhalten ihrer Tochter. Von deren »rohem Herzen ohne jedes Mitleid« war die Rede, von ihrer Vergnügungssucht und ihrer Gleichgültigkeit gegenüber den Leiden der Spanier an ihrem Hof. Was noch schwerer wog, war das Gerücht, Johanna sei von der »wahren Frömmigkeit« abgewichen. Anstatt wie ihre Mutter strenge, asketische Spanier zu geistlichen Beratern zu wählen, lasse sie sich die Messe von »leichtfertigen französischen Priestern« lesen. Isabella und Ferdinand waren beunruhigt und schickten den Prior Thomas von Matienzo nach Brüssel. Der sollte sowohl Johannas religiöse Gewohnheiten als auch Philipps Politik beobachten und nach Spanien Bericht erstatten.

Denn mittlerweile hatten sich die schönen Hoffnungen der spanischen Könige zerschlagen. Johannas Bruder Juan war kurz nach der Hochzeit mit Margarete verstorben – »an der Liebe«, wie es hieß. Der zarte spanische Thronfolger hatte seine eigene Leidenschaft für seine junge Frau nicht überlebt. Als diese auch noch ein totes Kind, ein Mädchen, zur Welt brachte, war dynastisch alles klar: Johanna war plötzlich Infantin von Spanien, alles, was sie tat, wurde plötzlich noch kritischer bewertet als zuvor. Für ihren Mann wurde sie plötzlich wieder interessant – zumindest politisch. Philipp nahm sofort (widerrechtlich) den

Titel eines »Prinzen von Kastilien« an, der umgehend vom französischen König anerkannt wurde. Überhaupt sahen die Spanier Philipps Vorliebe für den »falschen Franzosen« mit Argwohn. Das war ganz gegen ihre eigenen Pläne: Schließlich hatten sie Johanna mit Philipp verheiratet, um diesen enger an Spanien zu binden – und nicht, um die Tochter an einen »Franzosenfreund« zu verlieren.

Kein Wunder also, dass sich Johanna ausnehmend schroff gegen Prior Matienzo verhielt, als dieser kam, um sie »auszuhorchen«. Sie wusste Bescheid über das Gerede über ihre Ehe, ihr Verhalten – und ihren Geisteszustand. Da sie nie gelernt hatte, zu kämpfen, zog sie sich in ihr Schneckenhaus zurück und blieb für jedermann, außer für Philipp, unzugänglich.

Aber sie hatte keineswegs vergessen, was sie ihrem Land schuldig war. Das zeigte sich daran, dass sie Philipp drängte, nach Spanien zu gehen, um sie dort beide offiziell als Thronfolgerpaar vorzustellen. Und es zeigte sich auch daran, dass sich Johanna vom französischen König Ludwig XII. nicht beeindrucken ließ – ganz im Gegensatz zu ihrem Mann. Ludwig hatte die beiden eingeladen, über Frankreich nach Spanien zu reisen, und überbot sich in Liebenswürdigkeiten. Philipp nahm er damit völlig gefangen – Johanna blieb die unnahbare spanische Königstochter. Sehr zur Genugtuung ihres spanischen Gefolges – das Gemauschel über Johannas zeitweise verwirrten Geist, ihre »perdidamente enamorada« (ausweglose sexuelle Hörigkeit) gegenüber Philipp ließ für einige Zeit nach.

In Spanien wurden die Dinge aber nicht besser. Isabella war seit Juans Tod krank, Philipp verstand sich nicht mit Ferdinand – sosehr sich Johanna auch bemühte, zu vermitteln. Philipp fühlte sich nicht wohl in Spanien. Die Kargheit und Strenge dieses Landes stießen ihn ab und so nutzte er die erste Gelegenheit, wieder abzureisen. Johanna wollte ihn begleiten, was ihre Mutter aber unter allen Umständen zu verhindern wusste. Mit objektiv guten Gründen: Johanna war wieder schwanger, Isabella fürchtete, die Rückreise könnte zu anstrengend für sie sein. Mit Heulen und Zähneknirschen fügte sich Johanna und brachte am 10. März 1503 ihr viertes Kind zur Welt – einen Sohn, der nach dem Großvater Ferdinand genannt, in Spanien erzogen und bald zum

Liebling des Königs wurde. Kaum war sie entbunden, drängte Johanna zum Aufbruch nach Brüssel. Abermals legte sich Isabella quer. Inzwischen war Spanien mit Frankreich in einen offenen Krieg eingetreten, also war der Landweg versperrt. Und der Seeweg war so früh im Jahr ohnedies nicht ratsam. Johanna war aber keinen vernünftigen Argumenten zugänglich. Sie fühlte nur die Abneigung ihrer Eltern gegen Philipp und sie fürchtete, sie sollte für immer von ihm getrennt werden. Und das war für Johanna untragbar. Sie war mit Philipp verheiratet, das bedeutete für sie, auf immer verbunden zu sein, sie gehörte ihm auf eine ausschließliche Weise, die es nicht einmal gestattete, mit anderen Männern einen freundlichen Blick oder Händedruck zu tauschen. Und davon sollte sie getrennt werden? Niemals! Entschlossen reiste Johanna nach Medina del Campo, um sich von dort in Richtung Niederlande einzuschiffen.
Sie quartierte sich in der Festung La Mota ein und was dann geschah, berichtet der Chronist Padilla: Isabella hatte inzwischen den Bischof Don Juan von Fonseca informiert. Dieser sollte die Abreise von Johanna unter allen Umständen verhindern. Als Johanna die Festung wieder verlassen wollte, ging er auf sie zu und forderte sie auf, wieder in ihre Gemächer zurückzukehren. Sie weigerte sich. Daraufhin befahl der Bischof, die Tore zu schließen, worauf ihm die Prinzessin »sehr hässliche Worte zurief«. Sie eilte in Richtung Ausgang und wurde buchstäblich zwischen dem äußeren und dem inneren Tor der Festung eingesperrt. Dort blieb sie die ganze Nacht, schrie und tobte. Eilends wurde die Königin Isabella aus Segovia herbeigerufen, die kranke Frau legte die Fünfzig-Kilometer-Entfernung in einer Zweitagesreise zurück. Sie konnte Johanna wenigstens überreden, den Skandal – eine tobende Thronfolgerin, eingesperrt in einer Festung – zu beenden und sich zurückzuziehen. Doch nach eingehenden Gesprächen wurde Isabella klar: Johanna war nicht bereit, nachzugeben. Die Königin ließ ihre Tochter ziehen. Die beiden sollten einander nie mehr wieder sehen, Isabella starb bald danach.
Als Johanna in Brüssel ankam, erwartete sie die nächste Enttäuschung. Philipp hatte keineswegs sehnsüchtig auf sie gewartet, er hatte sich in der Zwischenzeit eine mehr oder weniger offizi-

elle Geliebte zugelegt. Es war eine schöne Niederländerin mit üppigem blondem Haar. Johanna überraschte die beiden, machte Philipp eine fürchterliche Szene – und lieferte dem ganzen Hof damit ein großartiges Schauspiel. Kurz darauf bemerkte sie, wie die junge Frau versuchte, Philipp einen Brief zuzustecken, einen Liebesbrief, wie Johanna vermutete. Das wird es wohl auch gewesen sein, denn die Blonde zerriss den Brief, stopfte ihn in den Mund und schluckte ihn. Darauf ging Johanna auf sie mit einer Schere los, schor ihr die Haare bis auf die Kopfhaut und versuchte ihr das Gesicht zu zerkratzen. Philipp ging dazwischen und es kam zu einer handgreiflichen Auseinandersetzung. Padilla schrieb, Johanna habe danach, »beinahe wie von Sinnen, das Bett hüten müssen«. Und der Humanist Martyr berichtete getreulich nach Spanien: Die Tochter der katholischen Könige habe auf eine Art und Weise gehandelt, die sie »nicht mehr ganz klar im Geiste« habe erscheinen lassen.

Johanna versuchte alles, um die Liebe ihres Mannes zurückzugewinnen. Ihre maurischen Dienerinnen brauten ihr Liebestränke und führten rituelle Kopfwäschen bei ihr durch. Nichts half, Philipp blieb kalt in ihren Armen. Im Gegenteil: Das ständige Haarewaschen ging ihm auf die Nerven und er verbot Johanna den Umgang mit den maurischen Frauen.

Philipp trieb mit seiner Gattin ein übles Spiel: Ihm genügte es längst nicht mehr, Herzog von Burgund zu sein. Er wollte auch spanischer König werden – und bei diesem Plan war Johanna gleichzeitig sein wertvollstes Pfand und sein größtes Hindernis. *Er* wollte regieren, *sie* sollte daran gehindert werden. Also handelte er: In seinem Auftrag sammelte der famose Martin de Moxica »Beweise« für die geistige Verwirrtheit Johannas. Philipp sorgte auch dafür, dass diese Aufzeichnungen dem spanischen König Ferdinand zugespielt wurden. Ferdinand konnte lesen: Philipp sei durch die stürmischen Eheszenen mit Johanna manchmal so niedergeschlagen und verzweifelt, dass der Gedanke in ihm aufkam, Hand an sich zu legen, um aus dieser Hölle erlöst zu werden. Johannas Eifersucht sei eine »sehr schlechte Angewohnheit«, die sich zu einer »rage d'amour« verdichtet hatte – der Autor nannte sie eine »außergewöhnlich heftige und unbezwingbare Aufwallung von Wut«. Moxica schloss seine Betrachtungen mit der Feststellung, dass Johanna »nicht mehr Ruhe als eine Verdammte oder eine Wahnsinnige« gehabt haben soll. Dazwischen gab es Perioden düsterer Schweigsamkeit. Sie saß dann voll trüber Verzweiflung in einem verdunkelten Gemach, wollte niemanden sehen und sprechen, schon gar keine Frauen, vor denen sie eine geradezu körperliche Abscheu entwickelte. Erst Philipp konnte sie wieder »zum Leben erwecken«: Von seinen Umarmungen konnte sie nie genug bekommen.

Ferdinand sollte überzeugt werden, dass Johanna nicht regierungsfähig sei. Und Ferdinand hörte das nur zu gerne: Denn Isabella hatte ihn in ihrem Testament mit der Regentschaft über Kastilien beauftragt für den Fall, dass Johanna »nicht willens oder nicht fähig« sei, selbst zu regieren. Freilich war Ferdinand zu klug, um mit Philipp gemeinsame Sache zu machen. Er trat nach Isabellas Tod offiziell als König von Kastilien zurück, ließ seine Tochter von den »Cortes«, der kastilischen Adelsversammlung, zur Königin ausrufen und erzählte voll scheinbarer Empörung, dass der eigene Mann Johanna aus Machtgier für unzurechnungsfähig erklären wollte. Die Cortes reagierten nach Wunsch, ihre Ablehnung gegenüber Philipp wuchs. Gleichzeitig schickte Ferdinand einen Vertrauten nach Brüssel, dem es gelang, Philipps Misstrauen zu zerstreuen und Johanna als Geheimsekretär zugeteilt zu werden. In dieser Funktion bearbeitete er die unglückliche Frau: dass sie ihrer Mutter in der letzten Zeit so viel Kummer bereitet habe, dass ihr Vater nur ihr Bestes wolle, dass sie so weit von Spanien entfernt sei … Philipp habe sie in Spanien als »wahnsinnig« denunziert. Da sei es wohl das Beste, wenn Ferdinand in ihrem Namen regiere. Johanna sah das alles ein, sie schrieb ihrem Vater einen Brief, in dem sie ihm die Regierung übertrug, und Ferdinands Gesandter reiste wieder ab.

Als Philipp davon erfuhr, packte ihn die Wut. Er bearbeitete die verstörte Frau, erzählte ihr von der Hinterlist ihres Vaters, der nur daran denke, sie um ihr Thronerbe zu bringen. Ob sie denn überhaupt keinen Stolz habe? Sei sie nun Königin oder nicht? Und wieder gewann Philipp die Partie: Johanna schrieb einen weiteren Brief an Philipps Statthalter in Spanien, in dem sie die Regierung über Kastilien zurückverlangte.

»Die Königin
Monsieur de Veyre,
bis jetzt habe ich Euch noch nicht geschrieben, denn Ihr wißt ja, wie ungern ich es tue; aber da man dort über mich urteilt, daß es mir an Verstand mangle, wäre es recht, für mich ein wenig einzutreten... Sprecht von mir aus mit dem König, meinem Herrn und meinem Vater, weil die, die derartiges ausstreuen, es nicht nur gegen mich tun, sondern auch gegen Seine Hoheit; denn es fehlt nicht an Leuten, die sagen, daß er das verbreiten lasse, um unsere Reiche zu regieren, was ich nicht glaube, da der König so groß ist und so katholisch und ich seine so gehorsame Tochter. Ich weiß wohl, daß der König, mein Herr Gemahl, dorthin schrieb und sich in gewisser Art über mich beklagte, um sich zu rechtfertigen. Aber das durfte nicht aus dem Bereiche von Eltern und Kindern hinauskommen, umso mehr als wenn ich irgendwie zu sehr in Leidenschaft geriet und das Benehmen vergaß, das meiner Würde geziemt hätte, so ist es notorisch, daß nichts anderes der Grund dafür war als Eifersucht; und diese Passion habe nicht nur ich, sondern auch die Königin meine Herrin und Mutter... sie war ebenfalls eifersüchtig. Aber wie die Zeit ihre Hoheit heilte, so wird sie, wie Gott es gefallen möge, es auch mit mir tun ...«

Dann schrieb sie noch, sie werde nicht zulassen, dass irgendjemand ihr oder ihrem Mann ihre Reiche wegnehmen wolle. Das war deutlich und dieses Spiel für Ferdinand vorerst verloren.
Nun bestand Philipp darauf, nach Spanien zu fahren. Ferdinand sollte daran gehindert werden, weiter Abgaben aus Kastilien zu ziehen. Johanna willigte ein – unter einer Bedingung. De Moxica, der all diese »Verleumdungen« über sie geschrieben hatte, sollte entlassen werden. Aber Philipp weigerte sich und Johanna gab abermals nach. Auf dem Seeweg fuhren sie nach Spanien, wieder war das Wetter äußerst widrig und Philipp sowie der größte Teil des männlichen Gefolges hatten große Angst, über Bord gespült zu werden. Philipp ließ sich sogar in einen Ledersack einnähen, der zu einer Kugel aufgeblasen und mit seinem Namen und seinen Titeln beschriftet wurde – damit er nicht untergehe. Johanna blieb gelassen. Sie saß die ganze Zeit an Deck, zu Philipps Füßen, und sang leise spanische Lieder.

In Kastilien wurde vor allem sie bejubelt. Während der Adel tendenziell wieder zu Philipp hielt (nicht aus Sympathie, sondern aus Antipathie gegen den Aragonesen Ferdinand, der noch dazu rasch nach dem Tode Isabellas die Französin Germaine de Foix geheiratet hatte. Sein Plan war durchschaut: Er wollte einen männlichen Erben zeugen, der Johanna dann als Thronfolgerin verdrängen könnte ...), sah das einfache Volk in Johanna seine legitime Königin. Die verhielt sich allerdings gar seltsam: Als einzige Frau ritt sie in einem Zug von Männern, in tiefes Schwarz gehüllt, und weigerte sich, in festen Burgen zu nächtigen. Wenn man sie zwingen wollte, reagierte sie mit Wut und Nahrungsverweigerung.

Eine Interpretation für dieses Verhalten besagt, dass spätestens zu diesem Zeitpunkt der Wahnsinn voll ausgebrochen war. Eine andere – differenziertere – lautet, in Johanna habe sowohl Philipps als auch der Verrat ihres Vaters nachgewirkt. Sie habe (und das zu Recht) gefürchtet, man werde sie wegsperren und für unzurechnungsfähig erklären.

Am 12. Juli 1506 leisteten ihr die Cortes in Valladolid dennoch den Eid, in dem sie sie nach alter Sitte als ihre Königin anerkannten. Ferdinand kam den beiden sogar entgegen und übergab Johanna die Regierung. Danach zog er sich aus Kastilien zurück. Alles schien zunächst wieder in Ordnung – unter dem Jubel der Menge zog das königliche Paar nach Burgos, wo ein Fest das andere jagte. Philipp erteilte großzügig Gnaden an spanische Granden, die offen zu ihm übergelaufen waren, und an sein niederländisches Gefolge.

Und dann kam jener Mittwoch, an dem Philipp zur Jagd ausritt, danach bis zur Erschöpfung Pelota (ein Ballspiel) spielte und dann einen Krug eiskaltes Wasser austrank. Auch am nächsten Tag jagte er, obwohl er sich nicht wohl fühlte, leicht fieberte und keinen Appetit hatte. Er weigerte sich bis zum Samstag, die Erkrankung ernst zu nehmen, bis der Schüttelfrost kam. Sein Zustand verschlechterte sich schnell. Er hatte Seitenstechen, spuckte Blut, konnte nur noch mühsam sprechen und schlucken. Der ganze Körper war mit rotschwarzen Pusteln übersät, Durchfall quälte ihn. Dann sank er in einen Dämmerzustand, aus dem er nicht mehr erwachte.

Johanna blieb allein und sie war zunächst vor Schmerz wie gelähmt. Erst nachdem das Chaos ausgebrochen war, nachdem sie die Cortes dringend aufforderten, die Regierung zu übernehmen, und nachdem man bereits heimlich nach ihrem Vater geschickt hatte, der zu diesem Zeitpunkt gerade in Neapel gegen die Franzosen kämpfte, setzte sie einen legistischen Akt – und der wirkte erstaunlich klar und bestimmt: Sie nahm alle Gnadenakte wieder zurück, die Philipp zu Lebzeiten erteilt hatte, um das Land nicht im Streit der Adeligen untereinander zu zerreißen.

Am 14. Januar 1507 gebar sie ihr letztes Kind, das sie auf den Namen Katharina taufte. Die ganze Zeit über wirkte sie vor Schmerz wie versteinert, zog von Stadt zu Stadt mit dem Leichnam ihres Mannes und die Legende um ihre wahnsinnige Liebe über den Tod hinaus verbreitete sich im ganzen Land.

Im August traf sie mit ihrem Vater zusammen und der sammelte bereits wieder eifrig Adelige um sich, die es für besser befanden, wenn er regierte. Johanna schwankte zwischen kindlichem Gehorsam und Misstrauen, um schließlich doch wieder ihrem Vater die Regierung zu übergeben.

Ihr Zustand verschlechterte sich, als ihr der Vater den Sohn Ferdinand nahm – seinen Lieblingsenkel. Die anderen Kinder waren ohnehin in Brüssel geblieben. Jetzt blieb ihr nur mehr ihre Jüngste, Katharina, und sie schwor, sie wolle sich nie von ihr trennen. Das Angebot des englischen Königs Heinrich VII., ihn zu heiraten, lehnte sie entrüstet ab – wohl, weil ihr Vater so besonders drängte. Daraufhin begann Ferdinand, den Ring um sie enger zu schließen. Er postierte seine italienischen Truppen um Arcos, den Winteraufenthalt Johannas, und er sorgte dafür, dass sie nie mit dem Sarg ihres Mannes in Granada ankam.

Im Oktober 1508 erreichte Ferdinand ein Schreiben des Bischofs von Malaga, der offensichtlich – wie einst Moxica – mit der Bespitzelung der Königin beauftragt war. Er berichtete erschreckende Einzelheiten: So sei Johanna zwar in ihren Handlungen und Äußerungen ruhig, doch sie wasche und pflege sich nicht, trage ein unsauberes Hemd und vernachlässige ihre Kleidung. Sie schlafe und esse auf dem Fußboden und sie dehne das Frühstück unstatthaft lange aus, sodass sie die Messe versäume, tagelang. Sie müsse sehr oft Wasser lassen, »wie bei niemandem sonst bemerkt«. Man dürfe ihr »die Sorge für ihre Person nicht allein überlassen«.

Für Ferdinand war das ein Zeichen, zu handeln. Am 15. Februar 1509 sollte Johanna verschwinden. Ferdinand ließ sie gegen ihren Willen nach Tordesillas bringen. Die alte Königsburg südwestlich von Valladolid hatte er mit Bedacht gewählt. Sie war leicht zu überwachen und gegen unerwünschte Besucher abzuschirmen. Das ehemalige Kastell grenzte östlich an das Kloster der Santa Clara, in der Capella Mayor wurde Philipps Sarg vorerst wieder einmal beigesetzt.

Dass es Ferdinand nicht vordergründig um das »Wohl« seiner Tochter ging, beweisen die Umstände, unter denen sie eingesperrt wurde: Sie hatte keineswegs, wie ein Biograf behauptet, »von ihren Gemächern aus jederzeit den Anblick des Sarges«. Dazwischen lagen Gebäude, Höfe, Mauern. Der Sarg selbst war in der Obhut der Klarissinnen. Wäre es nach Johanna gegangen, hätte sie keinesfalls zugelassen, dass Frauen die Hüterinnen des toten Philipp waren. Zudem hatte Ferdinand dafür gesorgt, dass Johanna einen unerbittlichen Zuchtmeister bekam – Luis Ferrer hieß er und er führte sieben Jahre lang ein strenges Regiment. Nur zum Besuch der Gottesdienste konnte sie ihren engeren Wohnbereich verlassen. Er schreckte auch vor Gewalt nicht zurück, wie er später in seinem Rechenschaftsbericht angab. Er habe im Auftrag des Königs Ferdinand gehandelt, der habe befohlen, Johanna zu zwingen. Damit sie am Leben bleibe, sei der König genötigt gewesen, »mandar cuerda« (zu befehlen, den Strick zu geben). Über diese Formulierung streitet die Forschung bis heute: Heißt es nun, dass sie »nur« geschlagen wurde, oder heißt es gar, dass sie ausgiebig gefoltert wurde – beide Deutungen sind zulässig. Was auch immer es war, der unglücklichen Frau wurde Gewalt angetan, um ihren Widerstand zu brechen. Sie reagierte, wie sie schon Philipps Übergriffe pariert hatte: Sie verweigerte das Essen, das Wechseln ihrer Kleider, das Schlafen im Bett oder – nach erzwungener Bettruhe – das Aufstehen. Ferdinand besuchte sie, unangemeldet, in Begleitung kastilischer Granden und fremder Gesandter und führte sie quasi vor: Sie war jämmerlich anzusehen, geschwächt durch ihren

Hungerstreik, nachlässig gekleidet und ungepflegt. Der Besuch war reinste Berechnung, er sollte Ferdinands Macht in Kastilien noch mehr festigen. Johanna durchschaute das – und sie reagierte falsch: mit Zorn, Weinen und Schreien. Damit arbeitete sie der zweifelhaften Politik ihres Vaters in die Hände. Ferrer, ein Sadist in der Maske des harmlosen Bürokraten, hatte noch freiere Hand.

Ihre verzweifelte Lage änderte sich ein wenig, als Ferdinand 1516 starb und ihr eigener Sohn Karl die Regentschaft übernahm. Zunächst verhielt er sich korrekt: Er nahm die Warnung der Cortes ernst, sich König zu nennen – denn Königin sei nur seine Mutter. Und er ließ Ferrer durch den alten, politisch erfahrenen Kardinal Jiménez de Cisneros absetzen. Cisneros handelte in gutem Glauben, er glaubte auch, dass die labile Königin unter ständiger Aufsicht sein müsse. Aber er ernannte einen milderen Mann, Hernan Duques, zum Palastkommandanten. Karl und ihre älteste Tochter Eleonora besuchten sie, vorgeblich, um »Spanien kennen zu lernen und dereinst ein guter König zu werden«. Johanna war hocherfreut, sie glaubte auch Karls Vertrautem de Chièvres, der ihr honigsüße Worte in die Ohren träufelte. Allerdings wurde Johanna jahrelang verschwiegen, dass ihr Vater bereits tot war – damit sie gar nicht erst auf die Idee käme, Thronansprüche anzumelden. Außerdem gab er ihr einen neuen Kerkermeister: den Marquis de Denia, den die Königin samt seiner Familie schrecklich abstoßend fand.

Und Karl nahm ihr heimlich Katharina, weil er ihr ein »angemessenes« Leben ermöglichen wollte. »Catalina«, wie ihre Mutter sie zärtlich nannte, wurde regelrecht entführt: Ihre Schlafkammer lag direkt hinter Johannas Schlafraum. Karls Leute brachen in die Hinterwand ein Loch und raubten die Elfjährige aus ihrem Bett. Johanna war verzweifelt. Nach einigen Tagen hatte sie mit den ihr einzig verfügbaren Mitteln – Klagen, Weinen, Verweigerung von Essen und Trinken – Erfolg. Katharina kam zurück – freiwillig, wie sie stets betonte. Und Karl gab sich unschuldig. Er behauptete, flämische Adelige hätten die Kleine entführt, er persönlich habe für ihre Rückkehr gesorgt. Und Johanna glaubte ihm. Hinter ihrem Rücken ließ Karl allerdings, wie schon ein paar Männer aus Johannas Verwandtschaft vor

ihm, den Aufseher Denia anweisen, sie noch strenger wegzusperren.
Erst als ihr Sohn in seiner Unerfahrenheit entscheidende politische Fehler in Spanien beging und damit im Januar 1520 einen Aufstand herbeiführte, erfuhr Johanna, was »in der Welt draußen« vorgegangen war. Der Führer des Aufstandes, Juan de Padilla aus Toledo, erzählte ihr alles und sie war bereit, den Aufstand der Städte, der »Santa Junta«, als legitim anzuerkennen und als Königin zu regieren. Sie ernannte ihn zum »Capitán general del Reigno« und die Comuneros wählten Tordesillas zu ihrem offiziellen Sitz. Sie hielt eine viel beachtete Rede vor den Cortes, besonnen und politisch klug, in der sie die Missstände in Karls Regierung anprangerte, den Aufstand ausdrücklich billigte, aber nicht eine Handbreit nachgab, was die Souveränität des Königtums betraf. Das spanische Volk soll tief gerührt gewesen sein, dass die jahrelang weggesperrte Königin plötzlich wieder in die Geschicke des Landes eingriff. Johanna stand da als Sinnbild des tyrannisierten spanischen Volkes, Opfer von Willkür und Herrschsucht. Ihre Untertanen wussten gar nicht, wem sie mehr die Schuld an Johannas Unglück geben sollten: ihrem Vater, dem »fremden« Aragonesen, dessen zweiter Frau Germaine, die nur eifersüchtig war, weil sie keinen Sohn geboren hatte, Johanna aber sechs gesunde Kinder zur Welt gebracht hatte, oder ihrem »herzlosen« Sohn Karl …
Aber letztlich war die Königin doch nicht stark genug, ihren Sohn und all die Männer, die sie quälten, in die Schranken zu weisen und ihr Land selbst zu regieren. Sie verpasste ihre erste und letzte Chance, ihr Leben und ihr Geschick selbst in die Hand zu nehmen: Johanna schrieb zwar scharfe Briefe an Karl, aber sie unterzeichnete keine Dokumente und Verordnungen. Sie zögerte, weil die Aufständischen all jene Menschen bekämpften, die schon ihre Mutter ihr als Autoritäten präsentiert hatte – Personen von altem Adel, hoch stehende Geistliche … Aber sie zögerte wohl auch, weil die Comuneros untereinander zerstritten waren. Wie dies wiederholt in der politischen Geschichte Spaniens war, verfielen die Führer der Aufständischen in theoretische Haarspaltereien, was die besten Gesetze und Regierungsmethoden seien, anstatt ihre Siege auszubauen

und das Volk ganz für sich zu gewinnen. Der Königin blieb das nicht verborgen und auch nicht die Arroganz mancher Aufständischer. Die Comuneros behandelten die zögernde Königin falsch: Als sie drei Tage lang kein Essen anrührte und nicht schlafen wollte, verbreitete sich in Windeseile das Gerücht, Johanna sei doch wahnsinnig und obskure »Teufelsaustreiber«, Wunderärzte und geistliche Exorzisten wurden auf die ohnehin schon misstrauische Königin gehetzt.

Karl reagierte anders: Er zögerte ganz und gar nicht, er hatte nur auf ein Zerwürfnis gewartet. In Windeseile eroberte er die aufständischen Städte zurück und ließ die Anführer töten.

Für Johanna bedeutete das: zurück in die Gefangenschaft, zu ihrer »eigenen Sicherheit«, zurück zum Marquis und der Marquise de Denia. Und die quälten sie nach Herzenslust weiter: Die Haupträume des Palastes waren ihr verwehrt, sie durfte sich nur in ihrem eigenen Zimmer aufhalten. Wenn sie in der Galerie spazieren wollte, die den Blick auf den Fluss freigab, dann durfte sie das nur, wenn sich die Familie des Marquis gerade nicht dort aufhielt. Sie wollte wenigstens zur Messe in die Klosterkirche außerhalb des Palastes gehen, der Marquis versprach, sie dürfe es, wenn sie brav esse, brav schlafe, sich brav pflege – und wenn das Wetter schön sei. Die arme Frau saß fertig gekleidet tagelang in Haube und Mantel da, in der Erwartung, abgeholt zu werden – allein, der Marquis kam nicht.

Er berichtete getreulich über seine Grausamkeiten an den König, doch der kümmerte sich nicht darum, sorgte nur dafür, dass seine kleine Schwester Catalina an den portugiesischen König verheiratet wurde.

Johanna war jetzt ganz allein – insgesamt noch 34 kümmerliche Jahre fristete sie ihr Leben in der Festung von Tordesillas. Sie war eine für damalige Verhältnisse »uralte« Frau von 76 Jahren, als sie am 12. April 1555 starb. Ihr Sohn Karl, der ihr als Letzter in einer Reihe von Männern ihrer Familie die Krone streitig gemacht hatte, dankte im selben Jahr ab und starb nur drei Jahre später.

Die neuere Geschichtswissenschaft stritt ausgiebig darüber, wie denn nun der »Wahnsinn« Johannas zu deuten sei. Die einen wähnten sie als Opfer der Inquisition, andere als politische Gefangene – wiederum andere als geistig völlig umnachtet. Letztlich dürfte es sich bei Johanna um eine fatale Mischung aus verschiedensten Einflüssen gehandelt haben. Sie protestierte gegen die Zwänge, die ihre Umgebung ihr auferlegen wollte. Und wie hätte sie das wirksamer tun können, als den Kirchgang zu verweigern? Das aber gab den Glaubensfanatikern Auftrieb, sie wähnten sie als Opfer des »Teufels« und der schlechten Einflüsse ihrer burgundisch-französischen Umgebung. Dass sie heimlich mit der aufkeimenden Reformation sympathisierte – dafür gibt es keinerlei Belege.

Johanna war zweifellos den Männern in ihrer Familie, die allesamt einen ausgeprägten Zug zur Macht hatten, im Weg. Sie war labil, wirkte häufig depressiv, hatte heftige Launen – das war ein guter Vorwand, sie zur Gefangenen zu machen. Dass sie es aus politischen Gründen im engeren Sinn war, also, dass sie als Königin eine andere Politik verfolgt hätte als ihr Mann, ihr Sohn, ihr Vater – auch das ist unwahrscheinlich. Sie wollte dasselbe wie ihre Mutter Isabella: die Einheit Spaniens, die absolute königliche Macht, »folgsame« Cortes. In ihren wenigen Verfügungen hat sie immer wieder davon geschrieben, alles solle so gehandhabt werden wie »zu Zeiten meiner Mutter«. Das setzte sie noch nicht in Widerspruch zu den Männern, denn die wollten genau das Gleiche.

Was nun ihren »Wahnsinn« betrifft: Immer dann, wenn ein späterer Habsburger psychische oder intellektuelle Probleme hatte, hieß es, dies sei das verderbliche Erbe der wahnsinnigen Spanierin. Aber so einfach ist das nicht: Zwar hat Johanna Aktionen gesetzt, für die das Wort »leidenschaftlicher Ausbruch« bei weitem zu milde ist. Aber sie hat auch immer wieder – das attestieren ihr auch ihre schärfsten Kritiker – Gedanken und Überlegungen formuliert, die von klarem Denken zeugen, sie hat in entscheidenden Situationen so überlegt gehandelt, wie es vollkommene geistige Umnachtung niemals zulassen würde. Der Hispanist Ludwig Pfandl hat, unterstützt von einem Psychiater, eine Übersicht über Johannas Krankheitsbild gegeben. Er sieht in ihr keine endogene oder exogene Psychose, sie war keine Melancholikerin und nicht manisch-depressiv, sie war keine Idiotin und ebenso wenig litt sie an Epilepsie oder paralytischem Schwachsinn. Die Erscheinungen, von denen in zeitgenössi-

schen Dokumenten die Rede ist, weisen auf »dementia praecox« (Schizophrenie) hin, das heißt, dass die Kranke ihre eigene Einbildung nicht mehr in den Rahmen der Wirklichkeit einordnen konnte. Das machte ihr eine »normale« Existenz unmöglich.
Diese Krankheit habe sich, so Pfandl, im Anfangsstadium unbemerkt und ungestört entwickeln können. Sie war bereits weit fortgeschritten, als man bei der Patientin die ersten Anzeichen gewahrte. Pfandl ist der Ansicht, dass diese Krankheit zwischen dem fünfzehnten und dem dreiundzwanzigsten Lebensjahr entstehe. Johanna war zweiundzwanzig, als sie den ersten nachweisbaren Anfall in Medina del Campo erlitt. Die Weigerung Isabellas, sie nach Brüssel ziehen zu lassen, führte zu einem psychischen Schockzustand und zu einer latenten Überreizung. Der Schock äußerte sich durch eine wachsende Abnahme der Selbstbeherrschung sowie einer Abschwächung der Willenskraft. Sie geriet in rasende Wut und begann, an Verfolgungswahn zu leiden. Sie begegnete dem auferlegten Zwang mit einer Verweigerung der elementarsten Lebensanforderungen: Sie aß nicht, trank nicht, ging nicht zu Bett und vernachlässigte ihren Körper. Der nächste Schock war, als sie in Brüssel die Untreue ihres Gatten erlebte, der dritte war sein Tod.
Als Johanna selbst sich dem Tod näherte, wurde ihr Zustand immer schlimmer. Um diese Zeit schrieb ihr Kerkermeister Denia, er sei gezwungen, die Königin mit Gewalt in ihr Zimmer zurückzubringen, wenn sie auf dem Gang schrie. Mitunter soll sie durch das Fenster den Leuten auf der Terrasse zugerufen haben: »Tötet sie, tötet sie!« Stundenlang saß sie auf dem Boden, verweigerte wiederum Essen, Schlafen oder den Wechsel ihrer verschmutzten, verschlissenen Kleidung. Zu dieser Zeit war sie bereits inkontinent. Dann wieder schrie sie laut oder warf Schüsseln und Teller nach dem Bedienungspersonal. Völlige Apathie wechselte mit hysterischen Wutanfällen. So beschreibt es zumindest Denia und ihm lag bekanntlich daran, Johannas kranken Geisteszustand zu beglaubigen. Einmal allerdings verrät er sich selbst, als er Karl berichtet, er habe sich gezwungen gesehen, der Königin Tinte und Schreibpapier wegzunehmen – offenbar wollte er nicht, dass ihre Sicht der Gefangenschaft bekannt würde.

Das ist ihm letztlich auch gelungen. Johanna ging in die Geschichte ein als »Juana la Loca«, die »Wahnsinnige« – wahnsinnig aus zu viel Liebe zu den falschen Männern.

Karl V.

De la messa al la menza

Als der alte, schwarz gekleidete Mann am 28. September 1556 sein Schiff am Strand von Laredo verließ, sank seine Stimmung. Klar, er hatte abgedankt, er war nicht länger der großartige »Imperator mundi«, der Mann, in dessen Reich die Sonne nie unterging. Aber war das ein Grund, dass ihn seine ehemaligen kastilischen Untertanen überhaupt nicht begrüßten?

Karl V. gab sich augenblicklich einer seiner Lieblingsbeschäftigungen hin: Er verfiel in schwermütiges Grübeln und fühlte sich von der Welt enttäuscht. Sein Sekretär notierte: »Seine Majestät ist verdrießlich wegen des Mangels an ihm erwiesener Sorgfalt dadurch, daß ihm nicht die erwarteten Höflichkeiten und Bequemlichkeiten zuteil werden … und macht scharfe Bemerkungen.«

Dass es genau diese Art war, die ihn bei seinen Untertanen nicht gerade beliebt gemacht hatte, kam ihm wohl nicht in den Sinn. Zeitlebens hatte er so reagiert, wenn ihm etwas gegen den Strich gegangen war: Rückzug, Grübelei, scheinbare geistige Trägheit, ab und an eine scharfe, verletzende Bemerkung gegen seine nächste Umgebung. Dazu kam, dass er bereits bei seinem Regierungsantritt ziemlich unbeliebt in seinen spanischen Erblanden war. Er galt als der »Fremde«, erzogen in den fremden, reichen, »unmoralischen« Niederlanden, und er sah für spanische Augen auch »anders« aus. Seine Eltern, der Habsburger Philipp »der Schöne« und Johanna (Juana) von Spanien, die als »Wahnsinnige« zu trauriger Berühmtheit gelangt war, hatten ihm eine hoch gewachsene, kräftige Gestalt, einen bleichen Teint und feines, rotblondes Haar vermacht. Zeitgenossen beschrieben sein Äußeres in seinen Jugendjahren als nicht gerade sympathisch. Er habe einen »sowohl schlaffen als auch widerspenstigen Charakter« gehabt, hieß es. Seine Jugendporträts zeigen deutlich den schweren, nach vorn gestreckten Unterkiefer und der halb offene Mund macht nicht gerade den Eindruck herausragender Intelligenz. Karl hatte jene längliche Kopfform, die später als Charakteristikum der österreichischen Angehörigen des Kaiserhauses gelten sollte. Im 18. und 19. Jahrhundert kursierte in Wien folgender beißende Witz angesichts eines »Langschädels mit Gosch'n«: »Entweder es is' eine Zangengeburt oder ein Erzherzog.«

Karls Augen quollen hervor und seine ungesunde Gesichtsfarbe hatte er schon früh fortwährenden Verdauungsstörungen zu verdanken. Sein Großvater väterlicherseits, der römisch-deutsche Kaiser Maximilian, notierte zwar positiv, sein Enkel könne ausgezeichnet reiten, jagen und Turnierkämpfe austragen, aber: »Der ist ja unbeweglich wie ein Idol.« Ein Hofchronist attestiert Karl »greisenhafte Würde«, ein anderer bemerkt, alles, was der Zehnjährige tue, sei von »bohrender Heftigkeit«, die an seinen Urahnen, Karl den Kühnen, erinnere. Er galt schon am Hof in Gent als gefräßig, schlecht kauend und darum auch schlecht verdauend. Er sprach das Niederländische nur stockend, hatte ein »kümmerliches« Französisch und des Spanischen war er zum Zeitpunkt seiner Volljährigkeitserklärung völlig unkundig. Entschlusslosigkeit und Hartnäckigkeit wechselten einander ab, seiner Lethargie standen Ausdauer und unbeugsamer Starrsinn gegenüber. Vor großen Entscheidungen zögerte er zeit seines

Der Herrscher, in dessen Reich die Sonne nie unterging, schaffte es nicht, alle seine Uhren im gleichen Takt ticken zu lassen: Karl V.

Lebens und grübelte lange – seine Lieblingswörter waren »temporisieren« (hinhalten) und »dissimulieren« (im Unklaren lassen). Seine häufig gerühmte Selbstbeherrschung wurde ab und zu von elementaren Zornausbrüchen gesprengt.
Mit siebzehn Jahren war Karl plötzlich Herrscher über Spanien, weil sein Großvater Ferdinand gestorben war (sein Vater Philipp war schon lange tot, seine Mutter Juana galt als »regierungsunfähig«). Kein Wunder, dass sich der kindliche König von Spanien besonders den Leuten anvertraute, die er von »daheim« gewohnt war: vor allem seinem Erzieher und Mayordomo de Chièvre. Die Niederländer besetzten bald alle wichtigen Ämter in Spanien, rafften seine Reichtümer an sich und benahmen sich arrogant gegen die Einheimischen. Karl finanzierte seine Kriege und seine Eroberungen mit dem Geld, das er den spanischen Städten abpresste. Den Reichtum, den diese wiederum aus den Kolonien in Amerika gesaugt hatten, verbrauchte Karl zur Gänze – und hatte trotzdem immer Schulden. Dass er deutscher Kaiser werden wollte, empfanden die Spanier weniger als Ehre denn als feindlichen Akt gegen ihr Land. Erst in seinen späteren Regierungsjahren normalisierte sich das Verhältnis zwischen Karl und seinen Untertanen.
Als er nun schon zu Lebzeiten abdankte und in Spanien landete, hatte niemand damit gerechnet, dass er tatsächlich kommen würde: Karl war zu Gunsten seines Sohnes Philipp nämlich bereits am 25. Oktober 1555 in Brüssel zurückgetreten, dann war es schon zu spät im Jahr gewesen, um dem kranken und geplagten Ex-Herrscher die lange Reise zu seinem Alterssitz zumuten zu können. Und dann verzögerte Geldmangel – wie erwähnt, eines von Karls Lebensproblemen – noch zusätzlich die Abreise. In Spanien hatte sich inzwischen das Gerücht breit gemacht, der »Alte« plane nun doch nicht, sich in Kastilien zur Ruhe zu setzen, und als seine Seereise dann auch noch kürzer dauerte als angenommen, waren die Meister des strengen spanischen Hofzeremoniells vollends überrumpelt.
Die Nachricht, dass er doch gekommen war, verbreitete sich indessen wie ein Lauffeuer und Karl konnte seine beschwerliche Reise in der Sänfte fortsetzen – über die Berge von Santander auf die kastilische Hochebene zum Kloster von San Yuste. Ob-

wohl ihm kaum spanische Granden die Ehre erwiesen und seinen Weg begleiteten (sie hatten ihm schon Schwierigkeiten gemacht, als er noch regierender Herrscher war, sie wollten ihm umso weniger dienen, als er abgedankt hatte), wurden die Gaben und Geschenke doch immer zahlreicher.

In Medina de Pomar, östlich von Vitoria, erwarteten ihn zwei Wagen, über und über beladen mit Delikatessen. Seine Tochter Juana, durch Philipps II. Abwesenheit Regentin von Spanien, hatte sie ihm geschickt, da sie, wie alle Zeitgenossen, um Karls größte Leidenschaft wusste: *essen.*

Des alten Mannes Stimmung hob sich auch sofort, er ordnete an, die Töpfe, Krüge, Kannen und Kasserollen sofort zu öffnen, und kostete gierig den Inhalt. Dass er sich von der Welt zurückziehen, dass er Ruhe und Frieden haben wollte, hieß noch lange nicht, dass er vorhatte, in Askese zu leben. Diesmal war er besonders gierig: »Er teilte sie (die Leckereien) nicht mit Luis Quijada oder irgendeinem anderen, wie sonst manchmal«, notierte sein Sekretär etwas pikiert.

Wirklich überrascht kann der gute Mann allerdings nicht gewesen sein: Im ganzen Reich war Karls Leidenschaft bekannt, sein Tagesablauf unterlag dem Motto »de la messa a la menza« – von der heiligen Messe zur Tafel.

Generationen von Historikern haben darüber spekuliert, was die Hintergründe gewesen sein könnten. Von der ursprünglichen Interpretation, Karl V. habe allen anderen körperlichen Leidenschaften entsagt und sie durch Völlerei kompensiert, wurde bald wieder verworfen. Karl war sinnlichen Reizen durchaus nicht abgeneigt, schon gar nicht weiblichen. Karl war noch am Hof seiner Tante Margarete in den Niederlanden von der einfachen Magd Johanna van Gheest »entjungfert« worden, und als sie ein Kind bekam, hatte er dieses als »natürliche Tochter« akzeptiert, für die Mutter gesorgt und die Kleine von seiner Tante Margarete erziehen lassen. Sie wurde als »Margarete von Parma« eine gefeierte Schönheit. Karl führte später mit Isabella von Portugal eine für einen ständig reisenden Herrscher durchaus gute und unverkrampfte Ehe. Das hinderte ihn freilich nicht daran, auf seinen ausgedehnten Reisen in seine Kronländer kurze, aber heftige Affären zu haben. In späteren Jahren, Isabella

war nach der Geburt des fünften Kindes gestorben, hatte er auch eine Affäre mit einer jungen Schönheit aus der Stadt Regensburg – Barbara Blomberg hieß sie, willig und lebenslustig war sie und sie gebar dem alternden Kaiser einen weiteren »natürlichen« Sohn. Auch der wurde anerkannt, auch der ging in die Geschichte ein – als »Juan de Austria«, unermüdlicher Kämpfer für die Interessen der Habsburger.
An sexueller Verklemmtheit konnte es also nicht liegen, dass Karl so unmäßig aß. Ein venezianischer Gesandter schrieb 1547, als er in Augsburg auf den Kaiser traf: »Er ist ein wenig unregelmäßig in seiner Lebensführung, denn er isst und trinkt so viel bei den Mahlzeiten, dass es alle in Erstaunen versetzt ... Er bevorzugt schwere Gerichte, obgleich ihm das nicht bekommt. Und das Schlimmste ist, dass er die Nahrung nicht kaut, sondern hinunterschlingt, was vorwiegend darauf zurückzuführen ist, dass er nur noch wenige Zähne in schlechtem Zustand hat ...«
Vielleicht war Essen eine der wenigen Möglichkeiten, wirklich etwas über die Länder zu erfahren, über die er herrschte. Wenn er kostete, was die Bewohner aßen, so die Vermutung, konnte er sie vielleicht ein wenig besser verstehen. In seinem Reich ging die Sonne zwar nie unter, aber das war gleichzeitig auch sein Problem. Er kannte seine Untertanen nicht wirklich. Als er römisch-deutscher Kaiser wurde, konnte er nur unbeholfen Deutsch, dafür perfekt Flämisch, Französisch, Spanisch und Latein. Diese Sprachkenntnisse hatte er in seinen ersten Regierungsjahren nachgeholt – er hatte selbst gemerkt, dass seine Erziehung mangelhaft war und sich auch mehrmals abfällig darüber geäußert. So dumm, wie die Spanier zu Anfang vermutet hatten, war er also doch nicht. In seinem Rechenschaftsbericht, den er vor der niederländischen Ständevertretung bei seiner Abdankung ablegte, zählte er auf: »Ich war neunmal in Deutschland, sechsmal in Spanien, siebenmal in Italien, viermal in Frankreich ... Ich war zweimal in England und zweimal in Afrika ... Achtmal habe ich das Mittelmeer durchquert, dreimal den Ozean, und bald wird es das vierte Mal sein, wenn ich nach Spanien gehe, um mir mein Grab zu suchen.«
Seine zahlreichen Reisen machten Karl V. aber auch zu einem

sehr einsamen Menschen. Als Erster im Reich und als Herrscher war er in den Schraubstock einer beinahe unmenschlich großen Aufgabe gespannt, als Privatmann begehrte er oft genug mit Messer und Gabel auf. Der Herrscher musste vor allem sich selbst beherrschen – und das unter allen Umständen –, der Privatmann ließ sich liebend gerne gehen.

Was auch immer der wahre Grund gewesen sein mag, Karl V. kam sein Leben lang von seinen Leidenschaften nicht los. Und die hießen: Waterzooi, Carbonnade flamande, Austern, Langusten, Fasanenbrüste, Erdbeeren mit Schlagobers.

Der Preis dafür war hoch: Über dreißig Jahre lang litt Karl an der »Krankheit der Reichen«, der Gicht. Viele Wohlhabende hatten diese Krankheit, das schwere Essen führte zu zahlreichen Darmgrippen, Durchfällen, Übelkeiten und Stoffwechselstörungen und diese wiederum zur allseits gefürchteten Gicht. Aber das war nicht Karls einziges Problem, er litt auch noch an monströsen Hämorrhoiden, die ihm das Reisen zu Pferd immer unerträglicher machten. In seinen letzten Regierungsjahren war er nur mehr in kalten, harten Kutschen und Sänften unterwegs – auch nicht gerade eine bequeme Art des Reisens. Von Asthma wurde er zusätzlich gequält.

Das einfachste und erfolgreichste Heilmittel der Zeit gegen Gicht war, den Patienten sorgfältig Diät halten zu lassen. Karls treuer Diener Don Luis de Quijada zitierte dem Herrscher gegenüber oft die spanische Redensart: »Gicht wird durch den Mund kuriert.« Viel Erfolg hatte er damit nicht. Selbst in seiner letzten Zeit in San Yuste machte Karl den Ärzten große Sorge durch zügelloses Essen und Trinken. Entgegen ihren Weisungen trank er Unmengen von Bier, was nicht nur seine Gicht verschlimmerte, sondern auch die Schmerzen verstärkte, die ihm seine Hämorrhoiden verursachten. In Yuste machten sich dann auch noch alle Anzeichen einer Zuckerkrankheit bemerkbar, was bei Karls Tafelexzessen nicht weiter verwunderte. Sterben sollte er aber letztlich an keiner der hier aufgezählten Krankheiten, sondern an der Malaria, einer Krankheit, die er aller Wahrscheinlichkeit nach selbst in die karge kastilische Hochebene eingeschleppt hatte.

Nach dem Essen probierte es Karl mit dem Verdauen und er

schien dabei nicht gerade einen intelligenten Eindruck zu machen. Der bereits erwähnte spanische Gesandte berichtete: »Sobald das Tischtuch abgenommen war, zog er sich in eine Ecke in der Nähe des Fensters zurück und hörte ganz still der Unterhaltung seines Gefolges zu. Aus seiner Umgebung verlautet, der Kaiser habe eine furchtsame Natur, was man jedoch kaum glauben mag ... jedenfalls hat man ihn über diesen natürlichen Instinkt immer wieder triumphieren sehen, und in vielen entscheidenden und gefahrvollen Momenten hat er bewiesen, dass er ein tapferer und kaltblütiger Fürst ist.« Das war er wohl – oder aber einfach ein Getriebener seiner Position, seines göttlichen und weltlichen »Auftrags«. Karl kämpfte gegen Franz I. von Frankreich, gegen die deutschen Fürsten des »Schmalkaldischen Bundes«, gegen die Türken, gegen Seeräuber, er führte zahlreiche Kriege in Italien, in und um Burgund und er stand dem Phänomen Martin Luther und seinen neuen Lehren verständnis- und fassungslos gegenüber. Er war zeit seines Lebens ein Treibender und Getriebener und er war unermesslich reich. Freilich hatte er nie flüssiges Geld für seine zahlreichen Feldzüge, das gaben ihm die Fugger. Den protestantischen Fürsten und ihren Untertanen galt er als religiöser Eiferer, tatsächlich wollte er selbst die Erneuerung des Christentums. Aber so, wie Erasmus von Rotterdam sie anstrebte, nicht so radikal wie Luther. Freilich war er auch schlecht beraten, denn auf dem Reichstag in Worms brachte Luther seine Thesen vor, ohne dass sie Karl richtig übersetzt worden wären. Und er selbst verstand die Sprache zu schlecht, um Luther wirklich zu begreifen. Dass er als Herrscher hart, als Mensch aber gutmütig war, zeigt auch folgende Szene: Karl hatte Italien gerade gegen seinen französischen Widersacher verteidigt, da kam er am 14. Juni 1530, dem Vorabend von Fronleichnam, in Augsburg zum Reichstag an. Er ließ die anwesenden Fürsten auffordern, am folgenden Tag mit ihm gemeinsam an der Prozession teilzunehmen. Für ihn, den Kaiser des »heiligen«, also in seiner Logik »katholischen« römischen Reiches, war es durchaus selbstverständlich, dass seine Fürsten an der Habsburger liebstem kirchlichem Fest teilnahmen. Markgraf Georg von Brandenburg-Ansbach zeigte sich von der Einladung aber ziemlich entsetzt. Ihm, der schon lange dem lutherischen

Glauben anhing, war es unmöglich, an einem Fest teilzunehmen, bei dem die Wandlung der Hostie in den Leib Christi gefeiert wurde – etwas, das Luther ableugnete. Georg sagte seinem Kaiser und König klipp und klar, er wolle lieber den Kopf verlieren, als Gott und das Evangelium so zu verleugnen. Karl lächelte und sagte in seinem flämisch verfremdeten, unmöglichen Deutsch: »Löver Fürst, nit Kopp ab, nit Kopp ab.«

Nicht nur der »löve Fürst«, der ganze Hofstaat war einigermaßen verblüfft, galt Karl doch nicht nur als Glaubensfanatiker, sondern auch als hochmütig und arrogant. Der bereits erwähnte venezianische Gesandte führte das auf den Umgang mit den Spaniern zurück, »denn angesichts ihres Hochmuts bedarf es der Würde und Strenge, um sie im Zaum zu halten«. Die Spanier wiederum empfanden die Niederländer als hochmütig – einmal mehr eine Zwickmühle, in der sich der »Imperator mundi« befand.

Aber Karl war auch phlegmatisch, er brauchte immer endlos, um eine Entscheidung zu treffen. »Immer stritten in Eurer königlichen Person Trägheit und Ruhm miteinander«, schrieb ihm einer seiner Beichtväter tadelnd.

Dazu kam noch, dass Karl einen Teil des schwermütigen Naturells seiner Mutter, Johanna der »Wahnsinnigen«, geerbt hatte. Dabei war er eigentlich unter einem günstigen Stern geboren worden. Seine Mutter tanzte gerade auf einem großen Bankett in Gent, als sie fühlte, dass die Geburt ihres zweiten Kindes unmittelbar bevorstand. Sie wurde in aller Eile in eine Abstellkammer gebracht, im Hintergrund war der Festlärm zu hören, Johanna selbst sang zwischen den Wehen spanische Lieder. Der Hofstaat nahm das als besonders günstiges Omen für Karls späteren Charakter und auch seine Kindheit am Hofe von Mecheln unter der Obhut seiner Tante Margarete war dazu angetan, aus ihm einen offenen, glücklichen Menschen zu machen. Indessen bemerkte die kluge Tante bald, dass der kleine Prinz nicht mit den anderen Kindern am Hofe spielte, sondern verschlossen und einsilbig war, sich abkapselte und lieber in einem erbaulichen Buch las, als draußen herumzutollen. Margarete bemühte sich, ihn liebevoll zu leiten, denn einerseits wollte sie den Prinzen nicht überfordern, andererseits musste er als künftiger

Herrscher die Sitten und Bräuche des Landes kennen, die Mentalität seiner Völker verstehen. Für Margarete war so etwas selbstverständlich, sie, die »Ausländerin«, war bei den Niederländern sehr beliebt. Karl beneidete sie um ihre Fähigkeit, mit allen Leuten gut Freund sein und trotzdem Abstand wahren zu können. Er wollte das auch, aber sein eigenes Naturell stand ihm ständig im Weg. Wenn ihm Feste zu laut und zu grell wurden, zog er sich wie eine Mimose zurück. Was seine tatkräftige Tante »mit links« erledigte, dafür brauchte er endlos lange. Ständig plagten ihn Zweifel, er sah Schwierigkeiten über Schwierigkeiten, Großzügigkeit und Leichtigkeit im Denken fehlten ihm völlig.

Diese Eigenschaften verschlimmerten sich im Alter noch. Als er erkennen musste, dass er gegen die protestantischen Strömungen nichts tun konnte, dass er, der glaubte, im Besitz der »wahren Lehre« zu sein, nichts tun konnte als zu versuchen, das Reich gegen die Separationsbestrebungen der deutschen Fürsten zusammen zu halten, resignierte er und zog sich schon zu Lebzeiten zurück – eine nicht gerade übliche Vorgangsweise bei habsburgischen Herrschern.

Als seine Gichtanfälle immer häufiger wurden, entdeckte Karl noch andere Interessengebiete als das vielgeliebte Essen. Santa Cruz, ein sehr gelehrter Kosmograph, musste ihn in die Astronomie und die Naturphilosophie einführen, vor allem aber in die mathematischen Erkenntnisse, deren sich die Seefahrer bei ihren Erkundungsfahrten über die Weltmeere bedienten. Am meisten faszinierten ihn die Land- und Seekarten, die bereits so präzise waren, dass sie die Welt einigermaßen exakt wiedergaben. Auch das war natürlich nichts anderes als eine Ersatzhandlung. Auf diese Weise konnte Karl sein großes Reich, das bis nach Südamerika reichte und ihm von dort unermessliche Schätze einbrachte, wenigstens in der Theorie einigermaßen kennen lernen.

Das Haus, der »palacio« bei dem kleinen Kloster San Yuste, das Karl V. in seinen letzten Jahren bewohnte, hatte zwei Stockwerke und war für den kranken Ex-Herrscher recht gemütlich eingerichtet worden. Sein Winter-Schlafzimmer öffnete sich zur Kapelle des angrenzenden Klosters, so konnte Karl der Messe auch beiwohnen, wenn er krank im Bett lag. Das Haus war weder spanisch noch niederländisch, es war eher im italienischen Landhausstil gehalten und voll gestopft mit Karls Erinnerungsstücken. Es enthielt kostbare Wandteppiche und Gemälde (hauptsächlich von Tizian), die meisten Bilder waren Porträts seiner Frau und seiner Kinder.

Vor allem aber hatte Karl seine Uhrensammlung mit nach San Yuste genommen. Abgesehen von den vier Uhren, die der italienische Uhrmacher Juanelo Turriano für ihn baute, sammelte Karl auch die neuen Taschenuhren, die zu dieser Zeit gerade modern wurden. Hunderte davon hatte er nach San Yuste mitgenommen, und er entwickelte einen geradezu beängstigenden Tick: Er bemühte sich, alle Uhren im gleichen Takt schlagen zu lassen und achtete peinlich genau darauf, dass sie exakt dieselbe Zeit anzeigten. Jeden Tag kontrollierte er sie und erkannte, dass er sich schon wieder eine unlösbare Aufgabe gestellt hatte. Das machte ihn nur noch resignativer und er seufzte: »Uhren sind wie Menschen.«

Karls Bibliothek war nicht besonders groß, aber sie war gut sortiert und gab einen Querschnitt durch seine Interessen: Religion, Geschichte, Astronomie. Da standen die »Meditationes« des Augustinus neben Cäsars »Commentari« in französischer Ausgabe. Dieses Buch liebte Karl besonders, es diente ihm als Vorbild für seine persönlichen »Aufzeichnungen (memorias)«. Er schrieb an ihnen zeit seines Lebens: Sie sollten so etwas wie ein persönlicher Rechenschaftsbericht, eine Chronik für die nachfolgenden Generationen und nichts weniger als eine »Anleitung zum Herrschen« für seinen Sohn und Nachfolger Philipp II. sein.

Wie sehr sich Karl selbst als Instrument seiner »großen Aufgabe« sah, vor die ihn das »Gottesgnadentum« seiner Familie gestellt hatte, beweist die Tatsache, dass er von sich nur in der dritten Person schrieb. Zum Beispiel: »Er hielt seinen ersten Reichstag in Worms ab. Es war dies das erste Mal, daß er den Rhein entlang nach Deutschland kam. Dies war, als die lutherische Ketzerei in Deutschland und die comunidades in Kastilien zu schwären begannen.«

Karl besaß auch den »Astronomo imperial« von Santa Cruz,

den »Almagest« des Ptolemäus und die Boethius-Schrift »Der Trost der Philosophie«. Mit dieser Lektüre vertrieb sich Karl die Zeit in San Yuste, er empfing Besuche und ließ sich in eigens angefertigten Stühlen und Lehnsesseln herumtragen, deren Form auf seine gichtigen Beine und Arme Rücksicht nahm. Im Garten ließ er einen Springbrunnen bauen und verfolgte aufmerksam, wie zahlreiche Bäume gepflanzt wurden. Trotz seiner Beschwerden weigerte er sich, seine Essgewohnheiten zu ändern. Schon vor dem Frühstück trank er eisgekühltes Bier. Bei Tisch bevorzugte er »frische oder eingepökelte Austern, Sardellen, Sardinen, in Eis transportierte Seefische, Aalpasteten, Aal in Sülze, Rebhühner, scharf gewürzte spanische Würste«, schrieb einer seiner Biografen. Die Mahlzeiten dauerten gewöhnlich sehr lange. Obwohl Karls Hände durch die Gicht so gelähmt waren, dass er den Becher nicht an die Lippen führen konnte, bestand er darauf, das Fleisch selbst vorzuschneiden. Als ihm eines Tages die Herzogin von Frias Handschuhe schickte, meinte Karl bissig: »Wenn sie schon Handschuhe schickt, hätte sie lieber Hände schicken sollen, die sie tragen können.« Trotzdem blieb er mit der ihm eigenen Sturheit unvernünftig.
Seinen Tag begann Karl gleich nach dem Aufstehen mit dem Frühstück. Seine Lust zu essen war so groß, dass er damit nicht einmal bis nach der Morgenkommunion warten konnte. Danach besuchte ihn sein Beichtvater, der Vormittag war gelehrten Gesprächen und seinen geliebten Uhren gewidmet, dann wieder Essen, Siesta, mittwochs und freitags Zuhören bei der Predigt im Kloster oder Vorlesen durch Bruder Bernardino de Salinas. Anschließend empfing er Besucher oder fischte im Teich. Er nahm noch ein »leichtes« Abendessen zu sich und ging früh zu Bett. Es scheint, dass der von ihm sehr geliebte Teich der kulinarische Nährboden für jenen Krankheitsüberträger war, den Karl selbst eingeschleppt hatte. Die Malaria war es schließlich, die ihm den Tod brachte. Am 30. August nahm er noch eine Mahlzeit auf der Terrasse ein, aber kurz darauf begann er sich nicht wohl zu fühlen. Er klagte über Kopfschmerzen, ein Gefühl der Schwere, großen Durst und Fieber und konnte kaum schlafen. Am darauf folgenden Tag hatte er abwechselnd Schüttelfrost und Fieber und verlor das Bewusstsein – typische Anzeichen

von Malaria. Er lebte noch bis zum 21. Dezember, war abwechselnd hellwach – da diktierte er sein Testament –, abwechselnd delirierte er. Der Mayordomo ließ den Erzbischof von Toledo kommen, der die Sterbesakramente verabreichte. Als Karl sein Ende kommen spürte, ließ er sich das Kruzifix geben, das seine Frau im Sterben gehalten hatte, und eine geweihte Kerze. Dann starb er.

Die mögliche Todesursache – Malaria – war damals noch nicht bekannt, man wusste nichts über diese Krankheit. Karls Diener Quijada wusste allerdings sofort, und zwar nach dem ersten Fieberschub, dass es diesmal ernst war: Der Herrscher, in dessen Reich einst die Sonne nie unterging, hatte aufgehört zu essen.

Leopold I.

Der hässliche Schöngeist

Die Oper begann mit einem Prolog, in dem die Kronländer als Personen auftraten und das Herrscherhaus feierten. Danach verwandelte sich die Bühne in das Reich des Hades, wo Persephone ihr grausames Schicksal beklagte. Die auf Drachen herbeifliegende Zwietracht versprach Tröstung, indem sie ankündigte, das von Persephone so beneidete Leben der Götter ein wenig zu verdüstern. Das nächste Bild zeigte den Olymp. Die Götter veranstalteten in ausgelassener Stimmung ein Gelage mit Tanz und Gesang. Doch in einer Wolke schwebte bereits Eris herbei, um Zwietracht unter die Götter zu säen. Wie in der klassischen Sage warf sie den goldenen Apfel auf die Tafel der Götter. Er sollte nur der Schönsten gehören. Hera, Aphrodite und Athene beanspruchten den Apfel für sich. Aphrodite konnte Paris dazu bringen, ihr den Apfel zuzusprechen. Paris stahl sich davon, um Helena zu holen. Die Göttinnen gerieten in Aufregung. Athene schickte den Athenerkönig in den Krieg und Hera beauftragte den Gott der Winde, einen

schrecklichen Sturm auf dem Meer zu entfachen. Es folgten große Schlachtenszenen mit einer ungeheuren Zahl von Statisten.
Das letzte Bild zeigte Zeus auf seinem Thron sitzend. Neuerlich sollte der goldene Apfel vergeben werden, wieder bewarben sich die drei Göttinnen. Zeus aber war der ›Deus ex machina‹, er fand die Lösung. Er übergab den Apfel der wundervollsten Frau unter der Sonne – die Juno an Grandezza, Athene an Geist und Aphrodite an Schönheit übertraf. Er enthüllte ein Bild der Betreffenden – es war niemand anderer als die Gattin des Kaisers, die jugendliche, liebliche Spanierin Margaretha Theresia. Die drei Göttinnen stimmten jubelnd zu. Das Ganze endete in einem gigantischen Huldigungschor, in dem die Welt und der gesamte Olymp der Gattin Leopolds I. zu Füßen lag. Ein Ballett, das auf drei Ebenen getanzt wurde, in den Lüften, auf der Erde und im Meer, beschloß das rauschende Fest.«
So beschreibt Eva Schwarzmann in ihrer Diplomarbeit die Ur- und einzige Aufführung von »Il pomo d'oro« (Der goldene Apfel), ein »Fest Teatrale«, eine Oper in gigantischen Ausmaßen zu Ehren der Vermählung von Kaiser Leopold und Margaretha Theresia. Leopold hatte dafür ein eigenes Theater bauen lassen, auf der Cortina, dem Platz der heutigen Nationalbibliothek, gleich neben der Hofburg. »Il pomo d'oro« war die erste italienische Oper nördlich der Alpen, die je aufgeführt wurde. Die Kosten der Aufführung beliefen sich auf 100 000 Gulden. Jahrelang war dieses höchste künstlerische Ereignis Gesprächsstoff in ganz Europa. Die Hochzeitsfeierlichkeiten dauerten den ganzen Winter über bis zum Beginn der Fastenzeit. Die Wiener unterhielten sich wunderbar, es gab für jeden etwas, sogar für Taschendiebe und kleine Betrüger: Die Berechnungen der Hofrechenkammer nach Ende des Festes ergaben einen Spesenposten von »9000 Gulden für gestohlene Teller«.
So lustig sich das Fest für die Wiener gestaltete, für Hof und Adel war es wohl einigermaßen anstrengend. Es ging vor allem um Repräsentation, um Machtdemonstration. Eine Hochzeit unter Fürsten war schließlich keine Privatsache, sondern vor allem von politischem Interesse.
Ludwig XIV. von Frankreich hatte den Kampf um die spanische

»Die ganze Welt ist Bühne« – und der Kaiser war der Star: Leopold I.

Braut zunächst für sich entscheiden können. Er konnte die ältere und daher erstrebenswertere spanische Infantin heiraten und damit seinen Ansprüchen auf den spanischen Thron mehr Gewicht verleihen. Leopold in Wien zog mit der jüngeren Schwester Margaretha Theresia den Kürzeren und musste umso mehr Prunk entfalten, um seine Macht zu zeigen.

Die Braut, die Stiefmutter und die Schwestern des Bräutigams sahen also den Balletten, Aufzügen und prächtigen Feuerwerken von den Burgfenstern aus zu, unter goldenen Baldachinen und an goldstoffverkleidete Fensterbretter gelehnt.

Die Oper war also die höchste Form des höfischen Zeremoniells. Sie diente dem Kaiser zur Machtdemonstration, sie führte dem Adel Glanz und Gloria der Habsburgerdynastie vor Augen und sie war die erklärte Lieblingsbeschäftigung des Kaisers – neben dem Beten. Leopold komponierte selbst und das mit großem Talent und ebenso großem Eifer. Musikwissenschaftler nennen ihn heute einen »österreichischen Barockkomponisten von Rang« und manch einer gibt ihm in der Bedeutung für die österreichische Musik einen ähnlichen Rang wie Joseph Haydn.

Leopold schrieb 79 kirchliche Kompositionen, darunter acht Oratorien, und 155 weltliche Werke. Neun ganze »feste teatrali« und 17 Bände Ballette mit 102 Tänzen komponierte er, drei deutsche Singspiele, zwei deutsche Oratorien und mehrere deutsche Kirchenlieder sind von ihm erhalten.

Er hatte selbst einen Teil von »Il pomo d'oro« geschrieben, zu Ehren seiner Braut. Er wusste, es war das Einzige, womit er sie *vielleicht* beeindrucken konnte. Schön war er nicht und auch sonst fehlte es ihm an den männlichen Tugenden, die damals wichtig waren. »Er ist ein junger Mann von mittlerer Größe, ohne Kinnbart, mit schmalen Hüften, nicht gerade fett und beleibt … Seine Lippen sind wulstig wie die eines Kamels. Immer, wenn er spricht, trieft ihm der Speichel aus dem Mund und von seinen Kamellippen … Die strahlend schönen Pagen, die ihm zur Seite stehen, wischen mit riesigen roten Tüchern ständig den Geifer ab. Er selbst kämmt seine Locken und Kringel dauernd mit einem Kamm. Seine Finger sehen aus wie Gurken.«

Der dieses schrieb, war zwar der türkische Gesandte in Wien, also der Beauftragte des Erzfeindes, aber wer je ein Gemälde

von Leopold I. betrachtet hat, ahnt, dass an der Beschreibung viel Wahres war.
Leopold I., Sohn einer spanischen Habsburgerin, war klein, dünn und häßlich; er war kurzsichtig und hatte schlechte Zähne – eine Folge des Skorbuts, der ihn als Kind fast getötet hätte –, eine viel zu lange Nase, einen monströsen Mund, eine geschwollene Unterlippe und ein deformiertes Kinn. Er trug stets die schwarze spanische Tracht mit scharlachroten Strümpfen und scharlachroter Hutfeder und bestand stur auf den kleinsten, unsinnigsten Details des spanischen Hofzeremoniells.
Leopold war nicht für den Thron bestimmt gewesen, sondern für die geistliche Laufbahn. Er war von den Jesuiten erzogen worden und sah es seither als seine nobelste Aufgabe, den Protestantismus zu bekämpfen. Aber dann starb sein älterer Bruder Ferdinand IV. im Alter von 20 Jahren an den Pocken und Leopold musste Kaiser werden.
Viel Freude hatte er nicht daran, viel lieber hätte er weiter seine Madrigale und Chöre komponiert. Er spielte mehrere Instrumente und dirigierte sein ausgezeichnetes Hoforchester selbst. Der Comte de Grammont, Beobachter der Kaiserwahl in Frankfurt, schrieb in seinen Aufzeichnungen: »Er liebt die Musik und versteht sie so weit, daß er sehr traurige Melodien sehr richtig komponiert.«
Traurig war Leopold eigentlich nicht, er war eher auffallend phlegmatisch, frostig und unnahbar und sehr, sehr fromm. Er wurde immer wieder von Zweifeln und quälenden Schuldgefühlen geplagt. Dass er hässlich war, verführte den mundflinken, weltgewandten französischen Comte zu beißendem Spott. »Er hat einen ungewöhnlich großen Mund, den er immer offenhält; als er eines Tages mit dem Prinzen Porcia Kegel spielte und es zu regnen begann, beklagte er sich, dass die Tropfen immer in seinen Mund fielen. Der Prinz Porcia, sein Günstling, strengte sein erfinderisches Hirn an und riet nach einigem Nachdenken, sein königlicher Herr möge doch den Mund zumachen. Das versuchte der König von Ungarn denn auch und fand dadurch eine beträchtliche Erleichterung.«
Der venezianische Gesandte berichtete über den jungen Leopold: »Er gibt sich keinen Exzessen hin, denn er kennt Leiden-

schaft überhaupt nicht, sie würde ihn aus der Bahn reißen.« Und der Lebemann Grammont, ganz Kind seiner frivolen Zeit, ergänzte süffisant: »Leopold hat bis zum Zeitpunkt seiner Wahl zum Kaiser noch nie zu irgendeiner Frau – mit Ausnahme der Kaiserin, seiner Stiefgroßmutter – ein Wort gesprochen.« Grammont fand das gar wunderbar und belustigend. In seinen Augen war Leopold obendrein auch noch unbeholfen und dumm.

Das stimmte allerdings keineswegs. Es waren nur die ständigen quälenden Selbstzweifel, die den Kaiser schwerfällig und scheinbar dumpf machten. Die chronischen Magenschmerzen, unter denen er litt, sind wohl ein untrügliches Zeichen dafür. Der eigentlich bescheidene Mann musste »sein Reich sein«, wie es Macchiavelli in »Il principe« geschrieben hatte und wie es Leopolds Lebensfeind, Ludwig XIV., vorlebte. Er war der weltliche Vertreter Gottes auf Erden, er war sein Staat, sein Wort hatte absolutistische Macht. Das machte dem hässlichen Schöngeist einigermaßen zu schaffen und niemand durfte es bemerken.

Im Laufe seiner (für damalige Verhältnisse) langen Regierungszeit verkehrten sich allerdings Leopolds negative Eigenschaften in den Augen seiner Umgebung durchaus in positive. Sein Gleichmut wurde als Mut beschrieben, seine Unentschlossenheit verwandelte sich in Zähigkeit und Ausdauer, seine Engstirnigkeit in würdevolle Beharrlichkeit.

Als Leopold I. im Jahre 1705 starb, pries ihn der venezianische Gesandte in Wien, Federico Cornaro, ganz anders als sein Vorgänger: Um des Kaisers Leben in würdiger Weise zu beschreiben, bedürfe es vieler Bände, und auf keiner ihrer Seiten sei eine Untat zu verzeichnen. Der Philosoph Leibniz widmete ihm die Verse: »Österreichs ewige Zier, Leopoldus, du hast uns bewiesen: heilig zu sein und groß, beides bestehe zugleich.«

Als echter Habsburger glaubte Leopold an seine göttliche Sendung und nahm es auf sich, ein schweres Erbe anzutreten. Im Osten drohte der Konflikt mit den Türken jeden Augenblick zu eskalieren und im Westen dräute der Spanische Erbfolgekrieg. Von Leopold wurden Entscheidungen verlangt und das lag ihm nun ganz und gar nicht. Der wortkarge Kaiser führte die Regierungsgeschäfte nicht, er zelebrierte sie und litt schwer unter der ungeheuren Verantwortung, die Gott ihm aufgebürdet hatte. In einem Brief an seinen Beichtvater Marco d'Aviano schrieb er einmal: »Wahrlich, ich würde lieber in einer Wüsteneinsamkeit leben als in meiner Hofburg. Aber da mir Gott diese Last auf meine Schultern geladen hat, so hoffe ich, er wird mir auch die Kraft geben, sie zu tragen.«

Gott wird ihm diese starke Untertreibung kaum durchgehen haben lassen, denn Leopold tat wenig dazu, seine Hofburg in eine Wüsteneinsamkeit zu verwandeln. Ganz im Gegenteil – er lebte so prunkvoll und verschwenderisch wie kein österreichischer Herrscher vor ihm. Die höfischen Feste, die großen Treibjagden und die nächtlichen Schlittenfahrten, für die Hunderte von Fuhrwerken Schnee in die Residenzstadt transportierten, kosteten Unsummen. Die Aufführung von »Il pomo d'oro« kostete mehr als 100 000 Gulden – sie hatte 65 Bühnenbilder, allesamt verschiebbar, mit mechanischen Tricks und Schlitzen im Bühnenboden.

Noch teurer war das berühmte Rossballett, das als rauschendstes Fest des barocken Wien gilt. Auch das Rossballett war zu Anlass der ausgiebigen Hochzeitsfeierlichkeiten mit Leopolds erster Frau, Margaretha Theresia, veranstaltet worden. Leopold komponierte zwar diesmal nicht mit, aber er griff immer wieder in die Vorbereitungen und in die Inszenierung ein.

Fast alle Wienerinnen und Wiener säumten als Statisten den Straßenrand. Die Proben dauerten wochenlang, das Spektakel kostete 350 000 Gulden. Das Rossballett handelte vom allegorischen Spiel »Siegesstreit der Luft und des Wassers« und spielte im Großen Hof der Wiener Burg. Es ging darum, welches der vier Elemente die schönste Perle hervorbringen könne. Es wurde ein prächtiger Aufzug, mehr als 1300 Personen von Adel wirkten mit, in sündteuren Kostümen, die mit Gold, Edelsteinen und Perlen bestickt waren. Kostspielige Theatermaschinen ließen die Zuschauer staunen: Schiffe fuhren in den Burghof ein, mythologische Gestalten schwebten in der Luft, Schriftzüge erschienen am Himmel. Von den Gipfeln der künstlich aufgeworfenen Berge Ätna und Parnass stiegen bunte Sterne und Raketen auf, insgesamt rund 80 000 Feuerwerkskörper mit einer Pulverladung von 500 Kilogramm waren im Einsatz. Das Ballett begann mit einem Einzug der Kampfwagen. Jeder Zug stellte ein Element dar: Luft, Feuer, Wasser und Erde. Immer in derselben Ordnung: ein Vorreiter, dem acht Lakaien zu Fuß folgten, danach acht Reiterknechte, die vier Pferde führten, fünf berittene Trompeter und Heerpauker, schließlich der Befehlshaber der Truppe, der von zwölf Bedienten zu Fuß begleitet wurde; ihm folgten sieben Kavaliere auf Streitrössern, denen je sechs Fußsoldaten zur Seite standen. Den krönenden Abschluss bildete der Gott des jeweiligen Elements, der auf einem prunkvollen Bühnenwagen hereingeführt wurde, umringt von seinem persönlichen Gefolge.

Eine zeitgenössische Beschreibung berichtet vom Auftritt des Wassers: »Dise beede obere Elementen hatten kaum den Platz betreten/als in gleichmässiger Ordnung der vorigen auff vornrit eines Stallmaisters/neben seinen Bedienten zu Fueß/von acht Reitknechten abermal vier Handpferd hergeführt wurden/deren Blumeranfarb silberne Decken zwischen einem ansehentlichen gestickerch von Gold/Smaragden/und Perlen unterschiedliche Muscheln und Meerwunder von aussenherumb/in der Mitte aber zween spillende grosse Fisch unter andern Meersachn darstelleten im obrigen/gleich denen andern/mit ihren Quasten und Fransen behangen waren.«

Die Namen der Mitwirkenden klingen wie das Who's who der damaligen Gesellschaft: Da erschien Fürst Philipp Pfalzgraf zu Sulzbach als Element Wasser, dabei waren auch die Grafen Joan Carl Palvi, Franz Maximilian von Mansfeld, Erasmus Friedrich von Herberstein, Seyfrid Christoph Breiner, Heinrich Franz von Mansfeld, Maximilian von Fürstenberg. Sie alle waren Kämmerer des Kaisers.

Leopold selbst spielte bei allen Darbietungen zu seiner Hochzeit die Hauptrolle, mit Silberspitzen und Diamanten geschmückt, führte er die Edlen des Hofes bei einem kunstreichen Pferdeballett an. Als Höhepunkt des mythologischen Spiels rollte eine ungeheuer große, sternenglitzernde Weltkugel unter einem Regenbogen quer über den Burghof, sie öffnete sich und gab den Blick auf den Tempel der Unsterblichkeit frei, aus dem feierlich die Gestalten von fünfzehn habsburgischen Kaisern hervorritten. Am Ende, hingestreckt in einen Triumphwagen von der Form einer ungeheuren silbernen Muschel, erschien das plastische Porträt des Kaisers selbst und neben ihm eine riesige schimmernde Perle – ein feinsinniges Rätsel, das für alle leicht zu lösen war. Perle heißt auf spanisch »margarita« und das war der Name der Braut.

Für das Feuerwerk wurden auf dem unverbauten Gebiet in der Nähe der Stadtmauer zwei 20 Meter hohe künstliche Berge, Ätna und Parnass, errichtet. Zur Eröffnung des herrlichen, geräuschvollen pyrotechnischen Schauspiels lehnte sich Leopold aus einem Burgfenster und entzündete die symbolische Hochzeitsfackel des Merkur. Daraufhin stiegen 500 Feuergarben in die Nacht auf, die »den ungeheuren Glanz des Triumphes der ganzen Welt« darstellen sollten. Es folgten einige »Scherze«: Ein an Seilen gezogener Cupido flog durch die Luft zum Ätna, schmiedete dort den goldenen Ehering und flog damit zum Parnass, dessen neun Musen liebliche Musik anstimmten. Von einem nachgebauten österreichischen Schloss fuhren tausend Raketen in die Luft, von einem spanischen antworteten wieder tausend. Als Höhepunkt des Feuerwerks erhoben sich aus Hymens Tempel 73000 Glutbälle, von 300 Raketen gefolgt, weiter zehn große Mörserladungen, 30 Riesenraketen, manche davon mit 150 Pfund Pulver beladen. Trompeten schmetterten und Kesselpauken dröhnten und über allem schwebte am Himmel das magische A E I O U des Hauses Österreich.

Auch dieses Beispiel zeigt, dass die Inszenierung der Opern und »Feste teatrali« mehr waren als die bloße Äußerung von Leopolds leidenschaftlicher Liebe zur Musik. Es war die Zurschaustellung barocker Herrscherherrlichkeit. Mythologische Figuren kamen von ihrem Olymp herab, um den Kaiser in ihre Gottessphären zu heben. Antike Sagen wurden umgeschrieben, um der Verherrlichung der Herrscher zu dienen. Wenn der Papst der geistliche Vertreter Gottes auf Erden war, dann war der römische Kaiser deutscher Nation sein weltlicher – Leopold war überzeugt davon. Nur das gab ihm die Kraft, das zu tun, was er musste – regieren statt zu musizieren.

Wenn er sich einmal »freimachen« konnte, widmete er sich auch noch gerne einer anderen Lieblingsbeschäftigung. Er zog sich zurück mit den beiden Menschen, die ihm am nächsten standen

– seiner klugen, weltaufgeschlossenen Stiefgroßmutter Eleonore von Gonzaga und seinem begabten Onkel, dem Kunstkenner Erzherzog Leopold Wilhelm. Dieser hatte aus seiner Regierungszeit in den Niederlanden eine Gemäldesammlung nach Wien gebracht, die er mit fantastischem Geschmack und Verständnis ausgewählt hatte. Der Erzherzog hatte den späteren Kaiser in Sachen Kunstverständnis entscheidend belehrt und geprägt. Mit diesen beiden Verwandten improvisierte Leopold italienische Sonette: Einer von den dreien sprach eine Strophe, zu welcher dann der nächste die Fortsetzung finden musste. In späteren Jahren vergnügte sich der Kaiser damit, seine engsten Berater zu »prüfen«, ob auch sie dieses Wissen und diese Fähigkeit besaßen. Wer das nicht konnte, war nicht lange in seiner Gnade.

Leopold liebte es auch, gemeinsam mit seinem Hofbibliothekar in alten Manuskripten zu kramen. Oder er schnitzte zarte Linien in ein Stück Elfenbein. Gerne beugte er sich auch über Gefäße und Retorten in seinem alchemistischen Laboratorium, wo er sich redlich bemühte, Silber in Gold zu verwandeln. Dabei wird ihn oft auch die Sorge um die Staatskasse angetrieben haben – sie war genauso leer wie bei allen Habsburgern vor und nach ihm.

Mit dem Unterschied, dass es für Leopolds Herrschaft besonders gefährlich war, kein Geld zu haben. Musste er sich doch ständig mit dem Erzfeind Frankreich messen und Europa vor der »Türkengefahr« bewahren. Letzteres machten ihm besonders die Ungarn einigermaßen schwer, denen mitunter jedes Mittel recht war, sich vom habsburgischen Joch zu befreien. Als Verteidiger der Christenheit machte Leopold zunächst nicht gerade majestätische Figur. Als sich die türkische Armee unter Kara Mustafa vor den Toren Wiens für eine längere Belagerung einrichtete, verließ die kaiserliche Familie Hals über Kopf Wien. Die Wiener drängten sich an die kaiserliche Kutsche und schrien verzweifelt: »Ach, Majestät, bleiben Sie hier! Verlassen Sie uns nicht!« Aber Leopold hielt es für klüger, seine und die Person seiner hochschwangeren Frau in Sicherheit zu bringen. Die eingeschlossenen Menschen nahmen ihm das sehr übel, rasch machte sich die Meinung breit, der Kaiser sei feige.

Vielleicht war er das auch – aber vor allem wusste er, was er sich zutrauen konnte. Und der Kampf an der Spitze seiner Truppen war nicht gerade seine Stärke. Ein Meisterverhandler war er zwar gerade auch nicht, aber er begriff instinktiv, dass er außerhalb seiner eingekreisten Hauptstadt wohl mehr für diese würde tun können, als wenn er mehr oder weniger gefangen in seiner Hofburg säße.
Leopold flüchtete zunächst nach Korneuburg, dann nach Klosterneuburg, nach Passau und ließ sich schließlich in Linz nieder. Mochten die Wiener schimpfen, soviel sie wollten: Leopold traf die richtigen Entscheidungen. Er ernannte Graf Rüdiger von Starhemberg zum Kommandanten der belagerten Stadt, er führte Verhandlungen mit dem Vatikan und allen christlichen Fürsten, bis sich der Polenkönig Johann Sobieski an die Spitze eines europäischen Entsatzheeres stellte.
Und Leopold nahm Prinz Eugen von Savoyen in seine Dienste. Eugen war, als er dem Kaiser seine Fähigkeiten anbot, nicht viel mehr als ein hochfahrender, arroganter, exzentrischer junger Mann, der behauptete, er könne besser ein Heer führen als all die hochfürstlichen Feldherren zusammen. Ob ihm Leopold glaubte, ist ungewiss. Aber die Situation war so verfahren, dass wohl nicht mehr viel schief gehen konnte. Eugen durfte im Gefolge von Herzog Karl von Lothringen kämpfen.
Leopold hatte einen Goldgriff gemacht – Eugen von Savoyen erwies sich als großartiger Feldherr, der die Türken bei Belgrad endgültig schlug, als hervorragender Stratege, der das österreichische Heer reformierte, und als kunstsinniger und leidenschaftlicher Mäzen, der gut in die Regierung des Barockherrschers Leopold passte.
Leopold erreichte die Nachricht vom Entsatz Wiens am 12. September 1683 auf einem Boot zwischen Krems und Tulln. Der Kaiser beeilte sich, in seine Hauptstadt zurückzukommen, aber Sobieski war naturgemäß schneller. Mit Triumph zog er ein und »entwendete dem Kaiser die Liebe seiner Untertanen« – zumindest sah Leopold das so. Er rächte sich und ignorierte Sobieski künftig, so gut es ging. Im Vergleich zum Polenkönig machte er in der Öffentlichkeit leider wieder einmal »pauvre figure«, trotz aller absolutistischen Pracht.

Kaum war die Gefahr des Halbmondes gebannt, brach der Spanische Erbfolgekrieg aus, bei dem Leopold genauso mitmischte wie Ludwig von Frankreich. Und dazwischen war er gezwungen, die Verwaltung seines Staates neu zu ordnen, den Beamtenapparat zu straffen, die Korruption zu bekämpfen und seine Einnahmen zu erhöhen – kein leichtes Unterfangen in einem wirtschaftlich rückständigen, agrarischen Staat. Der Kaiser rief immer öfter aus: »O Gott im Himmel, wie ich es hasse, Entscheidungen zu treffen!« Sein Lieblingsspruch, der ihn besser als alles andere charakterisiert.

Trotzdem wurde Leopold im Laufe seiner Regierungszeit »Leopoldus Magnus« oder – liebevoll wienerisch – »der Türkenpoldl« genannt. Der Sieg über die Türken brachte tatsächlich einen Aufschwung und das Zeitalter des Barock entfaltete sich in Wien zu seiner vollen Pracht. Leopold ließ die durch die Belagerung entstandenen Schäden an seiner Hofburg nicht einfach ausbessern, sondern holte den jungen österreichischen Architekten Johann Bernhard Fischer von Erlach aus Rom in die Heimat zurück, um den prachtvollen Leopoldinischen Trakt zu bauen – jenen Teil der Hofburg, in dem heute der österreichische Bundespräsident residiert.

Als wieder einmal eine Pestepidemie überwunden war, beauftragte der Kaiser Fischer von Erlach erneut – diesmal mit dem Bau der Pestsäule am Graben. Der Künstler hat wohl Leopolds wahres Naturell gut durchschaut: Des Kaisers Abbild ist nicht auf der Spitze der Steinsäule verewigt, sondern Leopold kniet bescheiden ganz unten – und zwei Engel als Boten Gottes halten ihm seine beiden Kronen entgegen.

Wenn der Kaiser bauen ließ, zog der Adel nach: Um die eigene Macht und Position am kaiserlichen Hof zu demonstrieren, wurden herrliche Stadtpalais errichtet. Wien war nicht mehr nur eine Grenzstadt, der östliche Vorposten der katholischen Welt, sondern eine blühende Metropole.

Dem kunstverständigen Leopold erschien Italien in dieser Hinsicht als »gelobtes Land« und die Wiener lernten von ihm. Die Residenzstadt stellte eine Verbindung italienischer Kultur mit einem »kräftigeren« nördlichen Geschmack dar. Es wimmelte bald von Palästen und Kirchen – und auch letztere wurden mit einer Flut barocken Prunks überschwemmt. Die katholische Elite feierte sich selbst genauso verschwenderisch in ihren Häusern wie die weltliche in ihren Ballsälen.

Leopold entwickelte im Laufe seiner Regierungszeit eine geradezu perverse Leidenschaft für das berühmte spanische Hofzeremoniell. Die Habsburger hatten diese Hofetikette von den pracht- und prunkstrotzenden Burgundern übernommen. Diese hatten die bizarren Regeln eingeführt, um ihre Besonderheit in Europa herauszustreichen. Dazu kam die Überzeugung, dass es dem Haus Österreich durch Gottesgnadentum betimmt sei, in Europa die Vorherrschaft auszuüben. Da war es nur logisch, dass ausgerechnet die Habsburger diese Sitten übernahmen. Und alle anderen Herrscher nahmen es hin, obwohl es ihnen zum Nachteil gereichte – schließlich dachten sie genauso absolutistisch wie Leopold. Egal, wie reich und mächtig und auf dem Schlachtfeld erfolgreich der König von Frankreich war – seine Gesandten mussten denen des Kaisers Leopold allemal den Vortritt lassen.

Leopolds lang ersehnter Thronerbe, Erzherzog Josef, war erst zweieinhalb Jahre alt, als er zum erstenmal öffentlich bei Hofe erschien, um sich vom Volk die Hände küssen zu lassen.

Leopold selbst aber weigerte sich nach dem Entsatz von Wien, als ihm Sobieski seinen Sohn vorstellte, auch nur die Hand an den Hut zu legen, geschweige denn, den Hut vor irgendjemandem zu lüften – das hätte sich für einen Kaiser einfach nicht geziemt.

Niemand durfte sich Leopold ohne die »Spanische Reverenz« – dreimal tief verbeugen, auf ein Knie fallen – nähern. Verließ man den Raum wieder, musste man sich erneut dreimal verbeugen – diesmal im Rückwärtsgang. Als Leopold einmal krank war und von seinem Leibarzt untersucht wurde, wehrte er sich gegen zu große ärztliche Sorgfalt: »Halt! Das ist Unser geheiligter kaiserlicher Körperteil!« Der Kaiser brauchte das Zeremoniell, um den Adel auf Distanz zu halten und jeden Tag aufs Neue klar zu machen, wer Herr und wer Untertan war. Die Mitglieder des kaiserlichen Hofstaates wurden beim Dienstantritt alle durch einen feierlichen Eid gebunden, »treu, gehorsam und aufmerksam« zu sein und den Kaiser vor jeder möglichen Gefahr zu warnen.

Der Adel benutzte das Zeremoniell ebenfalls, um sich von Personen niedrigeren Standes zu unterscheiden und die eigene Nähe zum Kaiser zu unterstreichen.
So bot der gesamte Hof täglich ein gravitätisches Schauspiel und das kam dem opernverliebten Leopold durchaus entgegen. Der zwergenhafte, kurzsichtig blinzelnde Kaiser war unter seiner riesigen Lockenperücke dennoch eine majestätische Erscheinung. Er trug nur spanische Kleidung, schwarz mit roten Strümpfen und Schuhen, und einen federgeschmückten Hut. Auch die Höflinge mussten spanische Kleidung tragen.
Leopold stand stets zur selben Stunde auf und wurde zuerst von seinen Leibdienern, den »Herren des Schwarzen Schlüssels«, und dann von seinen Kammerdienern, den »Herren des Goldenen Schlüssels«, bedient. Dann hörte er drei Messen hintereinander, wobei er auf den Steinen der Kapelle kniete. Danach hielt er Audienzen ab. Zu Mittag speiste er allein – jeder, der es wünschte, konnte zugelassen werden und ihm dabei zusehen. Nur die Kaiserin durfte an seiner Seite sitzen und das Glas auf sein Wohl heben. Das Abendessen war weniger formell, es fand in den Zimmern der Kaiserin statt, und wer Leopold die Serviette reichen durfte, konnte sich glücklich schätzen – er stand in besonderer Gunst. Abends gab es meist ein Konzert oder eine Oper oder ein Ballett. Kaiser und Kaiserin saßen dabei auf einem erhöhten Podium – so, als gehörten sie selbst zur Aufführung.
Auch die Festlichkeiten der einzelnen Jahreszeiten waren genau geregelt, selbst wenn der Kaiser an schönen Tagen ausfuhr, spielte sich alles nach einem genau geregelten Zeremoniell ab. Von Neujahr bis zum Faschingdienstag wurden ununterbrochen Maskenbälle, Redouten, Komödien, Opern, Schlittenfahrten, Feuerwerke, Konzerte und Rossballette abgehalten, bei Hofbällen wurde bis zum Tagesanbruch getanzt. Besonders beliebt war ein Maskenfest, das »Wirtschaft« oder »Schenke« genannt wurde. Die Hofburg wurde dabei in ein Landwirtshaus verwandelt, den »Schwarzen Adler«. Kaiser und Kaiserin verkleideten sich als bäuerliche Wirtsleute, der Hof kam kostümiert als Milchmädchen, Barbiere, Perückenmacher und Hirten – die hierarchischen Schranken durften für einige Zeit fallen.
In der Fastenzeit regierte wieder das Zeremoniell – und auch

das Beten war ausgesprochen theatralisch. Die Palmsonntagsprozession führte Kaiser und Kaiserin sowie den gesamten Hof in biblischen Kostümen auf den Hernalser Kalvarienberg. Am Gründonnerstag knieten Kaiser und Kaiserin vor der versammelten Hofgesellschaft im großen Saal der Burg, um zwölf armen Greisen die Füße zu waschen.

Des Kaisers Liebe zur Musik wurde mit zunehmendem Alter eher passiv. Nachdem Margaretha von Spanien und auch seine zweite Frau, Claudia Felicitas von Tirol, im Kindbett gestorben waren, heiratete Leopold Eleonore von Pfalz-Neuburg, eine strenge, fromme und düstere Frau, die viel über die Sünde nachgrübelte und Armbänder trug, die mit nach innen gerichteten Spitzen besetzt waren, welche ihre Arme blutig stachen. Wenn sie mit ihrem Gatten in die Oper ging, hatte sie ein Psalmenbuch bei sich, in dem sie immer wieder las, um ihre Gedanken nicht zu sehr von den Frivolitäten der Aufführung ablenken zu lassen.

Leopold liebte die Musik zwar nach wie vor leidenschaftlich, aber er hörte auf, selbst zu komponieren. Der ohnehin fromme Kaiser wurde mit zunehmendem Alter immer bigotter.

Schon als Kind war er in allen geistlichen Dingen so eifrig gewesen, dass er seine Jesuiten-Lehrer in helles Entzücken versetzte. Er liebte es, aus seinen Bausteinen Kapellen zu bauen, Miniaturaltäre zu schmücken und das Lesen der Messe nachzuahmen.

Als er Kaiser werden musste, betrachtete Leopold das als gottgewollt und fügte sich. »Es wird vielleicht noch schlimmer werden, aber Gott wird schon helfen«, pflegte er zu sagen. Er half auch – meistens zumindest.

Als der kleine Kaiser mit der Vorliebe für die schönen Künste starb, spielte sich auch das Sterben nach einem genauen Protokoll ab – nach Art einer großen, tragischen Oper. Leopold verschied in großer Szene, umgeben von seiner Familie, dem Klerus und den höchsten Beamten seines Hofes. Seine letzten Worte wurden schon zuvor sorgsam gewählt und penibel niedergeschrieben. Er hatte die Worte »Consummatum est« – »Es ist vollbracht« – gewählt, quasi ein Stoßseufzer eines gequälten Lebens, das anders hätte geführt werden wollen. Leopold verschied – unter den süßen, zarten Klängen der Barockmusik, die er so leidenschaftlich liebte.

Für den Kaiser gab es nach habsburgischer Sitte insgesamt drei Begräbnisse: Der Körper wurde sorgfältig einbalsamiert und das Herz in einer goldenen Urne verwahrt, die in der Herzgruft der Augustinerkirche bestattet wurde. Die Eingeweide fanden ihre letzte Ruhestätte in einer kupfernen Urne in den Katakomben des Stephansdoms. Der Leichnam des toten Monarchen in spanischer Tracht wurde auf einem hohen, verzierten Katafalk im Rittersaal der Hofburg aufgebahrt. Sämtliche Zimmer der Burg waren schwarz ausgeschlagen. Das einzige Licht im Rittersaal kam von den flackernden schwarzen Kerzen, die am Kopf- und Fußende des Katafalks brannten. Hofkämmerer in langen schwarzen Umhängen bildeten die Dauerwache, Augustiner und Kapuziner lasen die Messen, und zwischendurch erschienen die Sängerknaben der Hofburgkapelle, um das Miserere und das De profundis zu singen. Auch die Musiker der Hofkapelle kamen, um sich von ihrem Kaiser zu verabschieden. Leopold war besonders gut zu ihnen gewesen, er hatte ihnen viel Geld und Ehre zuteil werden lassen.
Das Leichenbegräbnis fand nachts statt. Die Prozession zog von der Hofburg in die Kapuzinergruft. Der Haushofmeister durfte seinem Herrn den letzten Dienst erweisen. Er klopfte dreimal an das verschlossene Tor der Krypta, eine Stimme von innen fragte: »Wer ist draußen?« – »Kaiser Leopold«, antwortete der Haushofmeister. »Den kenn ich nicht«, sagte die Stimme im Inneren, die Krypta blieb geschlossen. Wieder klopfte der Haushofmeister dreimal an das Tor, wieder fragte die Stimme: »Wer ist draußen?« Diesmal antwortete der Haushofmeister: »Ich, Leopold – ein armer Sünder.«
Da öffnete sich die Tür, der Sarg wurde hineingetragen und für immer verschlossen – hinter den eisenbeschlagenen Toren der Kapuzinergruft. Kaiser Leopold I. hatte seine letzte barocke Oper zu Ende gespielt.

Josef II.

Ein falscher Graf auf Reisen

Sie klopften und klopften, doch niemand machte auf. Ja, nicht einmal ein Türspalt öffnete sich für die beiden Herren, die da in den Abendstunden durch die Gassen von Brügge spazierten. Mit denen wollte man nichts zu tun haben.
»Wir pochten an mehrere Türen, um die Erlaubnis zur Besichtigung der Häuser zu erlangen. Nach vielem Klopfen kam am Guckloch endlich eine Pfeife und dahinter ein Kopf mit Nachtmütze zum Vorschein, der uns musterte, und dann, ohne ein Wort zu sagen, das Guckloch wieder schloß«: So erinnerte sich später einer der beiden Reisenden an den verunglückten Ausflug. Es war einigermaßen hoher Besuch, dem die Brügger da so unsanft die Tür gewiesen hatten: Kaiser Josef II. und sein treuer Begleiter auf allen Reisen, Feldmarschall Graf Lacy.
Josef, um beißende Ironie selten verlegen, resümierte die Sache nur mit den Worten, er habe wohl eine liebenswürdige Bekanntschaft versäumt. Dass ihm die Niederlande, immerhin seit Jahrhunderten Teil des Habsburgerreiches, noch viel schwerer zu

schaffen machen würden, war ihm zu diesem Zeitpunkt noch nicht bewusst. Die krasse Majestätsbeleidigung jedenfalls war ihm egal. Josef wollte nichts weniger als wie ein Kaiser behandelt werden. Er war wie gewohnt als Graf von Falkenstein unterwegs, sein bald europaweit bekanntes Inkognito. Es sollte ihm all den zeremoniellen Ballast vom Hals halten, der ihm von Jugend an verhasst gewesen war. Josef wollte keine Empfänge, keine Fanfarenklänge, keine Ansprachen von Bürgermeistern und Honoratioren. Er wollte sein Reich und seine Bewohner kennen lernen, wenn es sein musste, auch mit einer Tür vor der Nase.

Schon bei seinem Dienstantritt als Kaiser – als Dienst empfand Josef seine Aufgabe tatsächlich – hielt er es schriftlich fest: Das Oberhaupt der Monarchie solle sich durch häufiges Reisen vom wahren Zustand der Monarchie persönlich überzeugen. Und diese Besichtigung muss, wenn sie von Nutzen sein soll, möglichst unvorbereitet geschehen.

Reisen inkognito: eine monarchische Modeerscheinung, sozusagen Zeitgeist unter den Herrschern des aufgeklärten Absolutismus? Sicherlich. Friedrich II., mit Preußen gerade unterwegs zur europäischen Großmacht, hatte es den anderen Regenten vorgemacht. Seine Revuereisen führten ihn regelmäßig und auf gleich bleibenden Routen durch sein Reich. Er kümmerte sich um die lokale Verwaltung, plauderte mit Bauern und Schafhirten und übernachtete ohne Rücksicht auf Rang und Stand am liebsten bei Predigern, weil er dort, wie er selbst gerne äußerte, seine Ruhe hatte.

König Gustav von Schweden war häufig als Graf von Haga unterwegs und Josefs Bruder Leopold schaute sich sein Herzogtum Toskana am liebsten vom schlichten zweispännigen Wagen aus an. Als er Josef auf dem Kaiserthron nachfolgte, legte er sich ebenfalls ein Inkognito für seine Reisen zu.

Keiner von Europas Herrschern aber erreichte die Kilometerleistung Josefs. Ihn trieb eine wahre Reisewut hinaus in seine eigenen Länder, aber auch in fremde Reiche. Keine 25 Jahre dauerte seine Regierungszeit, in Tagen ausgedrückt: 7 102. Von diesen verbrachte er, wie ein Historiker nüchtern kalkulierte, 2 260 nicht in seiner Residenz. Er war also jeden dritten Tag irgendwo unterwegs. Zieht man den Reisekomfort des 18. Jahrhunderts in

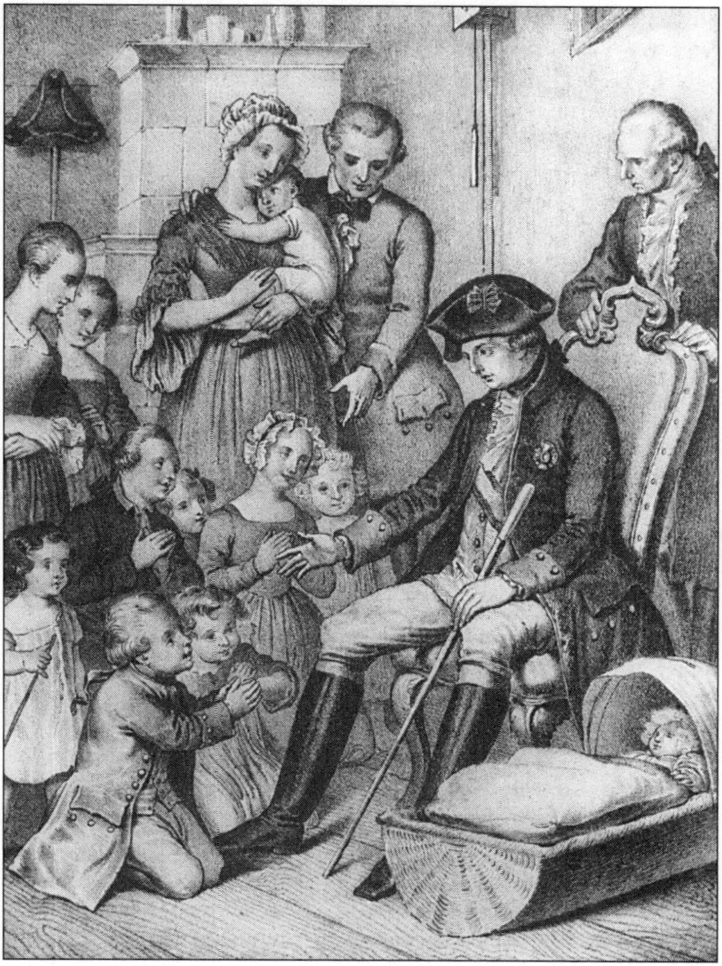

Ein rastloses Leben auf der Landstraße:
Josef II.

Betracht, eine schon allein konditionell beeindruckende Leistung. Seinen Gegnern gab diese Unrast dagegen ausreichend Anlass zum Spott. Er würde von der Postkutsche aus sein Land regieren, erzählte sich der ihm ohnehin nicht gerade wohlgesinnte Adel. Doch sogar sein großes Vorbild Friedrich ließ in Wien anfragen, ob das Reich nicht unter dieser häufigen Abwesenheit seines Herrschers leiden würde.

Es war nicht nur die Reiselust, nicht nur das Interesse eines aufgeklärten Monarchen, das Josef hinaustrieb. Es war das Leben am Wiener Hof, das ihm schon in früher Kindheit verleidet worden war, und die erdrückende Dominanz seiner Mutter Maria Theresia.

Seine Geburt am 13. März 1741 kam der Kaiserin gerade recht. Die ersten Erfolge im Österreichischen Erbfolgekrieg in der Tasche, setzte sie den kleinen Josef nun im Spiel um die Gunst der arroganten ungarischen Magnaten ein. Das Kleinkind musste in ungarischen Hosen posieren, damit seine Mutter politisches Kleingeld machen konnte.

Dass der kleine Josef für einen Habsburger ungewöhnlich hübsch war, machte ihn bald zum Liebling der Hofdamen, die ihn entsprechend verwöhnten. Auch die Eltern verzärtelten ihren Thronfolger derart, dass er bald eigensinnig, jähzornig und egoistisch wurde. Schon mutmaßte die ausländische Diplomatie am Wiener Hof, dass aus diesem verzogenen Bengel nie ein guter Herrscher werden könne. Als Josef zehn war und sich nicht einmal mit seinen Geschwistern vertragen konnte, beschloss Maria Theresia zu handeln. Graf Batthyany wurde berufen, um aus dem eigensinnigen Buben einen Mann zu machen.

Die habsburgische Dressur setzte ein, sie prügelte in einem Siebzehn-Stunden-Tag Latein, Geografie, Religion und Geschichte in Josefs Kopf. Aber sie konnte seinen Charakter nicht mehr wirklich verändern. Starrsinnig, dogmatisch und unfähig, aus eigenen Fehlern zu lernen, sollte er auch als Kaiser bleiben, bis an sein Lebensende.

Das bisschen Lebensglück, das ihm die Jahre der Erziehung noch gelassen hatten, sollte ein furchtbarer Schicksalsschlag bald aus dem Weg räumen. Im Oktober 1760 wurde Josef mit Isabella von Parma verheiratet. So sehr auch diese Hochzeit keinem anderen Prinzip als der habsburgischen Staatsräson folgte, passierte dem Bräutigam etwas, das im Zeremoniell nicht vorgesehen war: Er verliebte sich Hals über Kopf in die ausnehmend hübsche Italienerin.

Die glückliche Zeit des jungen Paares hielt nicht allzu lange an. In den Wochen nach der Hochzeit hatte man noch fröhlich Forellen in der Traisen gefangen, romantische Musikabende im Duett von Spinett und Geige verbracht. Bald aber entwickelte Isabella nicht nur eine unerklärliche Schwermut, sondern auch eigentümlich starke Gefühle für Josefs Schwester Marie Christine. In einem Briefwechsel der beiden finden sich deutliche Hinweise auf eine lesbische Beziehung. Josef aber schien davon nicht allzu viel zu bemerken. Seiner Liebe setzten nicht andere Leidenschaften, sondern der Tod ein jähes Ende. Isabella starb 1763 und hinterließ einen völlig zerstörten Thronfolger, der, gerade 22 Jahre alt, mit der Liebe endgültig abschloss. »Ich werde die Trennung überdauern, um mein ganzes Leben hindurch unglücklich zu sein«, schrieb er verzweifelt nach Parma.

Er sollte sein Wort halten. Die nächste Frau, die ihm Maria Theresia unterschob, Maria Josepha von Bayern, hatte nicht den Funken einer Chance, von Josef auch nur anerkannt zu werden. Der ließ zwischen beider Schlafzimmer eine Mauer hochziehen, dachte nicht daran, die Ehe mit der obendrein hässlichen Frau zu vollziehen, und nahm ihren baldigen Tod nicht einmal ernsthaft zur Kenntnis. Von nun an sollte der Kaiser seine Triebe nur noch mit Hilfe von schlampigen Verhältnissen befriedigen. Flüchtige Abenteuer mit Gärtnerinnen oder Dienstmädchen, die, Gerüchten zufolge, nie mehr als eine halbe Stunde dauerten. Er besuchte auch regelmäßig Prostituierte, was ihm nicht nur zahlreiche Geschlechtskrankheiten einbrachte, sondern auch die üble Nachrede, schlecht zu bezahlen.

Sein Privatleben hatte Joseph quittiert, von nun an war er eine öffentliche Person mit einer einzigen wirklichen Leidenschaft, der Politik. Der erste Diener des Staates zu sein, jenes Prinzip, das der Preuße Friedrich vorgegeben hatte, wurde für den ohnehin dogmatisch denkenden Josef zur unumstößlichen Lebensmaxime, für die er sich tatsächlich bis zur völligen Erschöpfung aufopferte.

1764 in Frankfurt zum König gekrönt, machte ihn der plötzliche Tod seines Vaters Franz Stephan schon im nächsten Jahr zum Mitregenten Maria Theresias. Er sollte wie ein Blitz in das spätbarocke Leben am Wiener Hofe einschlagen. »Bei den Hottentotten und Irokesen«, wetterte er, »könnten nicht schauerlichere und lächerlichere Dinge sich ereignen als in der österreichischen Staatsverwaltung, besonders in den Hofstellen und in der Staatskanzlei.«

Das Hofleben, das Maria Theresia in ihrer schrankenlos ausgelebten Trauer zum kollektiven Witwendasein verpflichtet hatte, nannte er »eine Ansammlung von einem Dutzend alter Damen«. Stets fühlte er sich darin beengt und unwohl. Rasch angesetzte Sparmaßnahmen sollten den barocken Prunk aus den Räumlichkeiten und aus dem ganzen Zeremoniell räumen. Vorerst war der einzige Erfolg dieser Maßnahmen eine rasch zementierte Feindschaft mit dem Adel. Sogar Staatskanzler Kaunitz, der Josef sehr schätzte, hielt derartige Maßnahmen für »widerwärtig« und beeinflusste auch Maria Theresia derart, dass sie sich gegen ihren Sohn stellte. Nur eine Lappalie in einem zermürbenden Konflikt, der Josefs kommende Jahre als Mitregent beherrschen sollte: der Krieg mit seiner Mutter. Der barocken, zutiefst katholischen Landesmutter machte der aufklärerische Radikalismus ihres Sohnes Angst. Sosehr sie ihn liebte, so konsequent stellte sie sich gegen ihn, ließ alle seine innenpolitischen Reformen vorerst im Sand verlaufen.

Dieser Widerstand machte Josef nur noch radikaler. Doch der Hof ließ ihm vorerst keine Möglichkeiten, sich zu verwirklichen. Also beschloss er, ihm fernzubleiben, auf Reisen zu gehen. Wieder ein für seine Mutter völlig unverständliches Anliegen. Für sie hatte ein Monarch die Aufgabe, im Zentrum seines Reiches als ruhender Pol zu residieren. Die einzige Möglichkeit, die Residenz zu verlassen, waren Hofreisen – pompös, staatstragend und ungemein teuer. In einer Postkutsche oder zu Pferd kreuz und quer durchs Land zu fahren, erschien ihr ungeheuerlich. »Niemals habe ich eine gute Wirkung von all den Reisen gesehen und selbst die Sehnsucht nach einer solchen ist schon ein großes Übel«, teilte sie dem Grafen Lacy mit. Der aber war, ebenso wie viele andere einflussreiche Berater der Kaiserin, ganz anderer Meinung. Während der Graf bald zum ständigen Begleiter des Kaisers wurde, schrieb Kaunitz in einem extra für die Kaiserin erstellten Gutachten über Josefs Reisetätigkeit: »Es ist keine Schmeichelei, sondern ein wahrhafter Trieb meiner innerlichen Empfindung, dass ich die Reiserelation (den Reisebericht, Anm.) des Kaisers Majestät bewundere.«

Maria Theresia ließ sich gerade noch zu oberflächlichem Lob hinreißen (»Als Mutter und König habe ich hieran einen besonderen Trost«), nahm aber all ihre kaiserliche und mütterliche Autorität zusammen, um Josef, so oft sie konnte, das Reisen zu verbieten. Den jungen Josef, der endlich glaubte, etwas wirklich Sinnvolles für sein Land tun zu können, traf sie damit schwer. Als sie ihn wieder einmal daran gehindert hatte, nach Böhmen zu fahren, um den dort Hungernden persönlich Hilfe zu bringen, schrieb er verzweifelt an seinen Bruder Leopold nach Florenz: »Ich wollte sofort abreisen, aber zu meinem großen Kummer hat ihre Majestät es verboten, ohne mir Gründe anzugeben. Obwohl mich dieser erneute Verzicht auf eine Gelegenheit, meine Gefühle zu zeigen, ärgert und betrübt, muß ich mich beugen und dieses Verbot zu hunderttausend anderen Unannehmlichkeiten dazutun, zu denen mich ein besonders grausames Schicksal verdammt hat.«

Es sollte keinen Frieden mehr geben zwischen Mutter und Sohn. Josef aber ließ sich bald nicht mehr aufhalten. Was kümmerte ihn die Hofburg, in der er ohnehin nichts ausrichten konnte, seine Reisen machten ihn in kurzer Zeit zum Star. Anekdoten begleiteten ihn: über seine humorvollen Einfälle, seine Menschlichkeit, seine Bereitschaft, rasch zu helfen, wo er nur konnte. Draußen bei den Bauern wurde er der Regent, der Landesvater, der er in Wien nicht sein durfte. Der Graf von Falkenstein wurde zum Helden, nicht nur im Habsburgerreich, sondern bald in halb Europa.

Der Josef, den wir auf seinen Reisen kennen lernen, hat nur wenig zu tun mit dem verbitterten, fast zwanghaft aufmüpfigen Menschen, der dem Wiener Hof zum Albtraum geworden war. Er hatte das Objekt seiner Liebe gefunden: das Volk. Es war die einzige Beziehung, zu der dieser in Wahrheit scheue, verschlossene Mensch noch fähig war. Je mehr ihm in den kommenden

Jahren die Mitmenschen abhanden kamen, desto intensiver, desto aufopfernder wurde sein Einsatz für die »Allgemeinheit« wie er seine Untertanen nannte. Hinter der großen Geste des gütigen Monarchen, des Menschenfreundes, verbarg sich ein Leben lang der verletzte Zyniker, der mit seinem Schicksal haderte und an nichts und niemandem etwas Positives erkennen wollte.

Selten wird das deutlicher als in einem Brief, den der in Frankfurt frisch gewählte König nach Hause an seine Mutter schrieb: »... Während mein Herz von Gram erfüllt ist, muß ich mir den Anschein geben, als sei ich entzückt davon, zu einer Würde zu gelangen, von der ich nur schwere Lasten aber keine Annehmlichkeiten erwarte. Ich, der ich die Einsamkeit liebe und mich niemand gern anvertraue, den ich nicht gründlich kenne, ich muß mich immer in der Welt bewegen und mit jedem Fremden Gespräche führen. Ich, der ich ein Mann von wenigen Worten bin, muß den ganzen Tag über schwatzen und Nichtigkeiten im Munde führen ...« Ausgerüstet mit dieser Einsicht zog Josef in die Welt hinaus.

Eine Krise in Böhmen ließ ihn 1766 zu seiner ersten großen Reise aufbrechen. Eine Hungersnot war ausgebrochen, Seuchen und Aufstände drohten. Schon auf dieser ersten Reise zeichnet sich klar das größte Talent des jungen Kaisers ab. Er war ein unglaublich genauer und scharfsinniger Beobachter. Die sozialen Verhältnisse, das Elend der Landbevölkerung, mangelnde Schulbildung und fehlende medizinische Hygiene: alles Dinge, die einen Kaiser, wenn überhaupt, dann nur in Berichten seiner Ratgeber zu interessieren hatten, Josef aber sah sich das alles persönlich vor Ort an. Nie vorher hatte ein Herrscher die Not seiner Völker so unmittelbar erlebt. Entsprechend drastisch und packend sind seine schriftlich festgehaltenen Erlebnisse und Beobachtungen: die Reisetagebücher. Unterwegs diktierte Josef jeden Abend, wenn er noch unmittelbar unter dem Eindruck des Erlebten stand. Heute, mehr als zweihundert Jahre später, erreichen diese Berichte in ihrer Präzision, in ihren deutlichen Formulierungen die Qualität moderner Reportagen. »Die Bauern leben ein wirkliches Sklavendasein, werden aufsässig und stumpf und bearbeiten den ihnen anvertrauten Boden schlecht. Sie sind rachitisch mager und in Lumpen gekleidet. Von Kindheit an zwingt man sie zur Robot. In den baufälligen Hütten schlafen die Eltern auf Stroh, die nackten Kinder auf den breiten Rändern der Lehmerde. Sie waschen sich nie, was die Ausbreitung von Epidemien fördert. Es gibt keinen Arzt, der sich um sie kümmert ...Widerspenstige Bauern werden ans Eisen geschlossen, man setzt sie dabei auf einen zugespitzten Pflock, der tief ins Fleisch einschneidet. An die Beine bindet man ihnen große Steinpflöcke. Für die geringste Kleinigkeit bekommen sie fünfzehn Stockschläge. Der Leibeigene, der zur Arbeit zu spät kommt, sei es auch nur um eine halbe Stunde, wird halb zu Tode geprügelt.«

Man kann sich vorstellen, wie ungeheuerlich sich solche Darstellungen in den Ohren der Kaiserin und ihrer Höflinge anhörten, wie empört die Reaktionen waren. Für Josef nichts als eine Bestätigung für seinen Ruf nach radikalen Reformen. Doch daran war, solange Maria Theresia regierte, nicht zu denken. Also hielt es den Thronfolger nicht lange in Wien. Land und Leute wollte er kennen lernen, nicht Adelige und hohe Beamte.

Als Herrscher des 18.Jahrhunderts war es keineswegs einfach, durchs Land zu fahren, ohne an jeder Ecke empfangen, umjubelt und feierlich gefüttert zu werden. Vor Antritt einer Reise musste Josef eigene Botschaften ausschicken mit der Anweisung, nur ja nicht allzu sehr Notiz von ihm zu nehmen und ihn nach Möglichkeit in Ruhe zu lassen. Das Inkognito Graf von Falkenstein war ja bereits nach kurzem völlig unwirksam geworden. Jeder wusste, wessen Kutschen da unterwegs waren. Also ließ der falsche Graf »nachdrücklichst befehlen, dass weder bei der Durchreise, von Bürgerschaft oder Magistraten, öffentliche Ehrbezeichnungen, Ausrückungen, Bewillkommnungen und Losbrennen eines Geschützes, noch ... einige Beleuchtung, Musik oder andere Festies ... geschehen sollen.«

Auch Schlaglöcher und kaputte Wege wollte der Kaiser in »all ihrer Natürlichkeit« erleben. Dazu bedurfte es ebenfalls eigener Depeschen. Schließlich hätte man sonst eilfertig jede Straße, die er entlang zu fahren plante, neu gepflastert. Gerade nur auf Brücken sollte man die durchgebrochenen oder vermoderten Planken ausbessern, ließ er den örtlichen Behörden ausrichten, damit die Reise nicht im Fluss enden würde.

Trotz aller demonstrativen Schlichtheit waren die Vorbereitungen für eine derartige Reise gewaltig und erstreckten sich über Monate. Hatte der Kaiser einmal seine Route zusammengestellt, schickte diese die kaiserliche Kanzlei samt den dazugehörenden Anweisungen über Nachtquartiere und Essen an den Hofkriegsrat. Der benachrichtigte die regionalen Kommandanten, die dann jeweils einen Offizier in Marsch setzten, um die geplante Route abzureisen und sich über Unterkünfte, Straßen oder etwaige Gefahren zu informieren. In Form einer Tag-Liste gelangte die Zusammenfassung all dieser Berichte schließlich zurück nach Wien. Darin enthalten: alle Sehenswürdigkeiten, alle Nachtstationen und ein Hinweis, auf welchen Wegen man besser fahren, auf welchen man besser reiten sollte.
Auch gegen derart strategische Überlegungen setzte Josef gerne seinen Dickschädel ein. Als eine solche Tag-Liste aus dem rumänischen Banat von äußerst schlechten Wegstücken berichtete und von »elenden wallachischen Bauernhütten«, die dem Kaiser wohl kaum als Nachtlager dienen könnten, ließ sich Josef davon nicht abschrecken: »Ich werde ein Zelt mithaben, im Notfall. Vom grünen Reisig höchstens etwas weniges. Das soll, wo es gar von Nöten wäre, zusammengesetzt werden.«
Ob es ihm nun gefallen hätte oder nicht, derartige Pfadfinderlaunen konnte Josef nie in die Praxis umsetzen. So einfach und unauffällig war der Zug nicht, der sich da in Wien in Bewegung setzte.
Die sechsspännige Kalesche, die für ihn in der Wagenburg bereitgestellt war, ließ der Kaiser meistens zu Hause. Er bevorzugte schmale, zweispännige Reisewagen. Doch damit blieb er unterwegs selbstverständlich nicht alleine. Vier bis acht Kutschen folgten ihm, darunter eine eigene Garderobenkalesche, eine für die Hofkanzlei und eine für die Reiseküche. Die reiste allerdings meistens einen Tag voraus, um die entsprechenden Vorbereitungen zu treffen. So sparsam Josef auch war, das Gepäck für ihn und seine Mitreisenden war dennoch so voluminös, dass es in den Kutschen kaum unterzubringen war. In allen Hofreiseakten finden sich ausführliche und umständliche Sitz- und Packordnungen. Wesentlich dabei war, dass, was der Kaiser als das Allernötigste empfand, in seiner Leibkutsche mitgeführt wurde.

Und das war immerhin ein Bettsack, eine Bettstatt, eine Retirade und ein Sattel.

Dieser war vermutlich das einzige Gepäcksstück, das wirklich ständig zur Hand sein musste. Josef hielt es nämlich nie allzu lange in seiner Kutsche. Wo es ihm nur irgendwie möglich war, ließ er den Wagen allein durchs Land fahren und setzte sich aufs Pferd. Während die Dienstboten also geradewegs zur nächsten Übernachtungsmöglichkeit unterwegs waren, ritt er, begleitet nur von seinen engsten Mitarbeitern, durch die Dörfer. Jetzt war er endlich der Überraschungsgast, der er sein wollte, konnte sich spontan entscheiden, was er sehen und mit wem er plaudern wollte.

Auch seine Nachtruhe wollte Josef möglichst ungestört verbringen. Nach einem oft zwölfstündigen Arbeitstag, voll von Besichtigungen, Besprechungen und Ausflügen, hatte der Kaiser keine Lust auf abendliche Empfänge. Er wollte in Ruhe sein karges Abendessen einnehmen, sein Reisetagebuch vervollständigen und schlafen gehen. In seinen Anweisungen betonte er immer wieder, dass er sich von keinem Schlossherrn empfangen oder bewirten lassen wolle. Er wollte also in keinem Schloss, in keinem vornehmen Gutshof und auch in keinem Offiziersquartier untergebracht werden, wo er vielleicht zu Feierlichkeiten genötigt worden wäre, sondern am liebsten in Bauernhäusern, Pfarrhöfen oder Wirtshäusern.

Auch seine eigenen Residenzen, wie etwa die im böhmischen Ofen, ließ er versperrt. Der »Weiße Wolf«, gleich an der Landstraße gelegen, war ihm lieber.

Für den Wirt konnte so eine kaiserliche Nacht trotzdem ganz schön anstrengend werden. So einfach das gewünschte Quartier, so kompliziert war die Zimmerflucht, die Josef darin vorzufinden wünschte. Eine offizielle Raumplanung zur Russlandreise 1787 zeigt das überraschend deutlich:

Hierin finden sich: ein Zimmer für den Graf von Falkenstein (also Josef persönlich), ein daran stoßendes mit einer Verbindungstür für die Bedienten, ein Zimmer für Graf Kinsky, eines für zwei Sekretäre, eines für den Leibchirurgen und den Geistlichen, eines für den Koch und den Rest des Küchenpersonals, eines für zwei Gardeoffiziere und eine Küche. Ergänzend dazu die Anmerkung, dass man bei einem derart schlichten Nachtquartier auf die Kanzlei verzichten könne, da, auf Grund des kurzen Aufenthalts keine Schreibarbeiten zu erledigen wären. Vor der Tür wartete übrigens ständig eine Kalesche, um den Kaiser in dringenden Fällen möglichst rasch nach Wien zurückbringen zu können.

Auffällig umfangreich ist auch die Liste an Lebensmitteln, die in jeder der Nachtstationen bereit zu stehen hatten. Hier finden sich unter anderem 35 Kilo Rindfleisch, ein ganzes Kalb, ein ganzes Lamm, 24 Hühner, drei Gänse, zwei Suppenhühner und zwei Truthähne. Als Beilage vorgesehen waren 100 Kohlköpfe und anderes Grünzeug wie Zeller, Zwiebel und Sauerkraut. Josef, der sich gerne um alles selber kümmerte, hat die Liste persönlich zusammengestellt.

Wer das alles essen sollte, bleibt unklar. Schließlich speiste Josef meistens spartanisch und die übrigen Begleiter waren schlicht zu wenig, um ein solches Quantum zu verzehren. Vermutlich sollten diese Unmengen nur vorrätig sein, damit man sich unabhängig von örtlichen Gegebenheiten für ein Essen entscheiden konnte. Am Ende der Liste finden sich übrigens »40 Schab Stroh zum Liegen«. Sie rücken das Bild vom bescheidenen Reisestil wieder zurecht.

Auch über seine Begleitung entschied der Kaiser bei jeder Reise höchstpersönlich. Vor allem sollten die passenden Experten zur Verfügung stehen, die vor Ort die nötigen Informationen liefern konnten. Keine leichte Aufgabe. Schließlich scheint sich Josef für alles und jedes interessiert zu haben. Neben den bereits erwähnten Sozialstudien, die er in Armenhäusern, Schulen und Spitälern durchführte, waren es vor allem umfangreiche technische und ökonomische Inspektionen. Ein Tag im französischen Hafen Brest etwa liest sich im Bericht eines französischen Offiziers wie eine rastlose Sightseeingtour eines modernen Bustouristen: »Der Graf von Falkenstein wird in den Hafen geführt, wo er zunächst das Dock besichtigt. Das Ein- und Ausfahrtsmanöver eines Schiffes wird ihm erklärt und das Auswechseln der Geschütze. Er geht der Reihe nach in die Marineakademie, in die hydrographische Schule, in das Bureau des Hafendirektors, in das Generalmagazin, in die Blockrollenfabrik, in sämtliche Werkstätten der Schlosser, Faßbinder, Seiler und derer, die

die Maste zusammensetzen. Die Bottiche mit Eingesalzenem muß man öffnen, und das Gemüse, den Zwieback und die verschiedenen Brotsorten will er verkosten ...« Verständlich, dass Josef gerne Leute dabei hatte, die ihm halfen, das Besichtigte kritisch zu überprüfen. Da es sich in den meisten Fällen um militärische Anlagen handelte, waren es vor allem junge Offiziere, die sich da an seiner Seite profilieren konnten und sich auf diese Weise oft eindrucksvolle Karrieren zimmerten.

Seine treuesten Begleiter aber waren altgediente Haudegen, die schon seine Mutter beraten hatten. Der wichtigste unter ihnen war Feldmarschall Graf Lacy. Als Präsident des Hofkriegsrats begleitete er den Thronfolger bis zu seiner Pensionierung im Jahre 1774. Für den jungen Hitzkopf Josef, der am liebsten den ganzen Staat auf den Kopf gestellt hätte, war seine Erfahrung oft sehr hilfreich. Kein Wunder, dass er in militärischen Fragen und in der Außen- und Innenpolitik ein gewichtiges Wort mitzureden hatte. Er war einer der wenigen Menschen, denen der Kaiser wirklich vertraute.

Wenn es um den Schutz der ohnehin ständig gefährdeten Grenzen der Monarchie ging, war ebenfalls ein Veteran am Wort, der für Maria Theresia schon einige Schlachten geschlagen hatte: Feldmarschall Freiherr von Laudon. Auf den ausgedehnten Reisen in die Truppenlager Böhmens, in das neu erworbene Galizien oder in das eben erst kolonisierte Banat, war er immer dabei, um den zwar vom Militär begeisterten, jedoch völlig unerfahrenen Josef zu beraten. Solchen Rat hätte er sich zu Nutze machen sollen, denn als oberster Kriegsherr blieb er ja bis an sein Lebensende ein ziemlicher Versager.

Neben solchen Würdenträgern bestand Josefs Reisebegleitung großteils aus Leuten, die sein Bruder Leopold einmal bösartig als »besonders niedrig« bezeichnete. Dem Hofrebellen waren sie schon deshalb gerade recht. Neben dem Hofkoch Sebastian Rueff, einem geheimen Sekretär und einem Postknecht war da vor allem ein Mann, der sein Weltbild entscheidend mitprägte: Alexander Brambilla.

Zählt man heute einen Chirurgen zweifellos zur besseren Gesellschaft, so war im ausgehenden 18. Jahrhundert ein Mann wie Brambilla jemand, den man bestenfalls zum Operieren, keinesfalls aber für private Plaudereien heranzog. Chirurgie galt nicht als ärztliche Kunst, sondern als blutiges Handwerk.

Josef aber bezog aus den unterwegs geführten Gesprächen mit Brambilla seine fortschrittlichen Ansichten über die Medizin. Gemeinsam mit ihm hatte er die damaligen Spitäler Europas besichtigt. Die Eindrücke, die er nach Hause mitbrachte, erschüttern noch heute. »Die Strohsäcke sind so schlecht gefüllt, dass der Mann unmöglich darauf liegen kann, und die herabhängenden Füße aufschwellen ... die Gattungen der Krankheiten sind nicht genügend abgeteilt, und die Kinder ... neben der offenen Tür der Skorbutkranken einquartiert«, schrieb er über das Spital in Temesvar.

Auch das Pariser Hôtel-Dieu, Prunkbau des Sonnenkönigs Ludwig XIV., kam nicht viel besser weg: »Die Kranken liegen in großen, ziemlich finsteren, niedrigen und dumpfen Sälen versammelt. Es ist auch viel Schmutzerei und Unordnung da ... überhaupt ein Leichtsinn in der Wartung und der Versorgung der erschrecklich ist.«

Josef sah mangelnde Hygiene, Ungeziefer und schlechte Krankenkost, aber er sah auch Geisteskranke, die einfach in dumpfen Arresten zusammengesperrt waren. Und er fragte Brambilla, wie man es besser machen könnte. So wuchs in langen nächtlichen Stunden in den Wirtshäusern und Pfarrhöfen Europas der Plan zur vielleicht größten Tat des gekrönten Rebellen: der Bau des Wiener Allgemeinen Krankenhauses. Mit der weltweit ersten Anstalt für Geisteskranke und der Militärakademie für Chirurgie, dem heutigen Josephinum, entstand in Wien das fortschrittlichste Gesundheitswesen Europas – und so sollte es über ein Jahrhundert bleiben. Der Grundstein für die Wiener Medizinische Schule – sie schrieb einige der wichtigsten Kapitel der modernen Medizin – war gelegt.

Fährt man Josef zumindest mit dem Finger auf der Landkarte hinterher, gewinnt man den Eindruck, die Postkutsche sollte ihn vor allem einmal möglichst weit weg von der verhassten Wiener Hofburg bringen. Seine österreichischen Erblande lernte er ein Leben lang fast nur auf der Durchreise kennen.

Die bevorzugten Ziele des Thronfolgers waren Böhmen, Mähren und die neu für Österreich gewonnenen Gebiete in

Osteuropa und auf dem Balkan. Auf diesen Reisen kam Josef seinen ein Leben lang unerfüllten Idealen am nächsten: Hier erleben wir ihn als Sozialreformer, als scharfen, mitleidlosen Kritiker eines veralteten, unmenschlichen Systems, als Revolutionär – als den Josef, der für die Bürgergesellschaft des 19. Jahrhunderts zur Kultfigur werden sollte.

Als 1770 die Hungersnot in Böhmen ausbrach, war er vor Ort, um zu helfen. Er ließ die Speicher der Adeligen öffnen, um das Getreide weit unter dem Normalpreis an die Armen zu verkaufen. Um 40 000 Gulden aus seiner privaten Kassa ließ er Leinwand anschaffen, um den erwerbslos gewordenen Webern wieder Arbeit zu verschaffen.

Einer seiner Bewunderer schrieb damals über das Auftreten des Kaisers: »Seine Toilette ist die eines Soldaten seine Garderobe die eines Unterleutnants, seine Erholung Arbeit, sein Leben ständige Bewegung. Er schläft auf einer Hirschhaut, die über ein Bündel Stroh gebreitet ist.« Gamaschen, Mantel und Leibrock, zusammen die Zivilkleidung des Kaisers, waren oft abgetragen und, wie ein ungarischer Beobachter berichtet, gelegentlich sogar geflickt.

Auf diesen Missionen sind die wohl berühmtesten Anekdoten rund um den rastlosen Regenten entstanden. So auch jene Legende von Kaiser Josef als Pflüger. Auf dem Weg durch Mähren war wieder einmal die Achse der Postkutsche gebrochen. Josef, an solche Zwischenfälle längst gewöhnt, kletterte aus der Kutsche, um sich die Beine zu vertreten, als er auf einem angrenzenden Acker einen Bauern beim Pflügen sah. Er ging auf ihn zu, nahm ihm den Pflug aus der Hand und zog selbst zwei Furchen. Der Kaiser verschwand bald wieder, doch er ließ eine Legende zurück. Ein Denkmal wurde an Ort und Stelle errichtet und der Pflug steht heute noch im Museum von Brünn.

Im dortigen Stadtgefängnis sollte Josef einen ähnlich Aufsehen erregenden Rollentausch vollziehen. In den Kottern des vermutlich schlimmsten Gefängnisses seines Reiches ließ er sich für eine volle Stunde ins hinterste Verlies sperren. Hustend, blass und mit feuchter Uniform kam er heraus, um auf der Stelle einen seiner prägnanten Befehle zu erteilen: »Ich war der letzte Mensch in diesen Räumen.«

Kritiker haben derartige Anfälle von Menschlichkeit immer nur als PR-Gag eines eigentlich unzugänglichen und arroganten Eigenbrötlers gesehen. Doch für einen PR-Gag allein war Josefs Engagement viel zu ernst. Er wusste wirklich, wie schlecht es vielen seiner Untertanen ging. Über die bornierte Ignoranz des Landadels konnte er nur grimmig lachen. Etwa als ein gewisser Graf von Schaffgotsch seinen Bauern befahl, nicht aufs Feld hinaus zu gehen, ohne einen Teller Fleischsuppe gegessen zu haben. Es war Josef, der ihn darauf aufmerksam machte, dass die Bauern froh wären, wenn sie auch nur einmal im Jahr Fleisch zu sehen bekämen.

Des Kaisers Berichte über solche fürstlichen Kreaturen waren schonungslos. In seinem Zorn konnte Josef unglaubliche Polemiken zu Papier bringen. Über die Köpfe der Verwaltung im heute rumänischen Banat schrieb er: »Gift und Dolch sind das Einzige, das zwischen diesen noch nicht gebraucht worden ist. Sonst ist gewiß alles, was die verleumderischen Zungen erdichten, die niederträchtigste Intrige ersinnen können, beiderseits angewendet worden.« In den dortigen Dörfern registrierte er »tollsinnige Fehler« und resümierte über den Verbleib der von Wien ausgegebenen Entwicklungshilfe: »Nie sind 900 000 Gulden schlechter, unnützer und ungeschickter verwendet worden.«

Von Zeremonien und adeligem Pomp ließ sich dieser kaiserliche Korrespondent nicht blenden, nicht in seinem Reich, nicht in anderen Ländern Europas. Zarin Katharina ließ alles Menschenmögliche an Luxus in Bewegung setzen, um Josef, gerade auf Staatsbesuch in Russland, zu beeindrucken. Doch die achtzig Schiffe und ihre dreitausend Mann Besatzung, das Monsterfeuerwerk, das Kostümfest, die Empfänge, all das interessierte diesen spröden Puritaner nicht. Er sah nur jene, die diese Maschinerie unter unmenschlichen Bedingungen und Strafen in Gang halten mussten, und schrieb in sein Tagebuch: »Es ist unglaublich, wie wenig Achtung der Mensch in diesem Lande genießt.«

Wo hätte ein solches Auftreten eines Kaisers mehr Eindruck machen können als in Frankreich, wo die Bourbonen immer noch in entrückter barocker Prachtentfaltung schwelgten. An der Seite Ludwigs XVI. hielt Josefs Schwester Marie Antoinette

als Königin Hof. Während ihr Bruder draußen auf dem Land das Elend der Bauern zu lindern versuchte, ließ sie sich im Schlosspark von Versailles ein künstliches Bauerndorf errichten, in dem artig aufgeputzte Landwirte zu ihrem Vergnügen Ackerbau und Viehzucht spielen durften.
Als Josef 1777 nach Frankreich reiste, um seine Schwester zu besuchen, empfingen ihn die Franzosen wie einen Befreier. Wo er auch hinreiste, überall erwarteten den »Volkskaiser« ganze Straßenzüge voll jubelnder Menschen. Die Bürger von Paris bereiteten ihm im Theater einen Empfang, wie ihn noch kein Bourbone je erlebt hatte. Noch Jahre später, als die Bastille längst gestürmt, und der König der Franzosen bereits um einen Kopf kürzer gemacht worden war, sprachen die Revolutionäre bewundernd vom großen Reformer Josef.
Der jedenfalls hatte schon bei seiner Ankunft in Paris eine Aufsehen erregende Geste gesetzt. Anstatt der Einladung seiner Schwester zu folgen und seine standesgemäße Zimmerflucht in Versailles zu beziehen, stieg er lieber in einem Landgasthof ab und fuhr in einer einfachen Kutsche täglich ins Schloss zur einigermaßen vor den Kopf gestoßenen Marie Antoinette.
Von Begeisterung regelrecht verfolgt, reiste Josef durchs Land. In fließendem Französisch wies er sich überall als Kenner und Liebhaber der französischen Kultur aus. Er traf die großen Aufklärer und Wissenschaftler des Landes, plauderte mit Rousseau, saß bei Bildhauern und Malern – und traute sich nur einen nicht zu besuchen: Voltaire, dessen größter Bewunderer er war. Noch auf dem Weg zum Landgut des Philosophen macht die kaiserliche Kutsche kehrt. Maria Theresia hatte es ihrem Sohn strikt untersagt, sich mit dem in ihren Augen staatsfeindlichen Aufklärer zu treffen. Da konnte ein ganzes Land vor Josef auf den Knien liegen, der übergroße Schatten der Mutter gab ihn nicht frei. Voltaire wartete vergebens mit dem Abendessen auf den Kaiser.
Politisch hatte Josefs Besuch kein allzu große Bedeutung. Einen Beitrag konnte er trotz allem zum Schicksal Frankreichs und seines Herrscherhauses leisten. Den jungen König Ludwig hinderte nämlich eine harmlose, aber schmerzhafte Verengung seiner Vorhaut daran, sich der Produktion eines Thronfolgers

zu widmen. In einem Gespräch unter Männern überzeugte ihn Josef von der Notwendigkeit eines kleinen operativen Eingriffs. Ludwig entdeckte bald darauf die lange vermissten ehelichen Freuden und brachte es so zumindest zu einer sinnvollen Tat in seinem Leben, bevor er den Kopf unter der Guillotine verlor: Er zeugte Nachkommen.

Josef spielte die Rolle des reisenden Menschenfreundes so erfolgreich wie nie zuvor, doch im Inneren empfand er seinen Auftritt als Komödie. Ein Scharlatan sei er, gestand er seinem Bruder Leopold: »Ich bin mit Vorbedacht und aus Bescheidenheit einfach, und ich übertreibe das mit Absicht. Ich habe hier einen Enthusiasmus erregt, der mir fast schon peinlich ist.«

Josef war Ende dreißig, immer noch Mitregent seiner Mutter und in Wahrheit längst ein gebrochener Mann. Seine Reisen hatten ihm vor Augen geführt, wie wenig er tatsächlich ausrichten konnte. Vergessen war der Übermut, mit dem er 1769 in Rom mit gezücktem Degen die Versammlung der Kardinäle gestürmt hatte, um seinen Kandidaten für die Papstwahl durchzusetzen. Er konnte Kirchenfürsten in die Knie zwingen, an der versteinerten und korrupten Verwaltung seines eigenen Reiches würde er scheitern.

Er wusste, dass ihm die Zeit davonlief. Was würde er von seinen politischen Träumen noch verwirklichen können? Als er 1780 endlich Alleinherrscher geworden war, begann er in rasendem Tempo den Staat zu reformieren. Doch bald war er zwischen seinen politischen Idealen und der täglichen Praxis der Macht zerrissen. Die Pläne, die er in langen Tagen in der Postkutsche und zu Pferd geschmiedet hatte, hielten der Realität oft nicht stand.

Als in Siebenbürgen ein Aufstand losbrach, reiste einer der Aufständischen nach Wien, um beim Kaiser vorzusprechen. Jeder andere Herrscher hätte einen zerlumpten Leibeigenen wie Nikolai Hora nicht einmal in sein Vorzimmer gelassen. Josef aber hörte ihn an und versprach ihm seine Unterstützung. Schließlich hatte er Siebenbürgen bereist, die menschenunwürdigen Zustände selbst gesehen.Mit dem Versprechen des Kaisers im Gepäck kehrte Hora zurück und führte die bewaffneten Bauern in den Kampf gegen die Obrigkeit. Doch die griff mit eiserner Hand durch. Bald hatte die Armee die Lage wieder unter Kontrolle. Die Hilfe, die der Kaiser seinen Bauern versprochen hatte, blieb aus. Und während Hora und seine Mitstreiter bei lebendigem Leib gevierteilt wurden, war aus der Hofburg kein Ton zum Thema Siebenbürgen zu hören. Josef wollte mit »dieser Bande« nichts mehr zu tun haben.

Das Leben in der Postkutsche hatte den Kaiser nicht nur verbittert, es hatte ihn auch seine Gesundheit gekostet. Er litt an Hämorrhoiden, die bald jede Fahrt für ihn zur Hölle machten. Da er sich auch von Schnee und Eiseskälte nicht davon abhalten ließ, sich tagelang in den zugigen Vehikeln durchschütteln zu lassen, kränkelte er ohnehin ständig. Sein Elan verwandelte sich zunehmend in chronische Gereiztheit. Sein Achtzehn-Stunden-Tag, der meistens um fünf Uhr früh begann, brachte ihn stets an den Rand der Erschöpfung. »Hastig ist seine Redeweise, rasch wechselnd zwischen Wienerisch und tadellosem Hochdeutsch, und ebenso brüsk seine Gebärde. Wenn er zornig wird, krümmt er die Oberlippe nach aufwärts, sodass man die Zähne sieht, der Blick wird starr und feurig, und nicht nur seine Augen verfinstern sich, er stampft auch mit dem Fuß.« Diese Beschreibung eines besorgten Zeitgenossen lässt ahnen, was für ein überarbeiteter Choleriker da rastlos durch sein Reich fuhr.

Josef wurde ein Opfer seiner Ruhelosigkeit. Mit Ende vierzig bereits ein Greis, starb er 1790 im tiefen Bewusstsein, an seiner Mission gescheitert zu sein. »Ich habe immer nur gewollt«, diktierte er noch im Todeskampf. Dass ihn die Geschichte später einen großen Reformator nennen würde, hätte er wohl nicht geglaubt. Er, der mit knapp über zwanzig mit seinem Privatleben abgeschlossen hatte, fand nur unterwegs Sinn in seiner Aufgabe. Stets auf der Flucht vor seiner Mutter, vor den Zwängen des höfischen Lebens, bereitete ihm der reisende Graf von Falkenstein, der sich draußen auf dem Land die Sorgen der Bauern anhörte, die wenigen glücklichen Momente seines Lebens. Als er auf dem Totenbett lag, ging in Wien ein Spottvers um: »Der Bauern Gott, der Bürger Not, des Adels Spott liegt auf den Tod.« Der Erste dieser Titel sollte ihn um viele Jahrzehnte überleben. Wenigstens das hat ihm sein heimatloses Leben in der Kutsche eingebracht.

Franz II. (I.)

Herr Franz und seine Tulpen

Mitten im Kaisergarten, in dieser Aufmachung! Der Hauptmann wurde vor Zorn ganz rot unter seinem Dreispitz. Hier, bei den seltenen Giftpflanzen in der »Wild-Botanik«, hatten nur Seine Majestät und Hofgärtner Antoine Zutritt. Doch da kniet diese Person mit einem schändlich schäbigen Schlapphut, abgetragenem, geflicktem Rock und hat Blumenerde bis zum Ellbogen! »Sie, passen S' einmal auf!« In seinem strengsten Kommandoton befahl der Offizier dem ungebetenen Gast, schleunigst das Beet zu räumen – bis ihn die rasch herbeigeeilte Dienerschaft darauf aufmerksam machte, dass der einsame Blumenfreund so ungebeten gar nicht war. Im alten Bratenrock, von der kaiserlichen Gemahlin Karoline persönlich geflickt, und mit seinem geliebten Hut, der schon Napoleon überstanden hatte, kniete Franz I. in der Erde und tat, was er ein Leben lang am liebsten getan hatte: Er gärtnerte. Um seine seltenen Exoten aus Brasilien kümmerte sich der Kaiser eben am liebsten persönlich. Von keinem Gärtner und keinem Botaniker ließ er sich bei diesen Inspektionen etwas dreinreden, da waltete der »Kaisergärtner« am liebsten allein, so wie er es von Jugend an gewöhnt war.

»Blumenkaiser« hat die Nachwelt Franz genannt und war sich über Wesen und Wirken dieses so blassen, unauffälligen Charakters immer uneinig. Die einen verurteilten ihn, weil er unter dem Druck Napoleons die römisch-deutsche Kaiserkrone ablegte und damit eine tausendjährige, längst leidig gewordene Geschichte beendete. Sie nannten ihn entscheidungsschwach, für Weltpolitik, egal ob auf dem Schlachtfeld oder in den Residenzen, völlig ungeeignet. Die anderen verehrten ihn als Österreichs ersten Kaiser, der der Doppelmonarchie nicht nur eine neue Krone, sondern vor allem einen Charakter gab. »Das österreichische Wesen« hätte er erfunden. Sein oft belächelter Stehsatz: »Man hätt' ja ... können« wurde zum Ausdruck größter Weisheit und Welteinsicht stilisiert.

Egal, seine Zeitgenossen jedenfalls liebten ihren stillen, biederen Kaiser, der sich alle Zeit der Welt nahm, um sich die Sorgen seiner Untertanen anzuhören, und ihnen in seinem gemütlichen Wienerisch zu antworten. Der bürgerliche Lebensstil des »guten Hofrats«, wie er sich einmal selbst nannte, gefiel den Wienern. Das private Biedermeier, das Franz mit seinen vier Frauen inszenierte, machte ihn zu einem der ihren. Da konnte er sie durch seinen Staatskanzler Metternich bespitzeln, ihre Zeitungen, ja sogar ihr geliebtes Theater zensurieren lassen – wenn er mit seiner Frau nachmittags in den Wiener Prater kutschierte, dann zog man am Straßenrand den Hut und jubelte dem »guten Kaiser Franz« begeistert zu.

Ob er nun den böhmischen Bauern wirklich um zehn Uhr abends noch in sein Arbeitszimmer bat, weil er doch so lange gewartet hatte? Ob er seine Jacken wirklich stopfen ließ? Ob er tatsächlich zur Schaufel griff, um die Choleraopfer unter die Erde zu bringen? Vieles am Biedermeier des Kaisers Franz mag Propaganda sein, erfundene Geschichten, um den Völkern der Monarchie ihre versteinerte Obrigkeit etwas sympathischer zu machen. Sicher aber ist, der Kaiser war ein leidenschaftlicher Privatier, dem seine selige Ruhe oft mehr bedeutete als glanzvolle Repräsentation.

Die Gießkanne trug er lieber als die Krone: Franz I.
(mit Gemahlin Maria Theresia in Schönbrunn)

An nichts lässt sich das in sich gekehrte Wesen dieses Menschen besser erkennen als an seinen Hobbys und Leidenschaften. Er liebte Musik und spielte im Hausorchester seiner Frau Maria Theresia, die Violine – auf eine Weise, die bösartige Wiener das »hölzerne Gelächter« nannten. Er war ein begeisterter Sammler und trug von Jugend an eine Bibliothek zusammen, die heute das Kernstück der Österreichischen Nationalbibliothek bildet. Mit siebzehn Jahren begann er in den wenigen freien Stunden, die ihm die Erziehung zum Kaiser ließ, Bücher und Porträts zu sammeln. Die kleine monatliche Apanage, die ihm sein Onkel Josef II. zuerkannte, floss fast zur Gänze in dieses Hobby. Vor allem naturwissenschaftliche und botanische Werke interessierten ihn, aber auch die Klassiker, Reisebücher und geografische Werke.

Als er starb, umfasste seine »Fideikommiss-Bibliothek«, 40 000 Bände, die auf drei große und vier kleinere Zimmer in der Hofburg verteilt waren, und eine Porträtsammlung, die bis in unser Jahrhundert zu den größten der Welt zählt.

Doch seine wirkliche Leidenschaft war die Pflanzenwelt. Er war begeisterter Hobbygärtner, aber auch wissenschaftlich interessierter Botaniker. Er förderte die Blumenmalerei ebenso wie groß angelegte Expeditionen, die fremde Gewächse nach Wien bringen sollten. Er gestaltete die schönsten Gärten in und um Wien, aber auch in anderen Teilen Österreichs. Der Wiener Burggarten, Schönbrunn, Schloss Laxenburg sind die lebenden Denkmäler des Blumenkaisers, der jede freie Minute lieber bei den Pflanzen als unter Menschen verbrachte. Von ihnen war er nämlich schon in seiner Kindheit enttäuscht worden. Franz wurde ein Opfer einer Erziehung, die alles Gute im Menschen wecken wollte – und alles Menschliche in ihm zerbrach.

Sein Schicksal, einst Kaiser zu werden, war ihm in die Wiege gelegt worden. Sein Onkel Josef II. hatte sich nach dem frühen Tod seiner geliebten Frau Isabella von seiner Mutter Maria Theresia eine Formalehe aufzwingen lassen, die er nicht zu vollziehen bereit war. Von da an suchte er nur noch rasche Befriedigung bei teils sogar käuflichen Mädchen und überließ die Bereitstellung eines Thronfolgers seinem Bruder Leopold von Toskana. Als Franz am 12. Februar 1768 in Florenz auf die Welt

kam, trugen Eilboten in fünf Tagen – für damalige Zeiten ein rasantes Tempo – die Nachricht nach Wien zu Onkel und Großmutter. Die ließ es sich nicht nehmen im Nachthemd mit der freudigen Botschaft ins Burgtheater zu eilen, um es den Wienern von ihrer Loge aus mitten während der Vorstellung zuzurufen: »Der Poldl hat an Buam!«
Die Aufregung hatte sich noch nicht gelegt, da begann man in der Residenz bereits Strategien für die Erziehung des jungen Franz zu entwerfen. Josef, der glühende Anhänger der Aufklärung, war überzeugt, dass sich aus jedem Kind das Idealbild eines Menschen formen ließe. Und ein solches Idealbild sollte dieser Herrscher werden. Was in Josefs Erziehung verpfuscht worden war, das sollte jetzt an seinem Neffen wieder gutgemacht werden. Franz war, kaum noch auf der Welt, bereits zum willenlosen Objekt der Pädagogik geworden. Viel schlimmer aber, es war nicht einer, es waren zwei Männer und deren widersprüchliche Überzeugungen, die sich des kleinen Buben bemächtigten. Denn so gierig Wien seine Finger nach dem Thronfolger ausstreckte, so eigenwillig waren die Pläne seines Vaters Leopold. Das Gute, so meinte er, würde ohnehin in jedem Menschen stecken. Man müsse ihm nur die Möglichkeit geben, sich zu befreien. Ein Charakter sollte sich, vor allem in den ersten Lebensjahren, möglichst natürlich entwickeln. Nur der Körper sollte durch Abhärtung gestärkt werden.
Franz und seine kleinen Geschwister wurden daran gewöhnt, bei jedem Wetter im Freien zu sein, die Nacht bei offenem Fenster und unter dünnen Decken zu verbringen und sich ausschließlich kalt zu waschen. Ständig sollten sie in Bewegung sein. Lebensfreude war viel wichtiger als Unterricht. Ein fixer Tagesablauf würde ohnehin nur Gewohnheitstiere aus ihnen machen.
Franz verbrachte seine Zeit mit Herumtollen an frischer Luft, Turnen und Spielen und wurde bald ein Kind, das auf jeden Gast nur den besten Eindruck machte. Beeindruckt war auch sein Onkel Josef, als dieser im Sommer 1775 erstmals kam, um seinen Nachfolger zu begutachten. Die ersten Gerüchte über Leopolds unerzogene Kinder hatten nämlich Wien erreicht. Graf Colloredo, von Maria Theresia als Erzieher des Kaiser-

enkels eingesetzt, hatte sich bereits mehrmals äußerst kritisch über das verwöhnte, launenhafte Kind geäußert und von Hochmut und Hinterhältigkeit gesprochen. Und überhaupt: Die Knaben würden viel zu wenig beschäftigt. Maria Theresia, äußerst besorgt um das Enkerl, hatte ihren Sohn und Mitregenten losgeschickt, um der Angelegenheit auf den Grund zu gehen. Der wurde in Florenz von seinem Bruder und einer gesunden, lebensfrohen Kinderschar empfangen, die ihm so gut erzogen schien, dass seine erste Frage war, ob denn das Schreien wirklich so strikt untersagt sei. Ein erleichterter Leopold führte seinen Bruder in den Garten und ließ die Kinder laufen. Die tobten, spielten und rauften jetzt ordentlich drauflos. Josef zerfloss förmlich vor Rührung über so viel Natürlichkeit und spielte mit Franz Ball, bis ihm der Schweiß über die Stirn rann.
Voll Begeisterung nach Wien zurückgekehrt, schrieb er seinem Bruder nach Florenz ein rührendes Dankeschön: »Du hast mich reizende Kinder sehen lassen. Ich bin jetzt versichert, daß sie aus vortrefflichem Teig sind ... ich habe den Keim von allen guten Eigenschaften gesehen.« Alle Zweifel und Unsicherheiten schienen vorerst beseitigt. Sie sollten wenige Jahre später knüppeldick zurückkehren.
Maria Theresia war 1780 gestorben und Josef, kaum Alleinregent, machte sich sofort Sorgen um seine Nachfolge. Er schrieb nach Florenz und verlangte von Colloredo umgehend ausführliche Auskünfte über den Zustand seines Neffen. Colloredo, der sich ohnehin seit Jahren übergangen fühlte, antwortete mit entsprechender Härte. Josef erfuhr zu seinem Entsetzen von Franzens Eigenliebe, von seiner Falschheit und seinem Argwohn, aber vor allem von seiner geringen Fähigkeit, eigenständig zu denken und zu handeln.
Josef fuhr der Schreck in die Glieder. War etwa alles schief gelaufen, der von ihm geplante ideale Herrscher auf dem besten Weg, ein blasser, unfähiger Bürokrat zu werden? Er brach erneut in die Toskana auf – und diesmal sollte der Besuch nicht so glimpflich verlaufen wie vordem.
Kaum angekommen, hatte der Kaiser nur noch ein Ohr für seinen Neffen. Alles, was der Teenager sagte, wurde genauestens überprüft. Vorerst nahm Josef jeglichen kindischen Unsinn nur

schweigend zur Kenntnis. Als er aber am zweiten Tag Franz alleine auf eine Ausfahrt mitgenommen hatte, zitierte er Colloredo zu sich und konfrontierte ihn mit seinem Urteil. Franz wisse zwar einiges und habe auch eine halbwegs flotte Auffassungsgabe, sei aber völlig unfähig, selbstständig zu denken. Er habe viel zu viel abgeschrieben, anstatt eine eigene Meinung zu entwickeln, und habe überhaupt keinen Blick für das Wesentliche.

Josef beschloss zu handeln. Diese »entnervende« italienische Luft würde alle Menschen weich machen, aus Franz könne in Italien nie ein vernünftiger Herrscher werden, war sein Resümee. Ab nach Wien mit dem verwöhnten Jüngling, ohne Eltern und ohne Geschwister. Nur Colloredo sollte mitkommen, um Josef bei seinem radikalen Thronfolgersanierungs-Programm zu unterstützen.

Voll Vorfreude trat der Sechzehnjährige die Reise nach Wien an. Er wusste nichts von seinem schlechten Zeugnis und nicht, was ihn in der Residenz erwarten würde. Vorerst war es nur der überwältigende Prunk einer Metropole. Josef spielte bereitwillig den Fremdenführer, zeigte seinem Neffen die Hofburg, die wichtigsten Kirchen und Palais und nahm ihn zu Abschluss auf einen Ausflug in den Wienerwald mit. Oben auf dem Kahlenberg überkam es den restlos begeisterten Franz schließlich und er rief lauthals: »Wien ist großartig, Wien ist prachtvoll.«

Der Ernst des Lebens meldete sich nur allzu rasch zurück. Schon in den ersten Tagen waren unzählige offizielle Termine zu absolvieren. Der Hofstaat, kirchliche Würdenträger, der Hochadel, alle wollten den Thronfolger begutachten, ihm die Hand schütteln. Franz absolvierte seine ersten Verpflichtungen anstandslos. Josef war vorerst erleichtert, nur Colloredo beklagte sich, dass der Jüngling, »so gar kein Feuer bekommen will und alles macht, aber nicht aus Herz und Gemüth«.

Am nächsten Tag war schon die zukünftige Kaiserin zur Stelle. War ja längst alles staatsmännisch organisiert. Elisabeth von Württemberg hieß die Auserwählte und sie kam in die gleiche Erziehungsmaschine wie ihr Zukünftiger. Im Kloster sollte aus ihr eine anständige Regentin gemacht werden. Treffen der beiden Brautleute waren selten und wurden streng nach Plan abge-

halten. Franz fügte sich, duckte sich unter seinem jähzornigen, egozentrischen Onkel, der ohnehin keinen Widerspruch duldete. Brav wollte er sein, alles ganz ordentlich und nach Wunsch machen. Er machte trotzdem alles falsch.
An einem Sonntag im August 1784 rechnet Josef mit seinem Neffen ab, schriftlich. Nach dem Besuch der Messe überreicht er ihm ein Schreiben, das der ohnehin stark verunsicherte Franz sofort öffnet und hastig überfliegt. Er hat es noch nicht zu Ende gelesen, da schießen ihm schon die Tränen aus den Augen: »So etwas hab ich schon lange erwartet.« Colloredo nimmt ihn am Arm und zieht ihn fort aus der bereits neugierig gaffenden Menge: »Komm lesen wir's gemeinsam noch einmal.«
Colloredos Beistand machte das Urteil nicht milder, es war schlichtweg vernichtend: »Wenn man ihn als einen Jüngling von 17 Jahren betrachtet und ihn gegen andere von eben diesem Alter vergleicht und sich erinnert, was man in diesen Jahren war, so überzeugt man sich gleich, daß bis jetzo sein Physisches völlig vernachlässigt, er dadurch in Kräften und Wachstum verspätet, an Geschicklichkeit und an Anstand in körperlichen Übungen noch weit zurück ist, kurz und gut ein sogenanntes verzogenes Mutterkindchen darstellt, welches für unendlich groß und gefährlich alles dasjenige beurteilt, was es tut oder was seine Person betrifft, und dasjenige für gar nichts anrechnet, was er andere für sich tun oder leiden sieht.«
Im Folgenden sprach der Kaiser seinem Neffen noch jede Fähigkeit zum Regieren ab. Es war ohnehin egal, Franz war gebrochen und sollte sich von diesem Schlag nie wieder ganz erholen. Auch wenn er, gut erzogen, wie er eben war, auch weiterhin mit allen Kräften versuchte, dem Onkel zu gefallen. Wie übermächtig die Person des Reformkaisers seinen Nachfolger ein Leben lang überschattete, lässt sich schon an seinen privaten Gemächern in der Hofburg erkennen. Der Onkel hatte sie schon in den ersten Tagen nach der Ankunft des Neffen in Wien komplett ausstatten und möblieren lassen. Persönlich hatte er jede Kleinigkeit ausgesucht, vom Teppich bis zu den Musikinstrumenten. Als alles fertig war, schleppte er Franz in den zweiten Stock des Schweizer Hofs, um ihm sein Werk vorzustellen. Franz, der den Geschmack seines Onkels nicht teilte, konnte

keine rechte Freude aufbringen, was den wiederum sofort zornig werden ließ. Die Präsentation war verpatzt, das Appartement aber sollte sich bewähren. Franz wohnte darin bis zu seinem Lebensende ohne auch nur eine Änderung vorzunehmen. Ja, er achtete penibel darauf, dass niemand die heilige Ordnung seines Onkels durcheinanderbrachte. Was zählte es schon, dass sie ihm nicht gefiel. Der Onkel würde wohl auch noch im Jenseits keinen Widerspruch dulden.

Inzwischen aber gaben sich Franz und seine ebenso unsichere Braut alle Mühe, guten Eindruck zu machen. Zwar ärgerte sich Josef auch über Elisabeths endlose und umständliche Herumrederei und ihre Ahnungslosigkeit in praktischen Dingen, aber auf diversen Tanz- und Ballveranstaltungen machte man immerhin halbwegs gute Figur. Es half jedoch alles nichts, schon im November brach über Franz das zweite Gewitter herein. »Er würde wohl besser zum Pfaffen als zum Fürsten taugen«, brüllte der Kaiser und ließ seinen Neffen wieder einmal mit gesenktem Kopf und Tränen in den Augen stehen.

Franz begann sich abzukapseln. In dieser, der Welt seines Onkels, konnte er ohnehin nicht bestehen. Das gemeinsame Unglück begann ihn und Elisabeth nur noch enger zusammenzuschweißen. Als Franz in den Krieg gegen die Türken zog, schrieb sie ihm täglich, manchmal zweimal pro Tag einen Brief, voll von rührend naiver junger Liebe. Ihren Engel nannte sie Franz und sich selbst sein treues Weiberl.

Man hat Franz, der insgesamt viermal verheiratet war, oft vorgeworfen, seine Ehefrauen wie Beamte behandelt zu haben, spröde und unnahbar gewesen sein. Die Briefe all seiner Frauen und zahlreiche Anekdoten sprechen dagegen. Noch seine dritte Gemahlin, Maria Ludovica, schwärmte vom »Herrn ihres Herzens« und die vierte, Karoline Auguste, nannte den Mann, der ihr – immerhin um 24 Jahre älter – beinahe als Greis erschienen sein musste, ihr »Herzensmännchen«. Von Franz sind wenig derartige Herzenstöne erhalten, er war zu scheu, zu sehr in sich gekehrt, um derart zärtliche Worte zu finden. Trotzdem, seine Frauen verstanden die Liebesbeweise dieses schüchternen Schweigers. Für seine zweite Frau, Maria Theresia, ging er in Prag ganz gutbürgerlich auf Einkaufsbummel. Er wollte ihr

doch den Hut, den sie sich so sehr gewünscht hatte, nach Hause mitbringen.
Franz liebte das Familienleben und war nicht nur ein guter Ehemann, sondern vor allem ein liebevoller Vater. Um seinen geistig und körperlich zurückgebliebenen Sohn Ferdinand, der ihm auf den Thron folgen sollte, kümmerte er sich oft mehr als um die Staatsgeschäfte. Was einigen seiner Spitzenbeamten sauer aufstieß. Als eines Tages lautes Kinderlachen in das Arbeitszimmer des kaiserlichen Hofbibliothekars van Swieten drang, beugte der sich aus dem Fenster, um zu sehen, wer da unten im Schlossgraben so viel Lärm machte. Er sah den Kaiser, der seinen kleinen, vor Freude jauchzenden Ferdinand im Schubkarren hin und her schob. »Ein Kaiser könnte sich auch auf eine nützlichere und anständigere Art beschäftigen«, rief er seinem Fürsten verärgert zu. Am nächsten Tag musste er sein Arbeitszimmer und seinen Posten räumen.
Doch für Franz war Privatleben nicht nur Familie. Viel mehr Zeit noch als seiner Verwandtschaft widmete er seinen Büchern, Bildern und vor allem seinen Pflanzen. Stunden um Stunden saß er in seiner Bibliothek, und wenn er nicht in seine Bücher vertieft war, verbrachte er die Zeit mit seinen Blumen und Sträuchern. Wie jeder Habsburgerherrscher hatte auch Franz einen Handwerksberuf erlernen müssen. Er wurde – was sonst – Gärtner. Botanik lernte er bei Nikolaus von Jacquin. Die Begeisterung seines Schülers für die Natur machte auf den berühmten Wissenschaftler großen Eindruck. Eine Freundschaft entstand, die über Jahrzehnte bestehen sollte. Mit Jacquin besprach Franz sein Pläne für Gartengründungen, für Expeditionsreisen und für die Zucht tropischer Gewächse. Mit ihm philosophierte er auch über so seltsame Dinge wie die chinesische Gartenkunst und warum es die Europäer nie zu dieser Perfektion gebracht hätten.
Er beginnt Pläne für die Wiener Gärten zu entwerfen, lässt in Schönbrunn und im Augarten erste Änderungen vornehmen. Aus Florenz werden Gewächse, die kein Wiener jemals zuvor gesehen hat, herangeschafft. Franz selbst gräbt sie mit einem Eifer ein, dass ihm, wie ein Höfling bemerkt, »das Wasser über die Stirn läuft«. Stolz führt er dem Kaiser sein Werk vor und

schmückt die Räume der Hofburg mit selbst geschnittenen Blumen. Die schönsten davon schickt er natürlich seiner Elisabeth. Josef erkennt die Leidenschaft seines Neffen. Vielleicht kann er ihm, den er ja trotz aller Streitigkeiten immer noch gern hat, auf diesem Weg eine Freude machen. Er veranstaltet Blumenfeste, unternimmt mit dem jungen Brautpaar Ausflüge in die Natur und lässt seltene Früchte kommen, die er den beiden schickt. Josef, selbst ein Naturfreund, hat in Wiens Gartenlandschaft bereits einiges verändert: Die meisten Hofgärten, wie etwa Schönbrunn oder Laxenburg, seit jeher den kaiserlichen Hoheiten vorbehalten, waren geöffnet worden, sodass jeder darin spazieren gehen konnte. Kaiserliches Rückzugsgebiet blieben nur die Gärten auf beiden Seiten der Hofburg. Hier lernte der junge Franz nicht nur die Kunst der Gärtnerei kennen, sondern auch einen seiner Lebensmenschen: Franz, den Sohn des Hofgärtners Antoine. Gemeinsam lernten sie die Blumenpracht kennen, mit der der Hofgärtner den Kaisergarten geschmückt hatte. Zwiebelgewächse waren in großer Mode. Tulpen, Narzissen und Lilien boten eine Farbenvielfalt, an der sich die Wiener begeisterten.
Die wichtigste Entscheidung für die gärtnerische Laufbahn des Kaisers Franz aber traf ein anderer für ihn, allerdings ohne es jemals beabsichtigt zu haben: Napoleon. Sein größter Gegenspieler, sollte Franz nicht nur die römisch-deutsche Kaiserkrone kosten, seine Staatskasse leeren und die Hälfte seines Reiches überrennen. Er zog als siegreicher Feldherr auch in Wien ein und legte als sichtbares Zeichen seines Triumphes Wiens einst gefürchtete Befestigungsanlagen einfach um – die unüberwindlichen Basteien, die Vorwerke, in deren Inneren riesenhafte Granitblöcke jeder Kanonenkugel standhielten. Hatte man ihnen einmal ein Loch geschossen, so verliefen sich die rasch nach vorne geschickten Truppen erst recht zwischen den Steintrümmern und wurden so spielend zum Ziel der Verteidiger.
Diese ganze glorreiche Vergangenheit lag in Trümmern und Franz beschloss, nichts mehr davon wieder aufrichten zu lassen. Auf seinen ausdrücklichen Befehl hatte eine Renovierung zu unterbleiben. Von jetzt an sollte die Stadt nur noch durch eine Ringmauer mit breitem Wallgraben und einem Glacis, also einem unbebauten Vorfeld, geschützt werden. Wo einst Wehr-

mauern standen, sollten Blumen blühen! Das Glacis, schon seit Jahrzehnten liebster Ausflugsort der Wiener Familien, sollte mit Bäumen bepflanzt werden. An Stelle der rasierten Basteien auf beiden Seiten der Hofburg würden zwei ganz neue Gärten entstehen. Auf der einen Seite, in Richtung des Schottentors, der Volksgarten. Von Pappelalleen bepflanzt, sollte er den Wienern als Erholungsgebiet offen stehen. Eine durchaus soziale Maßnahme. In den Vororten wuchsen die Manufakturen, erste Vorboten des industriellen Zeitalters, aus dem Boden. Die Leute zogen den neu geschaffenen Arbeitsplätzen, so schlecht bezahlt sie auch waren, hinterher. Die ersten Arbeiterquartiere entstanden, verdrängten das Grün aus der Stadt. Des Kaisers Volksgarten sollte den neuen Wienern ein bisschen Luft schaffen und weil nach Wiener Tradition zur frischen Luft auch eine Jause gehört, sperrte schon bald nach der Eröffnung ein Kaffeehaus auf. Als Zierde ließ Franz den kleinen Theseustempel in der Mitte des Gartens errichten und als Blickfang eigens eine passende Statue in Rom ankaufen. Der Transport des tonnenschweren »Theseus den Minotaurus erdrückend« verursachte übrigens die allergrößten Schwierigkeiten.

Während die Wiener Bürger den Volksgarten plaudernd und Kaffee trinkend bevölkerten, herrschte auf der anderen Seite der Burg meist idyllische Ruhe. Franz liebte die Stille und Abgeschiedenheit seines »Kaisergartens«, den er ebenfalls ganz nach seinem persönlichen Geschmack gestalten ließ. Auf den Terrassen, die von der Burg hinunter in den Garten führten, wuchsen Weinreben und Obstbäume. Rosenhecken in allen Farben überzogen den Garten. Stundenlang spaziert Franz, in der Hand Baumsäge oder Heckenschere, durch sein privates Paradies. Langsam, den alten Schlapphut tief in die Stirn gezogen, geht er von Baum zu Baum, von Strauch zu Strauch. Kein dürrer Ast, keine verdorrte Blüte, nichts entgeht seinem Blick. Dürre Äste werden mit einem entschiedenen Schnitt gekappt, ein schwacher Trieb wird mit Bast angebunden, ja sogar die Würmer werden von kaiserlicher Hand entfernt. Ein selbst geschnittener frischer Blumenstrauß wird täglich ins kaiserliche Arbeitszimmer gebracht. Franz will auch bei seinen Regierungsgeschäften von seinem Grünzeug umgeben sein.

Stößt der Monarch auf ein gröberes botanisches Problem, wird sofort der Hofgärtner und Namensvetter zitiert, um die Sache wissenschaftlich zu erörtern. In späteren Jahren sollte dieses Duett noch durch eine dritte Stimme ergänzt werden. Ein Gärtnerlehrling wird eigens zur persönlichen Unterstützung des Kaisers angestellt. Kurioserweise heißt auch er Franz, sodass sich bald ganz Wien Witze und Anekdoten über den guten Kaiser Franz und seine zwei »Franzln« erzählt.

Das kuriose Trio gab auch genug Anlass für Anekdoten. Der kaiserliche »Franzlruf«, der immer beide Namensvettern durch den Garten herbeieilen ließ, wurde bald sprichwörtlich. Kritische Hofberichterstatter merken einige Male an, dass Franz, dem man ohnehin nachsagte, dass er lieber gärtnern als regieren würde, oft so sehr in seine Erdarbeiten vertieft war, dass Diplomaten, die ihn in der Hofburg vergeblich erwarteten, schließlich in den Garten geschickt wurden. Hier irrten sie dann durch die Spaliere, um schließlich den einsamen älteren Herrn mit dem Schlapphut nach dem Kaiser zu fragen – zumindest die Suche hatte dann ein Ende. Wer sich nicht mit solchen Anekdoten zufrieden geben will, findet zwei ungewöhnliche Erinnerungen an den Gärtner Franz im Wiener Hofmobiliendepot in der Andreasgasse im 7. Bezirk. Des Kaisers persönliches Gartenwerkzeug, edle Stücke aus handgeschmiedetem Stahl mit Mahagonigriffen, ist uns ebenso erhalten geblieben wie ein originelles Tischchen, das Franz von seinen Gärtnern geschenkt bekam. In die Platte sind unter anderem einige Etiketten eingelassen, die der Kaiser persönlich in seine Beete gesteckt hatte, auch eine Rechnung, unterschrieben von seinem alten Freund Franz, findet sich darauf.

Der Botaniker Franz aber entfaltete sich nicht im Garten, sondern unter Glas. Auf der Terrasse vor der Burg hatte der Kaiser Gewächshäuser anlegen lassen – hier wurden jene Exoten gezüchtet, die Wiens kühles Klima vorerst nicht vertrugen und durch gärtnerische Tricks allmählich daran gewöhnt werden sollten. 15 000 Neuholländer, so nannte man damals Orchideen und andere exotische Blütenträger aus Übersee, waren in den Glashäusern arrangiert. Pelargonien, damals gerade in Mode, blühten in allen Farben. Im großen Mittelsaal stand ein Orangenbaum in Blüte, an den Säulen wuchsen Zypressen empor ... Doch mitten in dieser kaiserlichen Blumenpracht waren auch weit weniger friedliche Bewohner zu finden. Kakadus und Papageien saßen in den Bäumen und ließen lautstark von sich hören. Eine große Meerschildkröte lag faul in der wärmsten Ecke und oben in den Eisenstreben der Gewächshäuser turnten etwa fünfzehn exotische Affen. Es waren Mitbringsel von einer der zahlreichen Expeditionen, die Franz in ferne Länder geschickt hatte.

Unter den Regenten Europas war zu dieser Zeit eine mehr oder weniger wissenschaftliche Sammelwut ausgebrochen. Das Zeitalter des Imperialismus kündigte sich an und man begann, die eroberten Kolonien systematisch auszubeuten und ebenso systematisch zu erforschen. Österreich, obwohl als Kolonialmacht ziemlich unbedeutend, sollte in der wissenschaftlichen Erforschung dieser Länder das ganze 19. Jahrhundert hindurch eine bedeutende Rolle spielen. Die Leidenschaft des Kaisers für exotische Pflanzen spielte da eine bedeutende Rolle. Die erste dieser »Gärtnerreisen« wurde um 1800 nach Nordamerika geschickt. Der Botaniker Aloysius Enslen brachte über tausend Herbarien (also getrocknete, gepresste und auf Kartonbögen aufgezogene Pflanzen) mit, die heute im Naturhistorischen Museum lagern. Ein paar Jahre später wurde der Gärtner Karl Ritter nach Haiti geschickt, der sogar zahlreiche lebende Pflanzen mit nach Hause brachte, die in Schönbrunns Gärten eingepflanzt wurden. Sogar wenn es eigentlich um hochpolitische Angelegenheiten ging, dachte Franz an seine Botanik. Als Baron Stürmer nach St. Helena geschickt wurde, um dort die Bewachung, des nun endgültig geschlagenen und verbannten Napoleon zu übernehmen, ging Philipp Welle, der ehemalige Gartendirektor von Schönbrunn, gleich mit auf die Reise. Während sich Stürmer um den Korsen kümmerte, untersuchte Welle die einzigartige Flora der abgelegenen Atlantikinsel.

Sein größtes wissenschaftliches Vorhaben aber verknüpfte der Kaiser mit einer nicht ganz gelungenen Unternehmung habsburgischer Heiratspolitik. Seine Tochter Leopoldine war für den Thronfolger von Brasilien Dom Pedro von Alcantara bestimmt worden. Leopoldine, die wie alle Kinder von Franz ein eingehendes Studium der Botanik und der Gärtnerei absolviert hatte, war eine begeisterte Naturwissenschaftlerin. Ihr Vater witzelte gerne, »daß er sie einfach zum Direktor der Naturwissenschaftlichen Sammlungen machen werde, falls sie keinen Mann fände«. Die Heirat schien von Anfang an Nebensache, Franz und seine Tochter bereiteten mit fast kindlichem Eifer die Reise vor. Das riesige Brasilien, damals zu einem Großteil völlig unerschlossen, sollte systematisch nach neuen Tier- und Pflanzenarten durchforstet werden. Überflüssig zu erwähnen, dass der Kaiser sich außerdem gewaltigen exotischen Zuwachs für seine Gärten und Gewächshäuser erwartete. Leopoldine, voller Vorfreude auf das tropische Land, schwärmte noch in einem ihrer letzten Briefe an ihren Vater vom »Jagen und Sammeln nach Herzenslust«, dem sie sich nun widmen würde.

Es kam anders. Leopoldines Leben in Brasilien verlief weit weniger glücklich als die wissenschaftlichen Unternehmungen. Der Schwerenöter Dom Pedro war der mäßig attraktiven Österreicherin bald überdrüssig, vergnügte sich vorerst mit seinen Sklavinnen und verfiel schließlich völlig seiner Geliebten Titilia, der er eigene Paläste bauen ließ. Allein gelassen und verbittert verlebte Leopoldine ihre Jahre in der Residenz Boa Vista. Wissenschaftliche Bücher, die sie sich von zu Hause schicken ließ, blieben bis zuletzt ihr einziger Trost. Als die junge Habsburgerin starb, steckten einige der österreichischen Forscher noch tief im Dschungel. Was sie von dort in insgesamt achtzehn Jahren Aufenthalt zusammentragen und nach Hause verschiffen sollten, überstieg nicht nur alle Erwartungen bei weitem, sondern vor allem die Kapazitäten der Wiener Schatzkammern, Sammlungen und Museen. Ein eigenes Brasilianisches Museum musste in der Stadt eingerichtet werden, um das Material zu fassen. Umfangreiche Aufzeichnungen listen die Fundstücke jedes der zwölf Schiffstransporte detailliert auf. Dass nur einer davon mehr als 2000 Vögel, mehr als 3000 Pflanzen und 25000 Insekten umfasst, lässt ahnen, um welche Dimensionen es sich da handelte.

Die Strapazen, die die Forscher damals auf sich nehmen mussten, sind heute kaum vorstellbar. Ohne jegliche moderne Ausrüstung oder medizinische Forschung verbrachten sie Monate, manchmal sogar Jahre im Urwald und leisteten dabei noch seriöse wissenschaftliche Arbeit. Einzigartig bleibt sicherlich die Arbeit des Biologen Johann Natterer, der erst nach achtzehn Jahren nach Hause zurückkehrte. Er war in Gebiete vorgedrungen, die vorher noch kein Weißer betreten hatte, und hatte mit Urwaldvölkern Kontakt gehabt, deren Existenz bis dahin noch nicht einmal erahnt worden war. Leider sind die meisten seiner Aufzeichnungen einem Brand im Revolutionsjahr 1848 zum Opfer gefallen. Das Wissen über einen der größten österreichischen Abenteurer und Forscher ist somit äußerst lückenhaft.

Der Kaiser jedenfalls verschlang jeden der Berichte seiner Wissenschaftler aus Brasilien und unterstützte die Expedition, wo er nur konnte. Seiner unglücklichen Tochter Leopoldine konnte er aber keinen anderen Gefallen tun, als einer der neu entdeckten Palmen ihren Namen zu geben.

Selbstverständlich wurden auch der Rest der Familie und natürlich der Blumenkaiser selbst in Pflanzennamen verewigt. Franz ließ das Nachtschattengewächs, das von nun an Franciscea hieß, auch auf einem Teller künstlerisch verewigen; er liegt heute neben zahlreichen anderen im Auftrag des Kaisers blumengeschmückten Tellern im Hofmobiliendepot.

Wie ernsthaft der Kaiser selbst wissenschaftlich arbeitete, zeigt eine Sammlung von Herbarien heimischer Pflanzen, die er selbst anlegte. Dieses kleine, aber sorgfältig ausgeführte Werk der Wissenschaft schenkte er dem von ihm gegründeten Botanischen Hof-Cabinet. Es wurde zum Grundstock einer der imposantesten Sammlungen der Welt. Vier Millionen Bögen mit getrockneten Pflanzen lagern heute im Wiener Naturhistorischen Museum.

Nicht nur die Archive, auch die kaiserlichen Gärten entwickelten sich durch den Erfolg der Expeditionen zu einzigartigen Sehenswürdigkeiten. Über den Kaisergarten schrieb ein Zeitgenosse: »... ein fürwahr kaiserlicher Schatz an den herrlichsten Fettpflanzen. Alles was das Vorgebirge der guten Hoffnung Schönes und Seltenes aus dieser interessanten Pflanzenfamilie erzeugt, wächst und blüht hier mit heimländischer Üppigkeit.«

Derselbe Botaniker zeigte sich übrigens nicht nur von den Pflanzen beeindruckt, sondern auch von den Affen, die, da es gerade Sommer war, überall frei herumliefen: »So froh und glücklich wie in ihrer Heimat« würden sie hier unter den exotischen Gewächsen leben. Franz verbrachte seine Mittagspausen in der warmen Jahreszeit auf der Terrasse und unter seinen geliebten Affen, für die er – mittlerweile ein echter Wiener – immer etwas zum Naschen in der Tasche hatte.

Die Neugier der Wiener Bevölkerung aber erregten weder die Fettpflanzen noch die Affen, sondern eine andere, weit seltsamere »Sammlung«, die man sich am Wiener Hof zugelegt hatte. Die Wissenschaftler waren von einigen ihrer Expeditionen nicht nur mit pflanzlichen und tierischen Fundstücken zurückgekehrt, sondern hatten auch einige menschliche Exoten dabei. Im Verständnis des beginnenden 19. Jahrhunderts galt ein Ureinwohner eines außereuropäischen Landes ohnehin nicht als Mensch. Der Botaniker Johann Pohl, der für den Kaiser über Jahre rund um die Welt segelte, brachte immer wieder einen dunkelhäutigen Eingeborenen als Geschenk mit. Es spricht für Franzens Menschlichkeit und sein natürliches Empfinden, dass er mit derartigen »Mitbringseln« nicht gerade seine Freude hatte und sich um die armen Geschöpfe eher sorgte. Ob diese wohl die lange Fahrt gut überstanden hätten und mit dem fremden Klima zurechtkommen würden, erkundigte er sich bei seinen tropenerfahrenen Beratern.

Ratlos, was er mit seinen eigentlich unerwünschten Gästen anstellen sollte, beschloss er, einige von ihnen im Kaisergarten unterzubringen. Unter den vielen tropischen Pflanzen, müssten sie sich, mutmaßte er in rührender Naivität, doch recht wohl fühlen. Er stellte ihnen schließlich die Hofgärtnerwohnung zur Verfügung und teilte sie für verschiede Hilfsarbeiten seinen Gärtnern zu. Das Gerücht, im Garten des Kaisers wären schwarzhäutige Menschen zu sehen, kam in Wien unglaublich schnell in Umlauf. So privat konnten die kaiserlichen Grünflächen gar nicht sein, dass nicht auf einmal unzählige Wiener auf den Kieswegen umherirrten. Jeder wollte die »Wüden« seiner Majestät sehen. Einem dieser Besucher wurde die lange Suche bald zu bunt und er wandte sich an die erstbeste Person, die er im Garten gerade beim Blumenschneiden erwischte. Wo denn »dem Kaiser seine Wüden« wären, wollte der zwar wohlhabende, aber nicht eben vornehme Geschäftsmann wissen. Der ruhige ältere Herr zeigte sich ausgesprochen auskunftsbereit und führte den Herrn zur Hofgärtnerwohnung. Der wollte sich ebenfalls großzügig zeigen, zog ein Zehnguldenstück, drückte es seinem Begleiter in die Hand – und bekam einen Dank, der ihn bis über beide Ohren rot werden ließ: »Das ist das erste bisschen Geld, das ich mit meinen Wilden verdient hab. Recht schönen Dank.« Franz, ohnehin landesweit bekannter Sparefroh, steckt das Geld höchstpersönlich in die kaiserliche Tasche.

Mit den Jahren waren die »Wüden« den Wienern bald vertraut geworden. So beschloss Franz, sie auch der Nachwelt zu erhalten. Nach ihrem durch raues Klima und fremde Kost ziemlich früh eingetretenen Tod ließ er sie einfach ausstopfen und in sein Naturalienkabinett stellen. Was uns heute als ungeheure Geschmacklosigkeit erscheint, war im beginnenden 19. Jahrhundert nichts als eine typische Spielart von Naturbegeisterung. Man stopfte schließlich auch sonst alles aus, was sich in freier Natur bewegte. Glücklicherweise verschwand der Schaukasten, der die ausgestopften Menschen in einem künstlichen Urwald zeigte, in den Wirren der 48er-Revolution. Wien hat sich damit im Gegensatz zu vielen anderen europäischen Museumsstädten einige schlimme Peinlichkeiten erspart.

Schönbrunn hatte zwar keine »Wüden«, dafür aber eine damals international anerkannte wissenschaftliche Attraktion. Der ehemals »holländische Garten« wurde durch die Arbeit des Kaisers und seiner ebenso botanisch begeisterten Brüder Johann, Ludwig und Rainer zum artenreichsten Garten der Welt. Aus allen europäischen Hauptstädten reisten Naturforscher an, um hier ihre Studien zu betreiben. Der berühmte Wissenschaftler und Weltreisende Alexander von Humboldt besuchte vor einer Reise in die Tropen Schönbrunn, um sich mit Jacquin, dem Lehrer des Kaisers, zu beraten.

Doch der »gute Kaiser Franz« hatte Schönbrunn nicht nur für weltreisende Botaniker, sondern auch für seine Wiener eingerichtet, die er ebenso zur Gärtnerei bekehren wollte wie seine gesamte Verwandtschaft. In der Obstbaumzucht konnte sich jeder, der Lust auf ein besonderes Bäumchen im eigenen Garten hatte, gratis ein Edelreis zum Aufpfropfen abholen.

Hatte er Schöbrunn und den Kaisergarten nur neu gestaltet, so

waren die Gärten von Schloss Laxenburg Franzens ureigenste Schöpfung. Den riesigen Park im englischen Stil, so wie er heute noch besteht, stellte er ganz nach seinen Ideen einfach in die Landschaft. Flüsse wurden umgeleitet und ein Teich angelegt, aus dessen Mitte eine künstliche Insel ragte – darauf Österreichs mit Sicherheit skurrilstes Kaiserdenkmal, die Franzensburg. Aus Klöstern, Stiften und Burgen im ganzen Land ließ der Kaiser altes Gemäuer herbeischaffen, um es hier zu einem fantasievollen Stück falsches Mittelalter zusammenzusetzen. Hinter den hohen Mauern drängt sich alles, was eine echte Burg so braucht: Turnierplatz, Gerichtssaal und sogar eine Rittergruft. In den Räumen Kunst, Kitsch und damals modische Spielereien wie ein so genannter Automat. Dieser mechanisch belebte Kreuzritter kann sozusagen auf Knopfdruck eindrucksvoll scheppern.
Je länger Franz auf dem Thron saß, umso mehr trat er das Regieren an seinen Staatskanzler Metternich ab. Die Natur war ihm schon immer lieber als die Macht gewesen. Er hatte nicht umsonst den Ruf, ein äußerst umständlicher Schreibtischarbeiter zu sein, der zwar Nächte über seinen Akten brüten konnte, dabei das Wesentliche aber oft außer Acht ließ. »Einen guten Hofrat« nannte er sich selbst ironisch und vertraute lieber auf das politische Geschick seines Kanzlers. Für ihn war dieser von seinen Untertanen gehasste Machtmensch ein echter Freund, auf den er sich verlassen konnte. Metternich und sein Polizeiapparat setzten dem Volk die Daumenschrauben an, ihm blieb nur noch die angenehme Rolle des »guten Kaisers Franz«. Und der repräsentierte und privatisierte – am liebsten in seinen Gärten und im Rhythmus der Jahreszeiten. Kaum war der Frühling angebrochen, verlegte er den Hof nach Schönbrunn, um im Frühsommer nach Laxenburg weiterzuziehen. Hier vertrieb er sich die Zeit gerne mit Spielen wie Verstecken, Blindekuh oder einem lustigen Wettfischen, bei dem man zu Musikbegleitung seltsame Dinge wie Schuhe oder Puppen aus dem Karpfenteich zog. Vor allem seine Frau Maria Theresia sorgte pausenlos für festliche Unterhaltung. Das »Haus der Launen«, wie man einen Pavillon in Laxenburg nannte, wurde für Franz zu einem fröhlichen Ferienort.
Im Hochsommer zog man dann durch die Provinz, verbrachte

einmal auf diesem, einmal auf einem andereren Schlösschen ein paar Tage. In den umliegenden Gärten findet man heute noch ein Franzensbründl, ein Franzensbankerl oder eine Franzensruhe. Der Kaiser ließ eben gerne in Stille und oft alleine die Stunden verstreichen. Wie ungewöhnlich das schlichte Landleben des Kaisers seinem Hof oder ausländischen Diplomaten erschienen sein muss, kann man in Metternichs privaten Briefen nachlesen. Nach einem Kurzbesuch beim Kaiser in Persenbeug schrieb der Kanzler, der ja als Snob bekannt war, sichtlich irritiert: »Nichts ist verwunderlicher als die Aufenthalte unseres Hofes auf dem Lande. Ich bin überzeugt, dass niemand glauben könne, wie der Kaiser sich mit so schlichten Einrichtungen begnüge, die weit unter den Bedürfnissen eines reichen Gutsbesitzers stehen, ja nicht einmal für einen wohlhabenden Privatmann reichen würden. Alles, was im Geringsten an Luxus mahnt, steht ihm ferne.«

Franz, dem Änderungen oder Neuigkeiten ohnehin nur Angst machten, blieb diesem Lebensstil treu wie seinem Kanzler Metternich und seinen Blumen. Bis ins hohe Alter kümmerte er sich täglich um diese seine eigentlich liebsten Geschöpfe. Als es ihm schließlich Krankheiten und Altersschwäche unmöglich machten, zu gärtnern, musste ihm sein »Franzl« schon in der Früh Blumen und ausführliche Neuigkeiten aus dem Garten ans Bett bringen. Dort aber brachten ihn Gedächtnis und Ordnungssinn des Kaisers häufig in Verlegenheit. Franz wollte über jede Hecke, über jeden Blumentopf Bescheid wissen. Der Hofgärtner musste passen, Majestät wüssten ja ohnehin besser Bescheid als er. Der Kaiser lächelte gerührt. Zum Abschied beichtete er seinem alten Freund den Grund für seine lebenslange Liebe zu den Blumen: »Sie machen mir Freude, erweisen sich dankbar gegen ihren Pfleger – oft dankbarer als die Menschen.«

Maximilian von Mexiko

Träume sind Schäume

Fest im Glauben und treu meiner Ehre gehe ich mit ruhigem Bewußtsein dem unverdienten Tode entgegen. Nicht Schuld, sondern Unglück hat mich nach Gottes Rathschluß in diese Verhältnisse gebracht, ich bin ehrenhaft unterlegen der Übermacht der Feinde und dem Verrathe. 72 Tage haben wir uns in einer Stadt, die eine offene unvorbereitete war, gegen einen siebenmal stärkeren Feind tapfer und ritterlich gehalten, nächtlicher Verrath hat uns in die Hände unseres Feindes geliefert ... Im Augenblicke der Gefangennehmung war ich an Dissenterie schwer krank, in den verschiedenen Gefängnissen, in welche man uns brachte, litt ich noch viel.«

So schrieb ein verwöhnter, verweichlichter Mitteleuropäer, der Mitte des vorigen Jahrhunderts nach Mexiko aufgebrochen war, um seine romantischen Ideen zu verwirklichen – und den nicht nur Montezumas Rache eingeholt hatte. Sein herzzerreißender Abschiedsbrief an seine Mutter geht noch weiter:

»Meine letzten Gedanken auf dieser Welt sind für meine gute, arme Charlotte und für Sie, geliebte Mutter, der ich so vieles Gute zu verdanken habe … Papa küsse ich in Ehrfurcht die Hände, den Brüdern, Verwandten und Freunden sende ich die herzlichsten Grüße. Sie, beste Mutter, Charlotten und die früher Erwähnten bitte ich aus ganzem Herzen um Verzeihung für Kränkungen und Unrecht, die ich ihnen allenfalls angethan habe. Ich sterbe ruhig mit dem wahren Trostgefühle das Gute gewollt und angestrebt zu haben und mit der Genugthuung viele wahre und Edle Freunde in diesem Lande zurückzulassen, denen mein Andenken theuer bleiben wird.«

Ferdinand Maximilian, ehemals Erzherzog von Österreich, Konteradmiral, Generalgouverneur von Lombardo-Venetien, zuletzt Kaiser von Mexiko, schrieb diesen Brief an seine »liebe beste Mama« im Juni 1867 und verblieb »Sie heißgeliebte Mutter um Ihren Segen und Ihre Gebethe bittend Ihr Ihnen ewig treuer Sohn.« Kurz darauf, am 19. Juni, wurde er von einem Erschießungskommando der ihm feindlich gesinnten Juaristen auf dem Glockenhügel in Querétaro, Mexiko, hingerichtet.

Zuvor hatte Maximilian jedem der Soldaten versichert, er tue nur seine Pflicht, ihnen Goldmünzen zugesteckt und sie gebeten, sorgfältig zu zielen und sein Gesicht zu schonen, damit seine Mutter seinen Leichnam auch identifizieren könne. Die letzte heroische Tat eines Romantikers also, der sich sein eigenes, gestriges Weltbild gezimmert hatte, an dem er heldenhaft, aber tragisch gescheitert war.

Vier Jahre zuvor hatten Maximilian und seine Frau Charlotte, eine belgische Königstochter, die Kaiserkrone von Mexiko nur zu gerne aus den Händen der Franzosen angenommen, sich durch falsche Versprechungen und geschönte Berichte blenden lassen und waren in ein Land gereist, das von Bürgerkrieg und Anarchie zerrissen war. Warnungen wollten sie nicht hören, sie verließen sich auf ihre romantische Vorstellung vom »besseren« Kaisertum, das sie errichten wollten. Es endete im Desaster: Maximilian wurde von den republikanischen Truppen des Benito Juarez gefangen genommen und mit seinen beiden Generälen Mejía und Miramón hingerichtet. Charlotte, die nach Europa zurückgereist war, um den französischen Kaiser Napoleon III. und den Papst um Hilfe anzuflehen, verfiel in lebenslangen

Die Mexikaner fanden den Exzentriker aus Europa nicht unsympathisch – als Kaiser wollten sie ihn nicht: Maximilian von Mexiko

Wahnsinn. Sie wusste nichts mehr von Maximilians Erschießung, sie wartete noch sechzig Jahre lang Tag für Tag, dass der geliebte Mann, der sie so tief enttäuscht hatte, aus der Neuen Welt zurückkehren möge. Sie erfuhr nichts vom Untergang ihrer Alten Welt, vom Sturz der Königs- und Kaiserhäuser Bonaparte, Habsburg und ihres eigenen Hauses Coburg, auch der Erste Weltkrieg war spurlos an ihr vorübergegangen. Aber wenn der Frühling kam und alles zu blühen begann, ging sie jedes Jahr von dem belgischen Wasserschloss, das ihre letzte Heimat geworden war, hinunter zu dem kleinen Kahn, der im Wassergraben lag, bestieg ihn und sagte zu ihren Begleitern mit ihrer jung gebliebenen Stimme: »Heute fahren wir nach Mexiko.« Sie vermisste ihren »Max« bis zu ihrem Tod.

Der junge Mann, in den sie sich verliebt hatte, zählte zu Europas begehrtesten Prinzen. Er war hübsch, temperamentvoll, dabei voller Gefühl, erfüllt von romantischen Ideen und voll schalkhafter Launen, er war gebildet und an vielem interessiert. Am Wiener Hof umgab ihn seit seiner Geburt ein erotisches Geheimnis. Ferdinand Maximilian sei, so hieß es, der Sohn des Herzogs von Reichstadt. Der Herzog, der sehr jung starb, war der Sohn des legendären Napoleon und der engste Vertraute von Maximilians Mutter, Erzherzogin Sophie. Reichstadt war von seltsamer, fieberhafter, leider tuberkulöser Schönheit und er wusste, dass er sterben musste. Das gab ihm eine tragische Romantik, wofür die attraktive Sophie durchaus empfänglich gewesen sein soll.

Als Maximilian geboren wurde, konnte sich jedenfalls kaum jemand am intriganten Wiener Hof vorstellen, dass dieses hübsche, lebenssprühende Baby das Kind von Sophies Ehemann, dem hölzernen Erzherzog Franz Karl, sein sollte. Als »Max« drei Jahre alt war, schrieb Sophie, wie wohl ihr die »Leichtlebigkeit und Fröhlichkeit« des Kleinen tue, der mit seinem weißen Kleidchen wie ein Schmetterling um sie herumschwirre – schon damals hob er sich von seinem robusten, verhaltenen großen Bruder Franz Joseph ab. Max liebte die Natur und er liebte das Besondere, Exotische.

Als Fünfjähriger fragte er seine Mutter, ob er seinen Onkel Ludwig in das »Land, wo die Orangen blühn« begleiten dürfe – ge-

meint war der Balkon, wo einige Orangenbäume in Kübeln standen. Nichts war für Maximilian uninteressant oder gewöhnlich. Während der durchwegs langweiligen Familienessen plauderte und sang er in einem fort und täuschte Nieskrämpfe vor, nur um den einfältigen Kaiser Ferdinand »Gesundheit!« sagen zu hören. Ein andermal zog er Frauenkleider an und ließ sich von seinem Bruder Franz Joseph bei Hof als »Prinzessin von Modena« vorstellen. Die Kaiserin Maria Anna fiel zum großen Vergnügen der Buben auch prompt darauf herein.
Am liebsten hielt sich Maximilian aber im weitläufigen Park von Schönbrunn auf – im zoologischen Garten voll fremdartiger Tiere und in den Gewächshäusern mit den tropischen Pflanzen. Dort fühlte er, der sonst ständig fror, sich am wohlsten – schon wegen der warmen, feuchten Luft. Sophie vergötterte ihren kleinen Sohn: »Er bringt mir eine rührende Liebe entgegen, die mir übrigens alle meine Kinder bezeigen. Maxi aber besitzt das weichste Gemüt«, schrieb sie. Als seine jüngste Schwester starb, gab Max sein ganzes Taschengeld aus, um seiner Mutter ein kleines Äffchen zu kaufen. »Ein kleines Kind kann ich Ihnen nicht kaufen«, sagte er, »aber einen Affen ja, und das werde ich tun.«
Maximilian war ungemein begabt, er besaß Ausdruckstalent und interessierte sich leidenschaftlich für Literatur und Geschichte, besonders für die seiner Familie. Schon als Siebenjähriger sagte er, er wünsche sich eine Galerie mit Porträts seiner Familie. Dennoch war er als Schüler ziemlich schwierig. Er hatte großes Vergnügen daran, die Schwächen und Marotten seiner Lehrer nachzuäffen.
Dass er nicht mit Geld umgehen konnte, zeigte sich schon im Kindesalter. Während der vernünftige Franz Joseph über alle Ausgaben penibel Buch führte, kaufte Max ständig Bücher und Bilder, die seine finanziellen Möglichkeiten bei weitem überstiegen. Seine Mutter half ihm jedes Mal aus – hatte sie doch für diese Schwäche, die sie als Teil des Wittelsbachischen Erbes betrachtete, nur zu großes Verständnis.
»Geiz ist bei Prinzen ein Verbrechen«, pflegte sie zu predigen und Maximilian machte sich das zur Maxime. Diese Einstellung sollte ihm später noch jede Menge Schwierigkeiten machen.
Während Franz Joseph als Kind mit Zinnsoldaten und Spiel-

zeugburgen spielte, bevorzugte Maximilian von jeher fremdartige Tiere zum Spielen und bunte Vögel mit fantasievollem Gefieder. Aus dem Militär machte er sich gar nichts. Zu seinem achten Geburtstag schenkte ihm Mutter Sophie ein Vogelhaus in Schönbrunn, der Gärtner legte einen Palmenhain mit tropischen Pflanzen an, wo ein Papagei auf einer Schaukel saß und Eichhörnchen turnten. In der Mitte stand eine Indianerhütte, ganz allein für Max. Sophie verwöhnte ihren Lieblingssohn also nach Strich und Faden und sorgte dafür, dass er möglichst viel von der großen Welt erfuhr. Damit entstand in dem sensiblen Kind eine unstillbare, lebenslang währende Sehnsucht nach der Ferne, nach dem Meer und nach exotischen Ländern.

Sophie ließ ihre Söhne aber bewusst auch liberale Schriften lesen – man müsse den Feind kennen, den es als Herrscher zu bekämpfen gelte, meinte sie. Maximilian war ein intelligenter, aber schwieriger Schüler. Wer ihn nicht zu begeistern verstand, konnte ihm auch nichts beibringen. Mathematik hatte es ihm nicht gerade angetan, Literatur und Geschichte umso mehr. Seit frühester Jugend interessierte er sich für Italien und die Bauwerke der Antike. Besonders wohl fühlte er sich bei seinem Onkel König Ludwig von Bayern, der in seinen abgewetzten Jackentaschen stets Pläne und Entwürfe für Paläste im Renaissancestil und griechische Tempel herumschleppte. Damals wurde Maximilian gefragt, ob er eigentlich gerne Kaiser werden wollte. Er antwortete: »Ich will gar kein Kaiserreich haben. Das wäre mir gar nicht angenehm, es würde mir viel zu viel Unannehmlichkeiten und Sorgen machen …« Stattdessen wünsche er sich »ein schönes Haus und einen großen Garten am Ufer des Meeres«. Eines Tages werde er dieses Haus bauen, prophezeite er.

Und er tat es dann auch: auf einem Felsen in der Adria, nahe Triest, baute er sein Traumschloss »Miramar«. Er ließ es an nichts fehlen, dachte nicht an die Kosten und sorgte dafür, dass er aus jedem Fenster seines Schlosses das geliebte Meer sehen konnte.

Aber zu diesem Zeitpunkt gab er sich damit nicht mehr zufrieden: Er hatte Geschmack an der Macht gefunden. Denn in der Zwischenzeit war sein geliebter, aber langweiliger und vernünftiger Bruder Franz Joseph mit achtzehn Jahren Kaiser von

Österreich geworden und Maximilian fand nur kurz Geschmack an der Rolle des nächsten Thronanwärters. Er langweilte sich und außerdem war er politisch meist anderer Meinung als sein kaiserlicher Bruder.

Seit der Revolution 1848 gärte es an allen Ecken und Enden des großen Reiches, und Franz Joseph hielt sich meist an das, was ihm seine erzkonservativen Berater einflüsterten: Er griff mit Härte und oft auch mit Militärmacht durch, um alle nationalistischen Bewegungen zu unterbinden. Maximilian dagegen hatte Verständnis für die Autonomiebestrebungen der einzelnen Völker und das machte ihn den kaiserlichen Beratern und dadurch wiederum dem eigenen Bruder suspekt.

Am Anfang ließen sich die Differenzen noch unterdrücken und Maximilian, der im Alter von siebzehn seine erste großzügige Apanage erhielt, erfreute sich erst einmal seiner neu gewonnenen Freiheit. Er ließ sich gleich darum sein erstes eigenes »Sommerhäuschen« neben dem Schloss Schönbrunn erbauen und nannte es »Maxing«. Die danach benannte Maxingstraße erinnert heute noch daran. Seine Mutter schilderte in einem Brief, wie Max eine Gesellschaft zur Einweihung des neuen Hauses gab, Joan Haslip zitiert sie in ihrem Buch »Maximilian. Kaiser von Mexiko« so: »Der jugendliche Hausherr empfing seine Familie und Freunde im orientalischen Stil, die Hände über der Brust gekreuzt, dann bot er das traditionelle Brot und Salz an. Alle mußten ihren Namen in ein schönes, in Leder gebundenes Gästebuch eintragen, ehe sie sich zu einem superben Frühstück niederließen, bei dem Maxi zuletzt eine selbstverfaßte Rede vortrug, während ein riesiger Pokal herumgereicht wurde, aus dem jedermann trinken mußte – vom Kaiser bis zum Koch.« Der Clou kam angeblich, nachdem die Frühstückstafel aufgehoben wurde: »Eine geöffnete Falltüre zeigte einen unterirdischen Gang, der zum Tirolergarten (ein Teil des Schlossgartens von Schönbrunn, Anm.) führt und in dem Maxi endlich die Verwirklichung seiner vieljährigen fixen Ideen erlangt hat ... Résumé fait ist das ganze Etablissement eine große Narrheit, aber mein guter Maxi kann nur durch Erfahrung klug werden, so laß ich ihn in aller Ruhe anrennen, denn dies allein kann ihm helfen ...«

Sophie hatte also wieder einmal Verständnis für ihren Liebling. Es sollte übrigens nicht das einzige Mal sein, dass Maximilian eine steinerne Spur in Wien hinterließ. Als auf den jungen Kaiser Franz Joseph ein Attentat verübt wurde, das er unversehrt überlebte, organisierte Maximilian zum Dank für die Errettung eine Kollekte – von dem Geld wurde die mächtige neugotische Votivkirche am Wiener Schottenring gebaut. Maximilian hat angeblich an den Plänen selbst mitgearbeitet.

Das verbesserte das Verhältnis zwischen den Brüdern vorübergehend und Franz Joseph war wieder geneigter, Maximilian sein Ohr zu leihen. Er schickte ihn auf offizielle Reisen. Von Triest aus, damals schon sein offizielles Standquartier, machte Maximilian Fahrten durch Adria und Mittelmeer und besuchte Griechenland. Dort saß ein wittelsbachischer Cousin seit siebzehn Jahren auf dem Thron – keine Seltenheit in der damaligen Zeit, dass ein Fremder von irgendwelchen einflussreichen monarchistischen Kreisen auf den Thron eines beliebigen Landes gehievt wurde.

Maximilian kümmerte sich nur wenig um die politischen Verwerfungen, die dadurch entstanden, und das sollte sich im Laufe seines weiteren Lebens als großer Fehler herausstellen. Stattdessen zog er mit seinen zwei Kammerherren, einem Prinzen und einem Grafen zu Pferde durch Griechenland und hielt einen großen chinesischen Sonnenschirm über sich. Er verteilte Geld, sammelte antike Marmorreste und wirkte so exzentrisch wie die jungen Lords, die in der Tradition Byrons die Welt bereisten.

Er war so begeistert von der schönen Königin Amalie, dass er ganz seinen Liberalismus vergaß und voll Mitleid berichtete, wie sie, »sehr contre coeur«, an einem Dankgottesdienst zum Jahrestag der Revolution teilnehmen musste. Er führte ein Reisetagebuch, in dem er gelehrte Plattheiten von sich gab, sich als Literat und Kunstkritiker fühlte, und die, laut Haslip, »ein bezeichnendes Bild auf Maximilians Charakter werfen«. Die Historikerin glaubt in den Aufzeichnungen einen Mann erkannt zu haben, »der, ungemein stolz auf seine Geburt, sich seiner Pflichten und Verantwortung bewußt ist«. Soll heißen: Bei all seinem verschwommenen Liberalismus war Maximilian stolz darauf, ein Habsburger zu sein. Er glaubte sich zum Herrschen geboren und hing allerlei damit verbundenen romantischen

Träumereien nach. Er wäre nie geneigt gewesen, einer demokratischen Verfassung das Wort zu reden, wenn er nicht Kaiser oder König sein durfte ...

Nach Griechenland besuchte Maximilian die Türkei – zum ersten Mal im Orient, war er von allem begeistert, was exotisch anmutete. All das tat der Erzherzog sozusagen in der »Dienstzeit« – er war nämlich bereits 1851 in die k.k. Kriegsmarine als Fregattenleutnant eingetreten. Wie jeder Erzherzog hatte Maximilian schließlich doch Interesse am Militär gefunden – war es doch eine der stärksten Stützen der Habsburgerherrschaft. Kein Wunder, dass Max bei der Marine landete – schließlich haben Schiffe etwas mit dem Meer und das Meer etwas mit der großen, weiten Welt zu tun. Die Pflichten des jungen Herrn waren nicht sehr schwer. Er bewohnte eine der luxuriösesten Villen in Triest, er bekam einen eigenen »Instrukteur« und hatte einen eher großzügig gehaltenen Dienstplan. Dennoch fühlte er sich den Marineoffizieren zugehörig, er stimmte bald in ihr Geschimpfe ein, dass die Flotte das »Stiefkind« des Heeres sei. Genau diesen Standpunkt vertrat Maximilian nämlich seinem Bruder gegenüber bei seinem ersten »Heimatbesuch« in Wien. Franz Joseph hörte ihm nur zögernd zu, doch schließlich setzte sich der Jüngere durch: Bereits 1854, mit nur 22 Jahren, wurde Maximilian zum Kommandanten der österreichischen Marine ernannt. Er sorgte dafür, dass ein Marineministerium eingerichtet wurde und er kümmerte sich energisch um die Modernisierung der Flotte. Sein engster Vertrauter und Helfer war dabei der später berühmt gewordene Admiral Tegetthoff. Maximilians eindrucksvollste, aber zugleich am heftigsten umstrittene Leistung waren der Bau und die Befestigung der neuen Werft und des Arsenals in Pola. Maximilian, der Begeisterungsfähige, war fasziniert von der maritimen Technik. Er gründete ein hydrographisches Institut und beschäftigte sich mit Problemen der Ozeanografie.

Anfang Frühjahr 1851 stach die Fregatte»Novara« in See. Sie unternahm mit wissenschaftlicher Ausrüstung an Bord eine Reise nach Amerika und in die Karibik. Zum ersten Mal unternahm die österreichische Marine ein derart »waghalsiges« Unternehmen, Maximilian hatte oft kritisiert, dass die Österreicher sich nicht aus dem Mittelmeer heraus»trauten«. Der Erzherzog wäre

zu gerne mitgefahren, auch die Erforschung der Karibik gehörte zu seinen Leidenschaften. Leider machte ihm seine zarte Gesundheit wieder einmal einen Strich durch die Rechnung.
Als Maximilian Miramar baute, fanden sich in seiner Bibliothek zahlreiche Werke über Anthropologie und amerikanische Geschichte, seltene Drucke und Zeichnungen der Vogelwelt und übrigen Fauna des Anden- und Amazonasgebiets. Als er diese Kostbarkeiten anschaffte, war von seinem Mexiko-Abenteuer noch nicht einmal die Rede. Mit seiner Schwärmerei für die Neue Welt kam auch der Traum von Kaiser Karls V. Weltreich wieder, »in dem die Sonne nie unterging«.
Aber vorerst bereiste Maximilian nur das Mittelmeer und in Portugal verliebte er sich zum ersten Mal ernsthaft. Im Fasching hatte er immer wieder kleinere Affären gehabt, er war also keineswegs unerfahren. Aber die zarte Maria Amalia, Tochter der Ex-Kaiserin von Brasilien, raubte ihm fast den Verstand. Sie war ungewöhnlich hübsch, mit hellem, durchsichtigem Teint, »die vollkommene Prinzessin«, wie Max nach Hause schrieb. Sie war eine Prinzessin Braganza, weitschichtig verwandt sowohl mit den Habsburgern als auch mit den Wittelsbachern und mit Napoleon. Und ihre Eltern hatten in Brasilien geherrscht, in jener phantastischen Neuen Welt. Auch das machte für den Erzherzog wohl einen Teil der Faszination aus. Maria Amalia war Max bereits »halb versprochen«, als sie plötzlich an Tuberkulose starb. Maximilian war zunächst untröstlich. Er sollte die Schöne aus Brasilien sein Leben lang nicht vergessen.
Er beruhigte sich aber wieder so weit, dass er den Gedanken an eine Ehe nicht aufgab. Seine Wahl fiel schließlich auf Charlotte, die Tochter des belgischen Königs. Charlotte war sehr schön, aber dabei altklug, sie wirkte stets überlegen und war ebenso wie Maximilian davon überzeugt, zum Herrschen geboren zu sein. Zeitgenossen und Generationen von Historikern sahen in Charlotte stets die ehrgeizige, schreckliche Person, die den gutmütigen Träumer Maximilian durch ihre Machtgier ins Verderben gestürzt hatte. Das war sie keineswegs: Sie war in ihren Max vom ersten Augenblick an verliebt. Europas begehrtester Prinz interessierte sich für sie, sie war angetan, geschmeichelt und sie betete ihn an. Maximilian und Charlotte hatten viele gemeinsa-

me Interessen, sie liebten beide das Schöne, die Kunst, das Exotische, und sie waren beide der Meinung, dass es nicht recht war, dass Max in Wien benachteiligt wurde, nur weil er der jüngere Bruder war. Charlotte war vor allem um Max besorgt, während Max vor allem um sich selbst besorgt war. Er war Charlotte keineswegs so leidenschaftlich zugetan wie sie ihm. Nach einer Phase der Verliebtheit sah er sie wohl mehr als Freund, als seinen guten, praktischen Geist, er vertraute ihr voll und glaubte ihrem Rat. Die beiden heirateten 1857.

Bereits bei den Verhandlungen um die Mitgift hatte sich Maximilian ganz und gar nicht als Verliebter, sondern vielmehr als harter Geschäftsmann gezeigt. Er hatte damals schon riesige Schulden und Charlottes Reichtum musste ihm aus der Bedrängnis helfen. Sie wusste wahrscheinlich davon, ließ sich aber nichts anmerken – sie schrieb ihrem Verlobten ausschließlich ekstatische Briefe.

Im selben Jahr ernannte Franz Joseph den kleinen Bruder, quasi als »Hochzeitsgeschenk«, zum Generalgouverneur des norditalienischen Königreiches Lombardo-Venetien. Max und Charlotte nahmen ihren Regierungssitz in Monza bei Mailand. In der Zwischenzeit ließ Maximilian sein Traumschloss Miramar fertig bauen. Er war dabei äußerst großzügig: Der Granit musste aus Tirol und selbst die Gartenerde für den ausgedehnten Park von weit hergeholt werden ...

Schon nach kurzer Zeit gewann das junge Paar die einfache italienische Bevölkerung für sich, für deren Lebensart und Kunstsinn Maximilian und Charlotte sehr viel Sympathie empfanden. Die liberale Gesinnung des Erzherzogs zog die Italiener zunehmend auf seine Seite und Maximilian machte den meist adeligen Nationalisten mit ihren separatistischen Bestrebungen das meiste Kopfzerbrechen. Sein größter Gegner, Graf Cavour in Turin, sagte einmal verdrossen: »Wir müssen etwas unternehmen, damit in der Lombardei wieder das Kriegsrecht verhängt wird.« Deshalb war es den italienischen Nationalisten gar nicht so unrecht, dass der Generalgouverneur mit seiner Politik in den Wiener Regierungskreisen wenig Anklang fand und deshalb einen »Aufpasser« zur Seite gestellt bekam.

Der erzreaktionäre Graf Gyulai wurde zum Kommandanten

der Armee in Italien ernannt und er bemühte sich fortan, Maximilian nach Kräften zu schaden. Er hatte sich nämlich selbst schon in vizeköniglichem Prunk als Feldmarschall Radetzkys Nachfolger im Palast von Monza gesehen – da machte ihm dieser jugendliche Schwärmer auf Grund seiner hohen Herkunft einen Strich durch die Rechnung!

Es verwundert kaum, dass der zynische Militär den liberalen Romantiker verachtete: Maximilian hatte große Pläne für seine Regierung, die jene der Renaissancefürsten noch an Pracht und Prunk übertreffen sollte. Er wollte einen Kongress italienischer Fürsten in Monza ins Leben rufen, wo er in den Pausen, zwischen Jagden, Opernaufführungen und Maskenbällen, mit seinen »Amtskollegen« aus Modena, Neapel und der Toskana wirtschaftliche Fragen erörtern wollte. Und er sah sich bereits als Oberhaupt eines italienischen Staatenbundes. Seine Hofhaltung war ziemlich exzentrisch: Dalmatiner hielten in ihrer Nationaltracht mit edelsteinbesetzten Jatagans und einem wahren Arsenal anderer Waffen an den Türen Wache. Täglich waren zwanzig bis dreißig Personen zum Diner geladen, ein erstklassiges Orchester spielte die Tafelmusik, Lakaien in Livreen aus dem 18. Jahrhundert mit einer frischen Rose im Knopfloch servierten, während schwarze kleine Pagen Kaffee und Gefrorenes reichten. Maximilian mochte das – die schwarzen Pagen erinnerten ihn an die Mohrenskulpturen in den venezianischen Palästen.

Trotz seiner persönlichen Beliebtheit bei den Italienern geriet Max zwischen alle Fronten: Seine Wiener »Aufpasser« hielten die Leine immer kürzer und das brachte ihn wiederum in permanenten Gegensatz zu den italienischen Adeligen, die seine Gesellschaft zunehmend mieden. Als 1859 der Krieg gegen Frankreich und Piemont-Sardinien ausbrach, zog Franz Joseph seinen Bruder aus Italien ab. Frustriert und böse zogen sich Maximilian und Charlotte ins Privatleben nach Miramar zurück. Das heißt, Maximilian zog sich nicht eigentlich zurück – er ging vielmehr auf Reisen und entwickelte neue Pläne. Zunächst baute er Miramar wieder einmal um – so, wie es Millionen Touristen seither besichtigen und sich oftmals darüber wundern. Die Anlage ist prächtig, der Park terrassiert, er wird beherrscht von einem Denkmal Maximilians. Das Schloss ist mit weißen Kalksteintürmen geschmückt, die Granitterrassen und Marmortreppen wirken monumental, die Schiffsanlegestelle ist von ägyptischen Sphinxen flankiert. Maximilians Kajüte auf seinem Lieblings- und »Schicksalsschiff« »Novara« ist in Nachbildung zu sehen und in der Bibliothek sind flottengeschichtliche Bücher aus England, Handbücher für Gartenbaukunst, seltene Ausgaben von Büchern über die Vogel- und Tierwelt der Anden und des Amazonas zu finden. Und man sieht den traurigen, leeren Prunksaal, in dem Maximilian die Krone Mexikos akzeptierte, sowie Charlottes Schreibtisch, der einmal Marie Antoinette gehört hatte.

Aber Miramar war noch nicht einmal vollendet, als Maximilian schon zu »neuen Ufern« aufbrach. Er hatte auf der kleinen Insel Lacroma, gegenüber von Ragusa (dem heutigen Dubrovnik), ein verfallenes Kloster entdeckt. Und er wollte es unbedingt wieder aufbauen. Seine reiche Frau Charlotte schenkte ihm die Insel und Maximilian schwelgte wieder einmal in architektonischen Heldentaten: Er plante, ein Tuskulum, einen altrömischen Landsitz, zu bauen – mit Loggien und Terrassen und freiem, weitem Meerblick.

Andere Heldentaten konnte er ja nicht vollbringen: nicht als großer Feldherr, schon gar nicht als großer Herrscher – und ein großer Liebhaber scheint er auch nicht gewesen zu sein. Zumindest begannen die Leute bereits laut darüber nachzudenken, warum eine schöne, gesunde junge Frau wie Charlotte keine Kinder bekam. Das gängigste Gerücht war, dass sich Max bei einer Prostituierten eine ansteckende Krankheit geholt und seine Frau damit unfruchtbar gemacht habe. Das zweitgängigste: Max habe als Mann nicht gerade eine eindrucksvolle Figur abgegeben – und vor seiner stolzen, entschlossenen und zielstrebigen Frau habe er endgültig versagt. Als die beiden dann in Mexiko waren, wurden die Spekulationen über das Intimleben des Paares noch wilder: Maximilian soll sich eine Indiofrau angelacht und mit ihr ein Kind gezeugt haben. Und Charlotte soll sich in ihrer Verzweiflung dem feschen belgischen Oberst Alfred van der Smissen hingegeben haben. Sie soll auf ihrer letzten Bittstellerreise nach Europa bereits schwanger gewesen sein – vom Belgier. Als

»Beleg« dafür wird vielfach angegeben, die ansonsten seefeste Charlotte habe andauernd unter Übelkeit gelitten und sei häufig ohnmächtig geworden. Als sie dann, geistig umnachtet, in Miramar unter Bewachung stand, habe sie das Kind geboren, das zu Pflegeeltern gegeben worden sei. Das Kind sei der spätere belgische General Weygand gewesen, der sich immer über seinen Vater ausschwieg und auf die Frage, wer seine Mutter sei, eine Hofdame Charlottes angab. Diese »verbotene« Schwangerschaft sei auch der Grund gewesen, warum Charlotte von der Familie ihres Mannes so lieblos behandelt worden sei, hieß es.

1860 jedenfalls zeichnete sich die Mexiko-Katastrophe noch nicht ab und Maximilian bereiste vorerst einmal Brasilien. Dort herrschte Kaiser Pedro II., Sohn einer habsburgischen Erzherzogin. Maximilian scheute jede offizielle Ehrenbezeugung und zog stattdessen inkognito durch das große Land. Was er sah, verursachte ihm höchste Aufregung: Seine leidenschaftliche Liebe zur Natur reagierte stark auf die sinnlichen, exotischen Eindrücke Brasiliens. Er sammelte Blumensamen und Ableger für seine Gärten, Vögel und Schmetterlinge. Maximilian durchstreifte den Dschungel, wieder einmal in bizarrer Aufmachung: in einem weißen Merinoanzug samt riesigem Hut, auf dem ein grüner Schleier befestigt war. Hinter ihm schritt ein Diener, der ein elegantes Reisenecessaire, ein großes Buschmesser und ein Schmetterlingsnetz trug.

Das Einzige, was Maximilian nicht gefiel, war die Sklaverei, die die reichen Herren auf den großen Fazendas noch immer pflegten. Das widersprach der liberalen Gesinnung des Erzherzogs. Am schärfsten verurteilte er aber die brasilianischen Geistlichen, die die Reichen deckten. Maximilian schrieb nach Hause, er verstehe nicht, woher ein brasilianischer Priester den Mut nehme, das Evangelium zu verkünden – angesichts der bitteren Armut der arbeitenden Klasse. Max analysierte scharf und erbarmungslos und er ging mit der katholischen Kirche hart ins Gericht – eine sehr ungewöhnliche Haltung für einen österreichischen Erzherzog. Diese antiklerikale Haltung sollte ihm in Mexiko von Anfang an großen Ärger bereiten.

Aber auch dieser nette »Ausflug« konnte nicht darüber hinwegtäuschen, dass es Maximilian an einer Aufgabe fehlte. Darüber beklagte sich auch Charlotte in ihren zahlreichen Briefen. Von Franz Joseph war keine Abhilfe zu erwarten, die Brüder wurden einander immer fremder. Maximilian beklagte sich laut und ausführlich in halb Europa über die Inkompetenz der Wiener Regierung und die Hartherzigkeit seines Bruders, und dem kam das natürlich über seine Botschafter zu Ohren. Dazu kam noch, dass sich die beiden Frauen, Kaiserin Elisabeth und Charlotte, nicht vertrugen. Die schöne Elisabeth konnte Charlotte nicht verzeihen, dass sie bei der verhassten Schwiegermutter Sophie einen so großen Stein im Brett hatte, und Charlotte fand Elisabeths Überheblichkeit unerträglich. Sie dünkte sich der ehemals bayerischen Prinzessin in der Herkunft überlegen und konnte das Getue nicht verstehen, das alle um Elisabeths Schönheit und Gesundheit veranstalteten. Ein Familientreffen in Bad Ischl und eines in Miramar, als die nervenkranke Elisabeth gerade von ihrer Erholung in Madeira zurückkam, schlugen in puncto Wiederherstellung der Familienharmonie fehl.

Da kam es gerade recht, dass die mexikanischen Konservativen, unterstützt von Napoleon III. von Frankreich, Maximilian den Thron ihres Landes anboten. Die Konservativen waren allesamt Exil-Mexikaner, die als überzeugte Monarchisten vor dem Bürgerkrieg und der anschließenden Republik geflohen waren und in Wahrheit keine Ahnung von den momentanen Verhältnissen in ihrem Lande hatten. Napoleon wiederum hatte sich schon frühzeitig in die mexikanischen Verhältnisse eingemischt und daher viel in der »Neuen Welt« zu verlieren: vor allem Geld. Beide Parteien malten Maximilian die mexikanische Welt in den schönsten Farben aus und Max und Charlotte glaubten das nur zu gerne. Schon zuvor hatte Maximilian empört den fremden Thron Griechenlands abgelehnt, von dem sein Vetter und die schöne Königin Amalia mit Schimpf und Schande vertrieben worden waren.

Diesmal war er allerdings nicht gewillt, sich noch einmal eine Krone entgehen zu lassen. Charlottes englische Tante Victoria war strikt gegen das Unternehmen – die Engländer hatten immerhin einige Erfahrung als Kolonialmacht. Und auch der Wiener Hof blieb skeptisch und abwartend. Also entschloss sich

Maximilian widerstrebend, Garantien zu verlangen. So erwirkte er einerseits von Napoleon finanzielle Zusagen und die Zusicherung militärischer Unterstützung. Von den Mexikanern verlangte er ein Plebiszit, dass er als Kaiser wirklich gewollt wurde. Das bekam er auch – allerdings war es von äußerst zweifelhafter Qualität. Den Franzosen war es gelungen, Juarez' republikanische Truppen in die Berge zurückzudrängen und in der Hauptstadt für Maximilian Werbung zu machen. In allen anderen Städten war ihnen das nicht gelungen, eine Mehrheit für die Monarchie konnte nicht zu Stande gebracht werden.
Für Maximilian war es dennoch genug: Der »liberale« Erzherzog schwelgte schon in luxuriösen Kaiserträumen, er stellte sich vor, wie er dieses Land reformieren, den Klerus zurückdrängen und sich mit Juarez versöhnen würde. Er war überzeugt, dass es ihm gelingen würde, das Land auf wirtschaftlich gesunde Beine zu stellen und seine Schulden zurückzuzahlen. Er akzeptierte die Kaiserkrone am 10. April 1864 in seinem Schloss in Miramar. Den Segen seines Bruders hatte er – allerdings erst, nachdem er auf all seine Ansprüche als österreichischer Erzherzog verzichtet hatte. Er widerrief seinen Verzicht später, aber da war es bereits zu spät.
Viele Berater hatten ihn vor dem mexikanischen »Abenteuer« gewarnt, aber Maximilian und Charlotte wollten nur hören, was ihnen gefiel. Die Exil-Mexikaner träufelten ihm süße Geschichten von einem Land, in dem er sehnlichst erwartet wurde, ins Ohr. Maximilian hatte zeitlebens ein Talent, den falschen Menschen zu vertrauen, und so sah er nicht, was anderen offensichtlich erschien. Die Exilmexikaner wollten ihre Besitzungen zurück, sie hofften, dass die reaktionäre Kirche wieder ihre alte Macht erlangen würde. Die Italiener, die Maximilian noch immer schätzten, sahen die Sache anders. Als sich das Neo-Kaiserpaar von Miramar noch Mexiko auf der »Novara« einschiffte, machte folgender Reim im Lande die Runde:

»Maximilian, glaub nicht, es sei wahr,
Kehr zurück in dein Schloß Miramar.
Montezumas Krone ist nur ein Traum.
Ein gallischer Becher, gefüllt mit Schaum.

Denk an Danaos' tödliche Gaben.
Unterm Purpur liegt der Strick begraben.«

Am 29. Mai 1864 ging das Paar in Vera Cruz von Bord und Maximilian merkte in seiner Aufregung nicht einmal, dass eine Fregatte mit dem amerikanischen Botschafter an Bord in die Gegenrichtung segelte. Die USA hatten Maximilian mehrfach gewarnt, wieder ein Kaiserreich in Mexiko errichten zu wollen. Er hatte nicht darauf geachtet – nun zogen sich die USA zurück und unterstützten Juarez' Truppen aus dem Hintergrund – umso mehr, als die Nordstaaten den Bürgerkrieg 1865 für sich entscheiden konnten.
Maximilian war zunächst nur beeindruckt von der wunderbaren Fauna und Flora, doch schon auf dem Weg nach Mexiko-Stadt merkte das Kaiserpaar, wie schlecht die Infrastruktur, wie arm die Bevölkerung, wie zerrissen das ganze Land vom Bürgerkrieg war. Der mexikanische Thron wurde nur von französischen Gewehren gesichert. Aber sowohl die Franzosen als auch die mexikanischen Großgrundbesitzer, und noch mehr die Kirchenfürsten, waren von Maximilian enttäuscht. Er verstand sich selbst als Liberaler, also wollte er mit den liberalen Gefolgsleuten Juarez' Kontakt aufnehmen. Er wollte ein Monarch sein, der sich nicht den Monarchisten verpflichtet fühlte, sondern allen Mexikanern. Er kannte die Verhältnisse im Lande zu wenig, um zu durchschauen, dass ihm das als Schwäche ausgelegt und er von allen Seiten verachtet wurde.
Maximilian und Charlotte machten sich emsig an Reformen, die überhastet wirkten und wenig bewirkten. Sie wollten fixe Mindestlöhne für die Landarbeiter durchsetzen, die Großgrundbesitzer warfen aufbegehrende Arbeiter kurzerhand hinaus und stellten neue ein, die keine Ansprüche stellten. In dem großen, politisch konfusen Land war eine Kontrolle der widerstrebenden Kräfte nur mit Militärmacht möglich. Einstweilen geriet Napoleon III. in Europa immer mehr unter Druck, seine Truppen aus Mexiko abzuziehen. Die von Maximilian versprochenen Einkünfte blieben aus, die militärischen Verluste wurden inzwischen immer höher. Maximilian machte verzweifelte Zugeständnisse an die Konservativen, ließ »Verschwörer« erschießen und

brachte sich dadurch immer mehr in die Bredouille. Als Ende 1866 die französischen Truppen Mexiko verließen, war dies das Todesurteil für den »Imperio Mexicano«. Charlotte verließ das Land, um Napoleon und den Papst an ihre Verantwortung zu erinnern und um Unterstützung zu bitten. Es sollte vergeblich sein – und Charlotte in den Wahnsinn treiben.
Und was tat Maximilian in der Zeit der größten Krise? Er baute ein kleines Landgut um, auf das er sich immer öfter zurückzog, pflegte seine Durchfallerkrankungen, unter denen er häufig litt, trank im Übrigen zu viel und ging ansonsten auf Schmetterlingsjagd. Er bereiste das Land, schrieb entzückte Briefe an seine Frau und seinen Bruder über den Zauber des Landes, die Reize der Architektur und die Schönheit der Frauen. Das trug ihm bald den Vorwurf der Leichtfertigkeit ein. Charlotte, darüber waren sich sogar die Kritiker einig, war da ganz anders. Sie packte zu, sie arbeitete hart, sie ließ sich niemals gehen. Dennoch musste sie Spott-Tiraden über sich ergehen lassen. Eine Kaiserin, die keine Kinder bekommen konnte, erschien den Mexikanern gänzlich unmöglich. Das muss sie tief gedemütigt haben, aber sie ließ es sich nie anmerken. Stattdessen galt ihre ganze Sorge Maximilian. Sie liebte ihn immer noch abgöttisch und das trübte ihren Blick. So schrieb sie ihm: »Du bist nicht wie andere Sterbliche. Wenn ich über Deine Reise erzählen höre und alles, was Du ertragen mußtest, überkommt mich so sehr die Bewunderung, daß Du mir nicht wie ein Mensch, sondern wie ein Engel erscheinst … Ich bin eifersüchtig auf all das Gute, das Du ohne mich tust, eifersüchtig sogar auf Deine Gedanken, Deine edlen, genialen und zugleich doch praktischen Eingebungen …«
Der »Engel« hatte allerdings längst das Interesse an seiner Frau verloren. Er tat etwas, was Charlotte zutiefst demütigen musste: Er adoptierte die kleinen Enkelsöhne des ehemaligen Kaisers Iturbide und ließ sie in den Rang von Prinzen erheben.
Maximilian hatte das alte, ehrwürdige Schloss der spanischen Vizekönige Chapultepec sofort nach seiner Ankunft in Mexiko umbauen und lange herrschaftliche Alleen und Prachtstraßen anlegen lassen. Er liebte den wild wuchernden Park mit seinen Veilchen und Rosen, Pfirsichbäumen und Tuberosen, die schein-

bar keinen Jahreszeitenwechsel kannten. Dort träumte er von einem großen zentralamerikanischen Reich bis hinunter nach Panama.
Während ihm Charlotte dringliche Briefe schrieb, in die Hauptstadt zurückzukehren, bereiste er lieber das Land und seine Sehenswürdigkeiten. In Teotihuacan ließ er sein Gefolge bei Einbruch des Abends auf die großen Pyramiden der Sonne und des Mondes steigen, weil er über das Desinteresse der Mexikaner an ihrer eigenen Kultur entsetzt war. Er ließ Museen bauen für die Schätze präkolumbischer Kunst, finanzierte Ausgrabungen und entwarf Pläne für ein Nationaltheater, das frei von jeglicher politischer Gängelung sein sollte.
Seine letzte architektonische Tat vollbrachte Maximilian in Cuernavaca, wo einst Hernando Cortez seinen Sommersitz gehabt hatte. Max entdeckte dort ein leer stehendes Landhaus, umgeben von einem herrlichen verwilderten Garten. Die geborstenen Veranden, die von Rosen überwucherten Statuen und Springbrunnen, die Lilienteiche, die verfilzten Orangen- und Mangohaine sprachen des Kaisers romantisches Gemüt ungemein an. Seinen Freunden und Verwandten berichtete Maximilian ausführlich über seine Neuerwerbung – mit keinem Wort erwähnte er, wie leer die Staatskasse war, wie krank er sich körperlich fühlte und wie unsicher die militärische und politische Situation waren. Er malte seine Situation wohl bewusst in den schönsten Farben aus, weil er zu stolz war, zuzugeben, wie schlecht es um das Kaiserreich, und auch um ihn selbst stand. Franz Joseph wusste nichts von Max' Schwierigkeiten und umgekehrt.
So stellte Franz Joseph bald die Rekrutierung von Freiwilligen in Österreich für das »mexikanische Abenteuer« ein. Trotzdem folgte ein Haufen abenteuerlustiger junger Adeliger Maximilian nach Mexiko, um Seite an Seite mit ihm gegen die Juarez-Truppen zu kämpfen. Johann Carl, der spätere Fürst Khevenhüller-Metsch, war einer von ihnen. Nach der Kapitulation der Monarchisten geriet er zunächst in Gefangenschaft, durfte dann aber ausreisen. Er gründete auf der Burg Hardegg im nördlichen Waldviertel ein Maximilian-Museum mit persönlichen Gegenständen des Kaisers von Mexiko. Er nährte damit den »Maximilian-Kult«, der nach dessen Erschießung einsetzte.

Die romantische Figur des unglücklichen Erzherzogs beschäftigte bis ins 20. Jahrhundert so prominente Dichter wie Franz Werfel. Denn das Ende des Maximilian von Mexiko war tragisch und stümperhaft zugleich. Er wollte bereits abdanken, da trat Charlotte noch einmal auf den Plan: Niemals, beschwor sie ihn, dürfe ein Kaiser sein Reich aufgeben. Er solle durchhalten, forderte sie den Zaudernden auf. »Abdanken heißt, sich verurteilen, sich selbst ein Unfähigkeitszeugnis ausstellen ... ich kenne keine Lage, wo Abdankung etwas anderes wäre als ein Fehler oder eine Feigheit.« Und das war etwas, das der Kaiser nicht sein wollte – feig.
Als Charlotte nach Europa gereist, bei Napoleon gescheitert und vor den Augen des Papstes wahnsinnig geworden war, als die französischen Soldaten schon abgezogen waren und Maximilian von den feindlichen Truppen immer enger eingeschlossen war, da erinnerte er sich seiner kaiserlichen Pflichten, gab seine Passivität auf und stürzte sich heroisch in Schlacht und Verteidigung der Stadt Querétaro. Die Geschichten dieser letzten Wochen Maximilians erzählen von Heldenmut und Dilettantismus. Seine Oberkommandierenden stritten sich um die richtige Strategie, seine Soldaten lieferten den Juaristen gewagte Scharmützel, aber Maximilian kämpfte immer in den vordersten Reihen. Die Entscheidung fiel auch nicht durch einen Angriff der Belagerer, sondern durch Verrat. In der Nacht vom 14. auf den 15. Mai 1867 öffnete der Oberst Miguel Lopez den Truppen des feindlichen Generals Escobedos den Zugang zur Stadt. Lopez wollte Maximilian noch die Möglichkeit zur Flucht geben, aber der Kaiser lehnte das ab. Er und seine Generäle Miramón und Mejía wurden festgenommen und in Abwesenheit von einem Militärgericht der Republikaner zum Tode verurteilt. Da half es nichts, dass zahlreiche europäische Fürsten Juarez um Gnade für Maximilian baten, dass Franz Joseph den Bruder schnell wieder in den Rang eines österreichischen Erzherzogs einsetzte, um ihn dem mexikanischen Hoheitsrecht zu entziehen.
Am Morgen des 19. Juni 1867 brachte man Maximilian und seine beiden Generäle zum Cerro de las Campanas (Glockenhügel) außerhalb von Querétaro. Dort wurden sie von einem Erschießungskommando hingerichtet.

In diesen Tagen traf in Schloss Miramar eine Anweisung Maximilians ein, man solle ihm zweitausend Nachtigallen senden, die den Park seines mexikanischen Landsitzes Cuernavaca beleben sollten.

RUDOLF

Frei wie ein Vogel

Unser Dampfer hatte einen höchst bizarren Charakter erhalten: Das Verdeck strotzte von Waffen aller Art, von Büchsen und Flinten, von Kisten mit Munition; die vordersten Teile des Oberdecks waren belebt von einer ganzen Menagerie, bestehend aus jungen Adlern, jungen Uhus, Waldkäuzchen, meinem Uhu und meinen zwei Hunden: ferner stand daselbst ein grosser Präparirtisch, an dem die Mannschaft an den Bälgen arbeitete und die schon fertigen Exemplare an der Sonne trocknete. Vom vielen Blut des erlegten Wildes, von Federn, Knochen und dem Schmutze der ganzen Menagerie bot unsere schwimmende Wohnung einen nichts weniger als reinlichen Eindruck ...

Anfänglich wußten wir gar nicht, wo wir unsere Geier unterbringen sollten; der gräuliche Gestank verpestete schon das ganze Schiff. Ich hatte die Fenster meiner Kabine offen, oberhalb derselben auf dem Oberdeck lagen die erlegten Geier und nur die kurze Spanne Zeit von fünf Minuten genügte, daß die

inneren Räume der Schlafkabine schon vollständig von Aasgeruch durchdrungen waren.«
Piratenleben auf der Donau. Ein junger Wiener erlebt zum ersten Mal die große Freiheit. Er jagt, forscht, lebt in der freien Natur und verbringt so, wie er später immer wieder erwähnen wird, die schönsten Tage seines Lebens.
Hochsensibel, von Kindheit an wissbegierig und außergewöhnlich intelligent, scheint dieser knapp Zwanzigjährige wie geschaffen für ein Leben als Naturwissenschaftler und Denker.
Ein Lebenstraum, der sich für ihn nur in wenigen Momenten seines viel zu kurzen Daseins ganz erfüllen würde. Das Schicksal dieses Menschen war vorbestimmt, noch ehe er das erste Mal nach Luft geschnappt hatte. Kronprinz, Thronfolger und in Wahrheit letzte Hoffnung für ein bereits marodes Riesenreich: die Donaumonarchie.
Wer die endlosen Huldigungen und Feiern, den beinahe rauschhaften Ausbruch von Menschlichkeit und Nächstenliebe in diesen Augusttagen des Jahres 1858 verfolgt, dem wird klar, welche Bedeutung man Rudolfs Geburt beimaß. Das Land war am Ende, von Krieg und Revolution erschöpft. In weiten Teilen des Reiches hatte man die wirtschaftliche Entwicklung verschlampt, den Aufbruch ins Industriezeitalter schlichtweg verpasst. Eine politische Reform war längst überfällig, doch Franz Joseph, dieser knochentrockene, beamtete Soldat, wollte nicht einsehen, dass an ihr die Zukunft seines Reiches hing. Von einer Verfassung war trotz aller übereifrig gegebenen Versprechen nichts mehr zu hören.
Das alles sollte bald anders werden. In Wiens bürgerlichen Kreisen hob man bereits das Glas auf den Kronprinzen und seine Reformen. Doch Rudolf sollten bis zu seinem Freitod die Hände gebunden bleiben. Politik durfte der Kronprinz in Wahrheit nur in privaten Gesprächen und als Leitartikler liberaler Zeitungen betreiben.
Am Menschen Rudolf, an seinen Talenten und Idealen war das Kaiserhaus nicht interessiert. Eine Repräsentationsfigur brauchte man, ein längst zum Stereotyp verkommenes Idealbild eines Herrschers. Für diesen Herrschertypus gab es eine bewährte Herstellungsstraße: die habsburgische Erziehung. Eine Kno-

Die Wissenschaft war sein Leben, die Monarchie sein Tod: Kronprinz Rudolf (mit Alfred Brehm und E. v. Homeyer)

chenmühle, in deren Maschinerie Jahrhunderte schlecht verarbeiteter Geschichte steckten, von den längst verzopften Idealen des aufgeklärten Absolutismus bis zurück in das schlicht mittelalterliche spanische Hofzeremoniell. Und durch diese Knochenmühle musste der sensible Rudolf durch. Was sie nicht schon in dem kleinen Kind endgültig zerbrach, das sollte zumindest so angeknackst werden, dass es Jahrzehnte später der gesellschaftlichen Realität nicht standhielt.
Schon Rudolfs Eltern waren eine schwer zu bewältigende Last. Seine Mutter Elisabeth, eine selbstsüchtige Schwärmerin, die mit ihrer Mutterrolle überhaupt nicht zurechtkam und, kaum war Rudolf auf der Welt, aus seinem Leben vorerst einmal verschwand. Der Vater, Franz Joseph, ein zwar interessierter und oft bemerkenswert aufmerksamer Vater, dem jedoch für den Charakter und die Gefühle seines Sohnes jedes Verständnis schlicht fehlte. Der phantasielose Herrscher, der statt Büchern nur Jagd- und Militärzeitschriften las, war zu gar nichts anderem fähig, als seine eigenen Idealvorstellungen dem Kind überzustülpen. Ein guter Soldat, ein begeisterter Jäger und ein braver Katholik sollte der Sohn werden, das wünschte sich der Kaiser. Und um das zu erreichen, sorgte er dafür, dass dem kleinen Rudolf der vielleicht schlimmste Schaden seines Lebens zugefügt wurde. Dieser Schaden hatte einen Namen: Generalmajor Leopold Graf Gondrecourt, ein nicht gerade fähiger, dafür aber umso brutalerer Haudegen. Als Erzieher sollte er aus diesem zarten hübschen Kind, das der Liebling der kaiserlichen »Kindskammer« gewesen war, einen abgehärteten Krieger machen. Er erreichte das genaue Gegenteil. Gondrecourt ließ den Kronprinzen stundenlang in Regen und Kälte exerzieren. Rudolfs Gesundheit aber wurde nicht gestärkt, sondern empfindlich geschwächt. Nicht gesund würde er, klagte Franz Joseph bei seiner Mutter über seinen ständig verschnupften Buben: »Jede Kleinigkeit dauert bei ihm so lang.« Gondrecourt weckte Rudolf gelegentlich mit Pistolenschüssen, ließ ihn in den Wäldern des Lainzer Tiergarten plötzlich alleine stehen, um ihm über die Mauer »da kommt ein Wildschwein« zuzurufen. Der Sechsjährige, den solche Aktionen verständlicherweise in Panik versetzten, wurde nicht härter und nicht mutiger. Nein, er wurde

labil, unruhig und derart überspannt, dass ihm seine Nerven auch in seinen glücklichsten Stunden als junger Mann draußen in der Natur ziemlich zu schaffen machten.
Als er Jahre später in den Donauauen zum ersten Mal einen Kuttengeier sah, versetzten ihn diese »ekelhaften Tiere« in einen »fast unzurechnungsfähigen Zustand des Jagdfiebers... Die Büchse zitterte mir wie ein Rohrstäbchen in den Händen. Im Zustand völliger Verzweiflung kauerte ich mich ruhig in mein Versteck.«
Gondrecourt blieb nicht lange. Es war vielleicht die einzige gute Tat, die Elisabeth jemals für ihren Sohn zusammenbrachte, dass sie auf der Entlassung des Scharfmachers bestand. Die Kaiserin stellte ihrem Mann, mit dem sie damals schon kaum mehr als eine politische Formalität verband, ein Ultimatum. Sie verlangte die Vollmacht über Erziehung, Aufenthaltsort und Umgang ihrer Kinder. Der Haudegen musste gehen, ihm folgte ein Erzieher ihrer Wahl, Joseph Graf Latour von Thurmburg. Er erkannte die Eigenarten des Kronprinzen und beschloss, seine Veranlagungen von nun an zu fördern anstatt sie zu zerstören. Und diese Anlagen waren schon in Rudolfs früher Kindheit klar zu erkennen. Er war wissbegierig, lerneifrig und von einer enorm schnellen Auffassungsgabe. Der Kaiser akzeptierte diese unwillkommenen Begabungen seines Sohnes zwar, mahnte aber unermüdlich Schießübungen und körperliche Ertüchtigung ein. Wenn er gelegentlich den Unterricht seines Sohnes besuchte, nahm sich der alle Mühe, um seinem Vater zu gefallen. Doch mit Lesen, Schreiben, Fremdsprachen kam man bei Franz Joseph nicht wirklich an. Kaum hatte er seinem Sohn das hochverdiente Lob pflichtgemäß erteilt, folgten Fragen über Treffsicherheit und Jagderfolge. Als Rudolf mit neun Jahren seinen ersten Hirsch erlegte, platzte der Kaiser fast vor Vaterstolz: »Weidmanns Heil. Ich gratuliere zum Hirsch. Habe eine ungeheure Freude.«
Rudolfs Freude war weniger groß. Seine Kinderzeichnungen, die erhalten geblieben sind, zeigen deutlich das Grauen, das der Bub in Wahrheit vor den toten Tieren hatte. Tiefrote Kleckse dominieren jede dieser bildlich festgehaltenen Erinnerungen.
So unheimlich ihm die Jagd war, so sehr begeisterte ihn der Umgang mit der Natur. Seesterne, Spinnen, ausgestopfte Vögel und

andere Tiere füllten die umfangreiche Naturaliensammlung des Kindes. Auch im Unterricht, dem Rudolf ohnehin von früh bis spät folgen musste, bemerkte man die Leidenschaft des Kronprinzen für Naturbeobachtungen. Sein Naturgeschichtslehrer Joseph Krist musste bald einsehen, dass Mathematik und theoretische Physik nicht gerade die Stärken des kaiserlichen Schülers waren. Er konstatierte »eine eigenthümliche Flüchtigkeit des Geistes, welche am liebsten nur die Oberfläche eines Gegenstandes streift«. Der Kronprinz habe Schwierigkeiten, »sobald es sich um Abstraktes handelte«. So wenig also Rudolf mit Theorien anzufangen wusste, so sehr erwies er sich bald als genauer Beobachter. Krist beschloss, genau dieses Talent zu fördern. Er unternahm mit dem Zehnjährigen ausgedehnte Ausflüge und Exkursionen, besuchte Museen und Sammlungen und ermutigte ihn, die Eindrücke »so frisch wie dieselben empfangen worden, zu Papier zu bringen. Überhaupt sollten Sie wichtigere Wahrnehmungen und Beobachtungen, die Sie bei Spaziergängen, Ausflügen, Reisen u.s.w. machen, sowie die daran sich knüpfenden Gedankenreihen schriftlich festzuhalten suchen.«
Es waren die Anfänge des Naturwissenschaftlers, aber auch des Autors und Literaten Rudolf. Er sollte für diese Förderung seinem Lehrer – er nannte ihn »mein liebes Alterle« – ein Leben lang dankbar sein: »Nie werde ich diese Stunden vergessen ... als Sie mich durch Mathematik und Geometrie zuerst denken lehrten und in den Stunden der Naturwissenschaften mir Sinn und Liebe für diese Wissenschaften erregten. Sie haben mir der Erste einen Einblick in die Natur verschafft.«
Als Zwölfjähriger verfasste Rudolf einen hundertseitigen Aufsatz zum Thema Adlerjagd. Er hatte sein Lieblingsgebiet gefunden, die Vogelkunde. Krist hatte ihm nicht nur das wissenschaftliche Rüstzeug mitgegeben, er hatte ihn auch stilistisch geprägt. Sein Einfluss ließ schon den jungen Rudolf spannende, bis heute lebendig wirkende Naturbeobachtungen formulieren. Mit dem bereits heftig pubertierenden, vor Idealismus und Eifer übergehenden Hitzkopf gingen dabei gelegentlich auch die Gefühle durch. In einem Aufsatz über den Dorndreher schrieb er: »Leider gibt es solche Kerle, die gar kein Interesse an Naturwissenschaften haben. Ich kann die Leute nur bedauern. Jeder Spazier-

gang wird zu einer Zerstreuung und Belehrung, denn man will die Tiere und ihre Gewohnheiten beobachten.« Die Jagdausflüge, die ja Teil des Hofzeremoniells waren, wurden von Rudolf immer häufiger für solche Beobachtungen verwendet. War das Jagdvergnügen des Kaiserhauses üblicherweise ein nicht gerade geistvoller Zeitvertreib, der sich vor allem durch gigantische Abschusszahlen auszeichnete, wurde der Kronprinz immer mehr zum jagenden Forscher. Dass seine Untersuchungsobjekte zuerst einmal tot vom Himmel fallen mussten, bevor man sich ihnen widmen konnte, erscheint uns heute zwar als Widerspruch, war aber damals einfach wissenschaftliche Methode. Man dachte in keinem Augenblick daran, dass man der Natur, die ja so überreichlich vorhanden war, schaden könnte.

Wie es sich für einen Kaisersohn gehört, traten schon nach einigen Erziehungsjahren die Größen der heimischen Universitäten an, um die weitere Ausbildung zu übernehmen. In den Naturwissenschaften war das eine herausragende Kapazität, der damals schon weltberühmte Ferdinand von Hochstetter. Die Liberalen, die ja weiterhin unbeirrbar auf den Reformkaiser Rudolf warteten, jubelten. Nicht ohne Grund, denn Hochstetter war nicht nur eine wissenschaftliche Größe, sondern auch ein entschiedener Vertreter des geistigen Fortschritts. Im damaligen Österreich keineswegs eine selbstverständliche Haltung. Während also Hochstetter dem Kronprinzen Darwins Evolutionstheorie näher brachte, musste er im Religionsunterricht dieselben Theorien praktisch für des Teufels erklären. Man kann sich vorstellen, wie sich der junge Rudolf dabei gefühlt haben muss, als in seine Studienhefte Sätze wie: »Die Ähnlichkeit der Körperformen läßt durchaus nicht auf Verwandtschaft zwischen Thier und Mensch schließen« eintragen musste.

Im Kronprinzen wuchs die Verachtung für diese versteinerte Gesellschaft, die gegen jede wissenschaftliche Wahrheit an solchen Überzeugungen festhielt. Mit der Begeisterung für die Forschung wurde auch der Wille zur Rebellion immer stärker. Eine Festschrift, die Rudolf seinem Vater zum 25-jährigen Regierungsjubiläum überreichte, ließ Franz Joseph vermutlich aus allen Wolken fallen. Eine Brandrede für die Naturwissenschaften, gepaart mit einer wütenden Polemik gegen alle Kräfte, die ihre Entwicklung aufzuhalten versuchten. Rudolf hatte seine Hauptfeinde gefunden, den Adel und die Kirche.

Am Wiener Hof begann es zu gären. Immer lauter wurde die Forderung der Konservativen, den Kronprinzen vor diesen verderblichen intellektuellen Einflüssen zu schützen. Der Kaiser, ohnehin nur an Rudolfs Jagdglück interessiert, beschloss zu handeln. Sobald Rudolf die Volljährigkeit erreicht hatte, war mit Latour und seiner liberalen, intellektuellen Erziehung Schluss. Rudolf, der sich nach dem Geschmack seines Vaters ohnehin viel zu viel hinter Büchern verkroch, sollte ins richtige Leben zurückgeführt werden – von einem Erzreaktionär und Lebemann: Charles Graf Bombelles. Die konservative Presse jubelte, Rudolf trauerte um sein »Alterle« Latour. Bombelles aber versuchte ihm das süße Leben schmackhaft zu machen, verhalf ihm zu Liebesabenteuern, wie er sie schon für Rudolfs Onkel Maximilian erfolgreich eingefädelt hatte. Die Karriere des Frauenhelden Rudolf begann. Zusammen mit dem Alkohol, den er, allein schon um seine Nerven ruhig zu stellen, in großen Mengen konsumierte, zerstörte diese Leidenschaft allmählich seine ohnehin labile Gesundheit. War es vorerst nur Schlafmangel, so stellte sich nach einigen Jahren des leichten Lebens eine Syphilis ein. Mehr als kuriose Wunderkuren hatte die Medizin des 19. Jahrhunderts gegen diese Krankheit nicht aufzubieten. Rudolf verfiel in seinen letzten Lebensjahren körperlich so stark, dass ihm der Weg in den Tod vermutlich umso verlockender erschien. Das pralle Leben, das ihm Bombelles im Auftrag des Vaters vorzuführen hatte, war für den labilen Kronprinzen der Anfang vom Ende.

Vorerst aber war es eine rein seelische Krankheit, die ihn so offensichtlich zerrüttete, dass sich sogar Bombelles und seine Befürworter ernsthaft sorgten. Man hatte begonnen, die Zügel zu lockern und Rudolf auf Reisen geschickt. Er sollte Industrie und Gewerbe der Schweiz, Deutschlands und schließlich auch der damals fortschrittlichsten Industrienation, England, kennen lernen. Am Königreich entzündete sich Rudolfs Begeisterung für den technischen und wissenschaftlichen Fortschritt und natürlich auch für den politischen Liberalismus von neuem. Umso größer wurde das Entsetzen über den Zustand der Donaumonarchie und ihrer herrschenden Klasse. Noch einmal, härter und deutlicher als zuvor, beschloss er, seine Gedanken zu Papier zu bringen.

Als das Pamphlet mit dem Titel »Der österreichische Adel«, eine brisante Abrechnung mit der k.u.k. Aristokratie, 1878 in München erschien, löste es einen Skandal aus, der den Kronprinzen nur um Haaresbreite verfehlte. Das Inkognito hielt. Auch wenn viele zu wissen glaubten, wer da so unverblümt von »grenzenloser Trägheit und Scheu vor jeder Art mühseliger Studien« sprach und den heimischen Von und Zu keine anderen Tätigkeiten zubilligte als Bälle und Pferderennen »mit einer zumeist unglaublich flachen Causerie«.

Sosehr Rudolf die vornehme Gesellschaft der Monarchie verachtete, so tief war seine Bewunderung für einige Wissenschaftler, allen voran für den deutschen Zoologen Alfred Brehm. Er wurde für Rudolf, was sein eigener Vater nie gewesen war, ein Vorbild, ein Lehrer und vor allem ein guter Freund.

In dem knapp 30 Jahre älteren Forscher fand er alles, was ihn begeisterte, vereint. Brehm war Naturwissenschaftler und Protestant, ein Abenteurer und überzeugter Gegner aller gesellschaftlichen Konventionen. Als er eine seiner in ganz Europa gefeierten Vorlesungen in Wien hielt, war auch Rudolf begeisterter Zuhörer und wurde durch Vermittlung Hochstetters anschließend auch persönlich bekannt gemacht. Es dauerte nicht lange und Brehm ging in der Prager Burg, zu dieser Zeit der Wohnsitz des Kronprinzen, aus und ein. Gemeinsam gingen sie in der Umgebung Prags jagen, um die Beute anschließend in Rudolfs Arbeitszimmer wissenschaftlich auszuwerten. An das Zeremoniell, das den Thronfolger auf der Prager Burg tagtäglich umgab, verschwendete Brehm keinen Gedanken. Er kam unangemeldet und schlug sich, ohne den aufgeregten Haushofmeister auch nur eines Blickes zu würdigen, bis in die Privatgemächer Rudolfs durch. Pfeiferauchend, in einer ausgebeulten Jacke, ausgestopfte Tiere oder Lehrbücher unterm Arm, war er für die Höflinge ein wandelnder Skandal.

Rudolf kümmerte sich nicht um die Aufregung, wies alle Vorwürfe und Anschuldigungen gegen Brehm zurück. Seiner Begeisterung konnten solche kindischen Beschwerden nichts anhaben. Von der unterwürfigen Höflichkeit seiner Umgebung ohnehin angewidert, ließ er dem so verehrten väterlichen Freund jede Grobheit durchgehen. Und von denen gab es eine ganze Menge. Brehm war offen und ziemlich aufbrausend und führte seine wissenschaftlichen Debatten mit Rudolf ohne jede Rücksicht auf Rang und Stand. Dass der Kronprinz etwa Nebelkrähen nicht unter Naturschutz stellen wollte, brachte, wie ein Forscherkollege später schrieb, Brehm regelrecht in Wut.

Eine dieser ornithologischen Diskussionen wurde damals nicht nur von diesem ungewöhnlichen Prager Duo, sondern von der gesamten vogelkundlichen Fachwelt Europas geführt. Man war sich nicht einig, ob Stein- und Goldadler verschiedene Arten oder nur Variationen derselben Art seien. Um die Frage zu klären, tischte Rudolf eines Tages seinem Mentor einen ungewöhnlichen Vorschlag auf. Er lud ihn zu einer Adlerexpedition nach Südungarn ein. Mit dem eingangs erwähnten Schiff wollte man die Donau entlang fahren und Vorstöße in die endlose Sumpflandschaft der Auen machen.

Die Reise wurde zu einem ausgewachsenen Abenteuer, das auf den zwanzigjährigen Rudolf ungeheuren Eindruck machte. Kaum zurückgekehrt, begann er mit der Arbeit an einem umfassenden Reisebericht. »Fünfzehn Tage auf der Donau«, vom Autor selbst bescheiden als »kleine Reisebeschreibung« bezeichnet, kostete den mit Repräsentationspflichten ohnehin überlasteten Kronprinzen einige Monate lang seinen Nachtschlaf. 1878 vorerst anonym veröffentlicht, wurde das Buch, sobald der wahre Verfasser des abenteuerlichen Berichts bekannt wurde, zu einem Riesenerfolg. Schwärmerisch und voll Begeisterung für die unberührte Wildnis gab Rudolf nicht nur seine Vogelbeobachtungen, sondern das ganze Leben an Bord und in den Dörfern wieder. Schon das Vorwort macht klar, was für ein begeisterter Grüner dieser hochadelige Rebell in jenen Jahren war: »Der Mensch braucht Abwechslung, um Geist und Körper frisch zu halten. Er muß Gelegenheit haben … aus der Gesellschaft der Culturmenschen zu flüchten; hinaus in die freie Natur zu eilen … Dies sei gesagt jenen angekränkelten Stadtbewohnern, die es für eine Verwilderung halten, die freie Natur als die eigentliche immer den Geist neu belebende Heimat des Menschen anzusehen. Und es ist eine wahre Quelle der Veredelung, ein Schutz gegen die Verknöcherung im Kampfe der bloßen materiellen Interessen.«

So realistisch und unmittelbar ist der Stil des Buches, dass man darin nicht nur über »dicke und nicht besonders reinliche griechische Popen« und »Räubergestalten ... mit dunkelbraunem verwitterten Gesichte, lang herabhängendem Schnurrbarte, geringeltem pechschwarzem Haare« informiert wird, sondern auch über die in Wahrheit gefährlichsten und blutrünstigsten Raubtiere der Auwälder: »... die ärgste Qual des Waidmannes, der sich in jene Wälder vertieft, nämlich die blutdürstigen Gelsen. Kaum waren wir ruhig in unserem Verstecke untergebracht, als es sich schon um uns her summend zu rühren begann; auf mein Gesicht und meine Hände machten die elenden Tiere ihre kühnsten Angriffe.«

Nicht nur das Lesepublikum, auch das offizielle Österreich reagierte begeistert auf dieses Erstlingswerk. Beim Makart-Festzug zur silbernen Hochzeit des Kaiserpaars flatterten die frischen Abzüge der »Fünfzehn Tage ...« über die Köpfe der begeisterten Zuschauer. Die kaiserliche Akademie der Wissenschaften ernannte Rudolf zu ihrem Ehrenmitglied, die Budapester Universität überreichte ihm gleich den Ehrendoktor. Für den begeisterten »Dilettanten« wie er sich selbst oft nannte, hatten all diese Auszeichnungen einen bitteren Beigeschmack. Er wusste, dass sie weniger wissenschaftliche Anerkennung als viel mehr höfliche Gesten vor seiner kaiserlichen Hoheit waren. »Ich bin fanatischer Bewunderer der Natur und der Naturwissenschaften; aber damit ist auch alles gesagt; Zeit, Bildung und Gründlichkeit fehlen«, schrieb ein skeptischer Rudolf an den befreundeten Arzt Theodor Billroth. So oft hatte er gegenüber seinem Vater den mit Sicherheit größten Wunsch seines Lebens geäußert: Er wollte ein Studium an der Universität antreten. Wilhelm, Thronfolger des ewigen Widersachers Preußen, absolvierte zur selben Zeit eine akademische Ausbildung. Für den zunehmend versteinerten Kaiser und seine Berater, die ihn geflissentlich von der Realität abschirmten, war so ein Anliegen nicht einmal eine Überlegung wert. Rudolfs Schicksal war ja bereits vor seiner Geburt festgelegt worden: das Militär.

Die Begeisterung des Zwanzigjährigen für die Wissenschaft nahm trotz allem nicht ab. Viel Zeit aber blieb ihm dafür nicht mehr. Der Kaiser hielt ihn zwar von allen politischen Entscheidungen fern, deckte ihn aber umso mehr mit militärischen und Repräsentationspflichten ein. Rudolf opferte die Nachtstunden und die wenigen Wochenenden, an denen er nicht im Gefolge seines Vaters auf die Pirsch gehen musste, um zu arbeiten und zu schreiben. Zahlreiche wissenschaftliche Arbeiten des mittlerweile in Europas Forscherkreisen anerkannten Laien entstanden in den kommenden Jahren. Diese »ornithologischen Notizen« erschienen zu einem Großteil in den »Mitteilungen des ornithologischen Vereines«. Auch in diesen Texten weist Rudolf ständig auf seine fehlende wissenschaftliche Kompetenz hin, erwähnt, dass er ohnehin »nur wenig zu bieten« habe; »... lose Blätter sind es, gesammelte Notizen ohne Ordnung.«
Einige dieser »ungeordneten Notizen« waren es Brehm immerhin wert, sie in seiner bis heute berühmten Buchreihe »Brehms Tierleben« zu verwenden. Die darin enthaltenen Beschreibungen des Schwarzen Milan, der Wiesenweihe und einiger anderer Vögel sind von Rudolf persönlich verfasst worden. Brehm gönnte seinem Freund schon im Vorwort einiges Lob: »Die Lebensschilderung ist so frisch und lebendig geschrieben und dabei so treu und verläßlich, daß sie von keiner anderen mir bekannten erreicht, geschweige denn übertroffen wird.«
Dem jungen Freizeitforscher hätte man keine größere Freude machen können: »Keine andere Auszeichnung, in welch einer Form sie zur Geltung käme, könnte mich nicht so freuen, als wie in einem wissenschaftlichen Werke von einem wahren Gelehrten genannt zu werden; ich habe es leider nur zu wenig verdient.« Rudolfs Bescheidenheit, die ständige Geringschätzung seiner eigenen Arbeit, sie waren mehr als eitle Attitüde eines angehenden Herrschers. Der unerfüllt gebliebene Traum eines Studiums, vielleicht sogar einer Forscherkarriere, lastete wie ein Alptraum ein Leben lang auf ihm. Bitterkeit spricht aus einer seiner »ornithologischen Beobachtungen« über den Kuttengeier: »Wie gering und wenig bemerkenswert diese Sammlung von Notizen ist, doch tröste ich mich mit dem Gedanken, daß unter vielem Schlamme und Sande auch ein Goldkörnchen ruhen kann, das

tüchtigere Forscher als ich als werthvoll erkennen und zu verwerthen wissen werden.«
Jahre später noch, als die Politik den Kronprinzen scheinbar völlig in Beschlag genommen hatte, waren ihm wissenschaftliche Ehrungen vor allem unangenehm. Nach der Verleihung des Ehrendoktorats der Wiener Universität schrieb er sichtlich irritiert an seinen alten Lehrer Krist: »Das Einzige, was mich drückt, ist das Gefühl, durch meine dilettantenhaften Arbeiten ... den Doctortitel wohl nicht so recht verdient zu haben.« Wie gerne hätte er sich diesen Titel ehrlich erworben.
Umso mehr überwältigte ihn der wissenschaftliche Eifer. Rudolf schrieb nicht nur bis zu dreißig Seiten lange Briefe an Brehm, um ihm seine neuesten Beobachtungen mitzuteilen, er schickte ihm auch kistenweise präparierte Vögel für dessen Sammlung. Aufzeichnungen aus seinen Prager Jahren zeigen, dass ihn die Vogelkunde auch in den Stunden, in denen er seinen gehassten Repräsentationspflichten hinterher hetzte, nicht losließ: »Hier, in Mitten der Stadt beobachtete ich Zaunkönige, Meisen, Goldhähnchen, Goldammer, Buchfinken, grosse Bunt- und Grünspechte, Letztere sogar an der Mauer eines Hauses nach Insekten suchend.«
Rudolf nützte jede Gelegenheit zur Flucht vor dem Stadtleben und dem Umgang mit »größtentheils recht langweiligen Menschen«.
Eine weitere Reise mit Brehm war bereits geplant: Im April 1879 brach man mit dem Dampfschiff von Venedig nach Spanien auf. Und Rudolf war fest entschlossen, die kommenden Wochen ausschließlich mit seinem väterlichen Freund in freier Natur zu verbringen. Zum Entsetzen von Bombelles, der im Auftrag des Hofes für die Abwicklung einer Unzahl gesellschaftlicher Verpflichtungen zu sorgen hatte. Im ehemaligen Habsburgerland Spanien wollte man dem Thronfolger überall die Aufwartung machen. Rudolf dachte nicht daran, zu erscheinen. Er blieb, wie sein Begleiter Graf Wilczek sich später erinnerte, in den Wäldern, um Vögel zu beobachten und zu schießen, und ließ sich vom Grafen entschuldigen: »Das war für mich ein peinlicher Auftritt und ich glaube, die loyalen Barcelonesen dürften dadurch sehr gekränkt gewesen sein.«

Ständig irgendwelchen seltenen Vogelarten oder anderen Naturwundern hinterher jagend, reiste man kreuz und quer durchs Land und geriet dabei in abenteuerliche Situationen. Um die Sicherheit des hohen Gastes zu garantieren, wurde die Gesellschaft zeitweise von Polizisten begleitet. Rudolf, der sich von solchen offiziellen Bürden nur belästigt fühlte, versuchte ständig die Uniformierten loszuwerden. Als es ihm eines Abends gelang, landete er dafür prompt in einer Räuberherberge und musste von seinen Begleitern eine Nacht lang mit der Pistole bewacht werden, um Übergriffe zu verhindern.
Überglücklich kehrte Rudolf schließlich nach Wien zurück. Unzufrieden waren nur der um seine Repräsentationsfreuden betrogene Bombelles und die mitgereisten Schiffsoffiziere. Sie, die bereits andere adelige Jagdgesellschaften befördert hatten, bemäkelten die angeblich so geringe Jagdbeute, die obendrein noch zum Großteil aus lächerlich kleinen Vögeln bestünde. Rudolf war eben viel weniger Jäger als Wissenschaftler mit Gewehr. Die neue Lerchenart, die er und Brehm entdeckt hatten, war ihm viel wichtiger als irgendwelche Schusslisten. »Eine schöne herrliche Zeit liegt hinter uns«, schrieb er kurz nach der Rückkehr an den verehrten Freund. Es sollte die Letzte dieser herrlichen Zeiten sein. Denn der Wiener Hof bereitete bereits die nächste erzieherische Attacke auf den Kronprinzen vor. Brehm musste weg. Er war Freimaurer, für Wiens klerikale und konservative Kreise eine offene Provokation. Man inszenierte einen Skandal. Die Presse wütete über die unstandesgemäße Freundschaft derart heftig, dass man Zeitungen wegen offener Beleidigung des Kronprinzen konfiszieren lassen musste. In der Wiener Gesellschaft reichte man mit gespielter Entrüstung Aufsätze in Freimaurerzeitungen herum, die Brehm in seinen Jugendjahren verfasst hatte. Selbstverständlich hatte man Rudolf längst in Verdacht, ebenfalls Mitglied des Geheimbundes zu sein. Unverblümt wurden derartige Gerüchte und Verleumdungen an die Öffentlichkeit gebracht.
Ob Brehm tatsächlich Rudolf zur Freimaurerei zu überreden versuchte, ob Rudolf, wie manche Historiker behaupten, sogar einer Loge beitrat – allesamt unbestätigte Hypothesen. Was tatsächlich stattfand, war eine Hetzjagd auf den Kronprinzen,

die ihn so zur Verzweiflung brachte, dass er sich von Brehm tatsächlich distanzierte. Man traf sich zunehmend seltener. Rudolf bat den Forscher, in Wien keine Vorträge mehr zu halten, und beschränkte sich schließlich auf einen brieflichen Kontakt. Später berichtete er dem Journalisten Moriz Szeps über seine prekäre Lage: »Man hatte ein Netz um mich geworfen und den Glauben verbreitet, ich sei Mitglied des Freimaurerordens geworden. Diese Beschuldigung trat immer frecher auf und endlich wußte ich mir nicht anders zu helfen ... ich fordere, wozu ich das Recht habe, die Einsetzung eines Kriegsgerichtes, welches die Sache in der strengsten Weise untersuchen soll.«

Widerstand war zwecklos. In einem Brief versprach Rudolf seinem Freund Brehm noch: »Meine Freundschaft zu Ihnen ist unerschütterlich, da kann geschehen was will.« Es sollte beim Versprechen bleiben. Der Hof beschloss, den rebellischen Thronfolger fürs Erste einmal in die Ferne zu verfrachten. Man schickte ihn auf eine Reise nach Palästina und Ägypten. Vorrangiges Ziel des Ausflugs war Jagen. Entsprechend setzte sich die Gruppe aus lauter routinierten Jägern und, zur Wiederherstellung von Rudolfs religiöser Integrität, dem Hofburgpfarrer Laurenz Mayer zusammen. In dieser geistig nicht gerade fordernden Gesellschaft, die auf den Stufen der Cheopspyramide nichts Besseres zu tun hatte, als die dort herumlaufenden Schakale abzuschießen, hängte sich Rudolf an den einzigen Mitreisenden, der intellektuell etwas zu bieten hatte: den Ägyptologen Heinrich Brugsch. Der Gelehrte, der in diese Herrenrunde ebenso wenig paßte wie der Kronprinz, hatte einen wirklich aufmerksamen Zuhörer gefunden. Rudolf verschlang regelrecht, was Brugsch über die Geschichte des alten Ägypten und seine Kulturschätze zu erzählen hatte. Der Forscher wiederum zeigte sich von ihm außerordentlich begeistert. Nicht nur das Allgemeinwissen, auch die bereits erwähnte Bescheidenheit einer doch so hoch gestellten Persönlichkeit machten auf ihn tiefen Eindruck: »Ein besonderer Zug, den ich mit wahrer Freude in dem Charakter des Kronprinzen entdeckte und täglich bestätigt fand, war die Einfachheit seiner Sitten und eine wahre Bedürfnislosigkeit.« In gewohnter Ehrfurcht vor akademischer Weisheit und brennendem Wissensdurst distanzierte sich Rudolf zunehmend von den ihm peinlichen Begleitern. Pflichtgemäß, aber widerwillig nahm er an den Jagdausflügen teil, um später in unbeobachteten Momenten Brugsch seine Abneigung gegenüber derartigem Massenmord zu gestehen. Der Ägyptologe, der weder mit einem Gewehr noch mit den sportlichen Manieren seiner Mitreisenden etwas anzufangen wusste, schrieb später in seinen Memoiren, Rudolf hätte ihm versichert, nicht das geringste Vergnügen bei den Jagden auf Rotwild und Gämsen zu empfinden. Das Massenmorden unschuldiger Tiere hätte ihm geradezu einen Widerwillen bereitet.

Solche Bemerkungen muss man vermutlich eher Rudolfs Demutshaltung vor Wissenschaftlern zuschreiben. Auffallend ist jedoch, dass auch in der »Orientreise«, Rudolfs groß angelegter Beschreibung der Unternehmung, die Jagd nur einen auffallend geringen Stellenwert hat. Wenn man bedenkt, dass die adelige Gesellschaft von morgens bis abends mit der Büchse in der Hand unterwegs war, sind die Passagen in der »Orientreise« bemerkenswert kurz und merklich ohne jede Inspiration verfasst. Beim Anblick der Pyramiden jedoch geht das Herz des Hobbyforschers wieder einmal unüberhörbar über: »Der Schweiß und die Thränen von Hunderttausenden sollen an diesen wahnsinnigen Unternehmungen kleben.«

Unterhaltsam, auch heute noch, mehr als hundert Jahre später, sind die zwiespältigen Eindrücke von den heiligen Stätten Palästinas. Wo religiöse Pilger heute noch vom Jerusalem-Syndrom erfasst werden, erkannte der antiklerikale Freigeist »eine Schweiz ins Religiöse übersetzt, dort wird der Sinn nach Naturschönheiten der Reisenden, hier der Glaube und die Andacht ausgebeutet und zu Geld gemacht«.

Städte wie Bethlehem lösten bei ihm nur Enttäuschung aus: »Das Auge fühlt sich bereits allenthalben beleidigt, durch die auffällige Verwahrlosung, in der sich die Bewohner und ihre Niederlassungen befinden.« Auch den damals schon blühenden Handel mit Pilgersouvenirs fand er nur lächerlich: »Jahr für Jahr wandert der mirakulöse Kram von Rosenkränzen, Amuletten, Madonnenbildchen und Oelholzkreuzen in schweren Säcken nach Jerusalem, wo diese Dingerchen unter Pilgern reißenden Absatz finden.«

An biblischen Stätten verlor Rudolf rasch das Interesse, lieber widmete er sich seinen vogelkundlichen Studien. Hatten sich nach einer morgendlichen Jagd die anderen Teilnehmer längst in den Schatten und zu kühlen Erfrischungen zurückgezogen, arbeitete Rudolf in der Mittagshitze an den erlegten Tieren. Streng nach Brehms Regeln wurden die Vögel vermessen, die Daten in ein Notizbuch eingetragen.
Begeistert von Brugschs Fachkenntnis, ließ er sich von dem erfahrenen Historiker beim Kauf antiker Objekte anleiten. Die damals in Europas vornehmen Kreisen ungemein populäre Ägyptologie – man veranstaltete Mumienpartys – hatte auch den Kronprinzen erfasst. »Colossal« wären diese Reichtümer, schrieb er begeistert nach Hause.
Dort wartete bereits der Ernst des Lebens auf den jungen Abenteurer. Die längst überfällige Heirat mit Stephanie von Belgien stand an. In Prag warteten militärische Pflichten und die schwelende Tschechenkrise, die Rudolf in den kommenden Jahren immer mehr in Beschlag nehmen sollte. Die Politik rückte immer stärker in den Mittelpunkt seines Lebens. Er begann heftig umstrittene politische Denkschriften zu verfassen. Zwar blieb sein tatsächlicher Einfluss auf die Regierung nach wie vor gering, doch seine Auftritte in der Öffentlichkeit genügten, um die gesamte konservative Reichshälfte gegen ihn in Stellung zu bringen. Dieser unselige Stellungskrieg sollte ein gut Teil seiner Zeit in Anspruch nehmen.
Für die Ornithologie blieb da oft keine Zeit mehr. Gemeinsame Projekte mit Brehm, wie etwa eine Fauna der Monarchie, kamen nicht mehr zu Stande.
Trotz aller Politik, die Wissenschaft blieb auch weiterhin Rudolfs größte Leidenschaft. Er kümmerte sich um die Einrichtung von Forschungsstationen und organisierte einen ornithologischen Kongress in Wien. Doch auch die endlosen Stunden am Schreibtisch verbrachte er unter Vögeln. Seine Privatgemächer waren ein Museum des Gefieders und unter der Decke seines Arbeitszimmers schwebte ein Dutzend riesiger Geier und Adler mit ausgebreiteten Schwingen.
Wo er nur die Möglichkeit hatte, verschaffte der fortschrittsgläubige Kronprinz der Wissenschaft und Technik glanzvolle

Auftritte. Verzweifelt setzte er sich für die Förderung wissenschaftlicher Projekte ein. Über Jahre kämpfte er etwa für den Rudolfinerverein, eine von Theodor Billroth gegründete Initiative zur Förderung moderner Krankenpflege. Der berühmte Arzt wollte nicht mehr als das Monopol der geistlichen Schwestern brechen. Im erzreaktionären Österreich war schon die Forderung, dass eine Krankenschwester nach ihrer Ausbildung beurteilt werden solle und nicht nach ihrer Religion, ein Skandal. Rudolf beklagte sich bitter über die Untergriffe, mit denen man dieses humanitäre Anliegen schlicht zu blockieren versuchte. »In sehr maßgebenden Kreisen wird Propaganda gemacht, man kämpft mit sehr einfachen aber höchst unlauteren Mitteln. Die Schlagworte Freimaurerverein und antireligiöse Tendenz sind sehr leicht auszusprechen. Wie ein Verein, der … die Linderung der notleidenden Menschheit verfolgt und nebst dem unter meinem Protektorat steht, auch staatsgefährliche Intentionen in sich schließen kann, das ist mir noch nicht klar, doch wie wir sehen, kann man auch den größten Unsinn wirksam verwerten.«

Bei öffentlichen Auftritten hielt er flammende Plädoyers für den Fortschritt, so etwa bei der Eröffnung der elektrischen Ausstellung in der Wiener Rotunde: »Eine weitreichende, kaum zu berechnende Umwälzung, tief eindringend in das gesammte Leben der menschlichen Gesellschaft steht bevor.« Dass der spanische König, den er anschließend durch die Ausstellung führte, zwischen Injektion und Induktion nicht unterscheiden konnte, ließ ihn in schallendes Gelächter aussbrechen. Auch in Zeitungen, die er immer häufiger mit Artikeln belieferte, zeigte er sich von der technischen Entwicklung begeistert: »Die Siebenmeilenstiefel sind durch unsere Lokomotiven überholt, unsere Botschaften in die Ferne werden mit größerer Geschwindigkeit durch die Bewegung der Elektrizität übertragen als es der dienende Geist des Märchens gethan.«

Alle Begeisterung half wenig, bei Hof hörte niemand auf den übereifrigen Reformer. »Ich sehe die schiefe Ebene, auf der wir abwärtsgleiten … kann aber in keiner Weise etwas thun«, klagte er seinem alten Erzieher Latour.

Keine Machtlosigkeit, keine Intrigen, auch nicht der zunehmen-

de körperliche Verfall konnten ihn davon abhalten, an der Verwirklichung seiner Träume von einer modernen Monarchie zu arbeiten. Die von ihm herausgegebene Landeskunde der Donaumonarchie, »Die österreichische Monarchie in Wort und Bild«, sollte diesen Traum zumindest in Buchform verwirklichen. Die Dominanz der Deutschen, die Rechtlosigkeit der slawischen Völker, die fast mittelalterliche Rückständigkeit weiter Landesteile, das alles sollte dieses »Kronprinzenwerk« vergessen machen. Rudolf selbst stellte die Redaktion zusammen. Es waren die besten fortschrittlichen Denker, die Österreich damals zu bieten hatte. Er verfasste eigenhändig mehrere Beiträge und leitete das Projekt persönlich, bis sein Tod die Arbeit abrupt unterbrach. Noch in der Redaktionssitzung im Januar 1889, wenige Wochen vor dem Drama von Mayerling, erklärte er, ein weiteres Kapitel selbst übernehmen zu wollen. Eine Disziplin, die, bedenkt man seinen geistigen und körperlichen Allgemeinzustand, fast unglaublich erscheint. Rudolf war mittlerweile nicht nur von der Syphilis, sondern auch von zu großen Mengen Morphium und einer zunehmenden Depression gezeichnet. In Begleitung seines Leibfiakers Bratfisch und der »Künstlerin« Mizzi Caspar verbrachte er seine Nächte singend in Wiener Heurigenschenken. Die Flucht vor einer Wirklichkeit, die er nicht mehr ertragen konnte, war beinahe perfekt. Der Selbstmord nur ihre endgültige Vollendung.
Jagdausflüge waren wegen einer Augenentzündung – auch eine Folge der Geschlechtskrankheit – längst unmöglich geworden. Es war besser so. Der sonst so ruhige, kontrollierte Jäger Rudolf hatte immer häufiger Anfälle regelrechter Schießwut gezeigt. Er hielt sich nicht mehr an weidmännische Regeln, verließ plötzlich seinen Hochstand, um wild durch die Gegend zu feuern, und verletzte dabei sogar Menschen.
Ruhige Stunden erlebte er nur noch bei der Leidenschaft, die ihn schon in seiner Kindheit gepackt hatte. Die Ornithologie sollte ihn bis zuletzt begleiten. Am 26. Januar, vier Tage vor seinem Tod, befasste er sich in einem Brief an einen Schweizer Kollegen mit einem seltenen »Waldhuhn«, das auf einem Wiener Markt gekauft worden war. Kurz vorher besuchte er noch einmal das Atelier der Brüder Hodek, seine wichtigsten Tierpräpa-

ratoren. Mitnehmen aber wollte er nichts mehr: »Lassen Sie alles hier. Ich bin heute nur gekommen, um meine Adler noch einmal beisammen zu sehen.«

SISI

Die dilettantische Dichterfürstin

»Ja, wenn ich der Dachstein wäre,
O der grossen Herrlichkeit!
Schaute stolz auf alle Meere,
Trotzte Zeit und Ewigkeit.

Hätt' ich meine Weltschmerztage,
Meinen bösen alten Spleen,
Würde ich mit einem Schlage
Dichten Nebel um mich zieh'n.

Und ich zeigt' den dummen Affen,
Juden, Christen tief im Thal,
Die nur zugereist zum Gaffen,
Meiner Schönheit keinen Strahl.

Ja, wenn ich der Dachstein wäre,
O der grössten Herrlichkeit!
Scherte mich, auf meine Ehre,
Nie mehr um gewisse Leut'.«

So dichtete eine gewisse »Titania« insgesamt elf Strophen im Jahr 1885. Das Gedicht war nicht besonders gut, aber das war nicht der Grund, warum es die Autorin streng geheim in ihrem Tagebuch verschlossen hielt. »Titania« war nämlich der Dichtername, den sich Elisabeth, Kaiserin von Österreich und Gemahlin von Franz Joseph, selbst gegeben hatte. Nicht, dass ihre Gedichte etwas an dem Bild geändert hätten, das die Bevölkerung damals schon von ihr hatte. Die Zeiten waren vorbei, da man sie noch für die süße »Sisi«, die wunderschöne Prinzessin aus Bayern, gehalten hatte. Elisabeth hatte sich als schwierige, verschlossene, öffentlichkeitsscheue Frau entpuppt. Alle paar Jahre hatte sie einen anderen Spleen, sie entzog sich ihren Pflichten, wann immer sie konnte, und sie lächelte selten.
Der Hof und die kaiserliche Familie wiederum wussten, dass Elisabeth nichts von ihnen hielt. Auch in dieser Hinsicht wären ihre in Gedichtform verfassten Enthüllungen über die »liebe Familie« kaum eine Überraschung gewesen. Aber Elisabeth ging es um zweierlei: Sie hielt sich aus den Wiener Intrigen heraus, so gut sie konnte. Aber sie verlangte umgekehrt, dass man ihre Privatsphäre akzeptierte und sie nicht kontrollierte. Außerdem hatte sie herausgefunden, dass ihr hölzerner Ehemann gar nichts hielt von ihren Schwärmereien für den Dichter Heinrich Heine. Er konnte ihre Sensibilität nicht nachvollziehen, Heines lyrische Worte sagten ihm gar nichts und so beschloss Elisabeth, vor der prosaischen Wirklichkeit in ihre ureigene, poetische Welt zu flüchten. Wo sie, Elisabeth, zu Shakespeares unsterblicher Zauberin wurde und Franz Joseph abwechselnd zum Feenkönig Oberon oder zu ihrem »grauen Esel«. Nur wenige Eingeweihte wussten von Elisabeths Dichtungen. So ihr Lieblingsbruder, der Augenarzt Carl Theodor, genannt »Gackel«, ihre Lieblingstochter Marie Valerie, ihre »Einzige«, der ungarische Graf Gyula Andrássy, der sie noch immer verehrte, und »Carmen Sylva«, vulgo die rumänische Königin Elisabeth, die selbst im schwärmerischen und aufgeregten Stil dichtete und beachtliche Erfolge damit erzielte.
Elisabeth von Österreich war zwar eine extrem schüchterne Person, aber sie hatte Selbstbewusstsein genug, um zu glauben, dass »das, was mir der Meister dictirt« hatte, gut genug für die

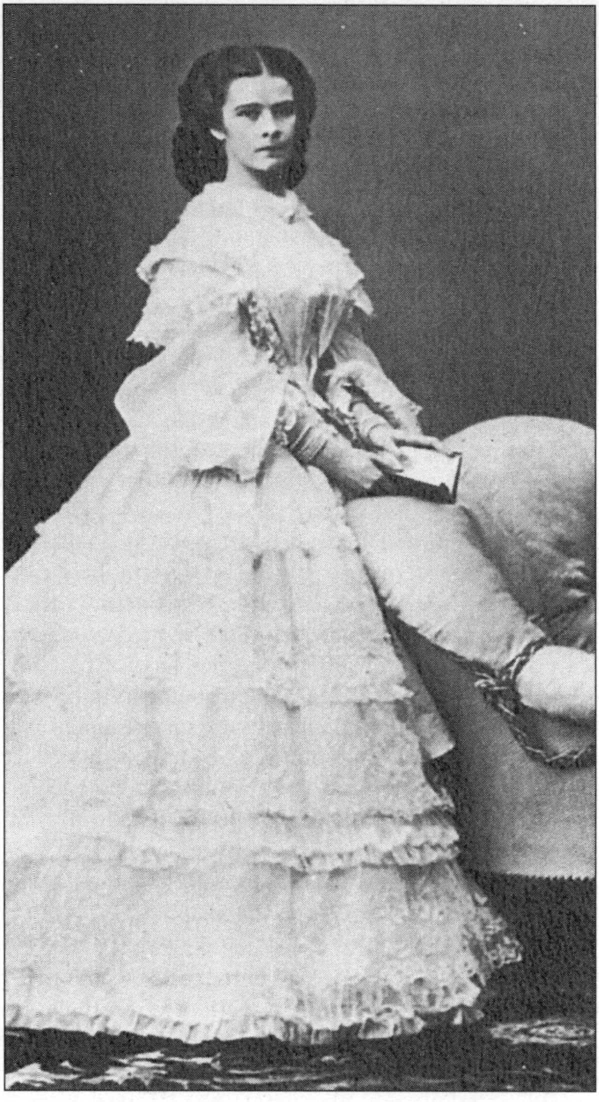

Die liebreizende »Engels-Sisi« dichtete ziemlich ungehörige Verse: Kaiserin Elisabeth

Veröffentlichung sei. Sie sah nur keinen Sinn darin, ihre Werke ihrer Generation zukommen zu lassen. Sie erwartete kein Verständnis – also widmete sie ihre Gedichte den »Zukunftsseelen«, sperrte sie in eine Kassette, die sie ihrem Bruder Carl Theodor vermachte. Sie ließ sogar durch ihre Nichte, die Gräfin Larisch, und eine weitere Verwandte streng geheim Abschriften machen, um ihre Werke der Nachwelt zu erhalten. Der »schöne« Fürst Liechtenstein erhielt einige Werke und Graf Hans Wilczek durfte ausgewählte Gedichte der Kaiserin sogar drucken lassen – unter Wahrung strengster Anonymität.

Es ist das Verdienst der Wiener Historikerin Brigitte Hamann, dass die verwirrende, dunkle Seite im Wesen der strahlend schönen Kaiserin an die Öffentlichkeit gelangte. In ihren Büchern hat sie Elisabeths Leben beschrieben und analysiert, ihre Gedichte gesammelt und veröffentlicht und auch die zahlreichen offiziellen Fotografien, die es von der schönen dreißigjährigen Frau gab.

Hamann staubte das »Sissi«-Bild gehörig ab, das Ernst Marischka in den 50er-Jahren mit der blutjungen Romy Schneider aufgebaut hat. Der »Sissi«-Boom in Wien hörte damit aber keineswegs auf: Das alte Bild vermischte sich mit dem neuen und kam noch besser an – bei den Wienern und bei den Touristen. Es gibt ein »Elisabeth«-Musical, »Sissi«-Taler aus Schokolade, »Sissi«-Führungen für Touristen, Schauspielerinnen lassen sich als »Sissi« verkleidet fotografieren und die Kaiserin reitet 100 Jahre nach ihrem gewaltsamen Tod noch immer unverdrossen durch Theaterstücke und durch den Schlosspark von Schönbrunn.

Jedes österreichische Kind kennt die Geschichte der Elisabeth Amalie Eugenie, Herzogin in Bayern, die am Heiligen Abend des Jahres 1837 in München geboren wurde. Sie hatte eine unbeschwerte Kindheit mit ihren sieben Geschwistern am Starnberger See, ehe sie als 15-Jährige in Bad Ischl auf den hübschen, jungen österreichischen Kaiser traf. Eigentlich hätte er ihre ältere Schwester Helene heiraten sollen, aber Franz Joseph verliebte sich Hals über Kopf in das wunderschöne, unbeschwerte Landkind Elisabeth. Dann kam die glanzvolle Hochzeit in Wien, der Hof mit seinen großen Namen und kleinen Geistern, die drei Kinder Sophie, Gisela und Rudolf – und die Schwiegermutter,

die sich in alles einmischte und der man es nie recht machen konnte.
Nach sechsjähriger Ehe war das Liebesglück des Kaiserpaares zerbrochen und Elisabeth verließ nach schweren Differenzen ihre Familie. Sie floh – zunächst zu ihren Eltern nach Possenhofen, dann nach Madeira und Korfu. Über zwei Jahre war sie weg und als sie wiederkam, hatte sie sich geändert. Sie war gereift, das machte sie noch schöner, sie war selbstbewusst bis zum Hochmut, sie hatte ihren eigenen Kopf, gab sich liberal und befürwortete heimlich die Republik und genoss dennoch alle Privilegien, die ihr Stand bot. Sie blieb eine Rastlose, verweilte immer nur kurz an der Seite ihres Mannes und entzog sich, wann immer es ihr passte.
Franz Joseph ließ sie stets einsam und voller Sehnsucht nach seiner schönen, unangepassten Frau zurück. Er war ihr zeit seines Lebens ergeben, und selbst die offizielle »gnädige Frau« Katharina Schratt, die ihn in seinen späteren Jahren begleitete, hatte Elisabeth ausgesucht. Die Kaiserin brauchte ihre Freiheit, um ihren Bildungshunger zu stillen, ihren Sinn für das Mythische zu pflegen und der Natur und der Einsamkeit zu huldigen. Der Ruf ihrer fabulösen Schönheit verbreitete sich rasch über ganz Europa und Elisabeth ging dazu über, stets inkognito zu reisen.
In den 80er-Jahren des vorigen Jahrhunderts war Elisabeth nicht mehr die strahlende Schönheit, die ungarische Rebellen genauso betört hatte wie italienische Revolutionäre. Sie steckte wieder einmal in einer Krise. Sie war über 50 Jahre alt und ihr sorgsam gepflegtes Äußeres verlor zusehends an Glanz. Sie versteckte ihr faltiges Gesicht hinter Fächern und ging mehr denn je auf Reisen. Sie litt unter Ischias und schweren nervösen Störungen. Und da entdeckte sie ihre intellektuellen Kapazitäten wieder und beschäftigte sich mehr denn je mit Literatur. Der deutsche Genius Heinrich Heine, der 1856 verstorben war, hatte es ihr besonders angetan.
Sie nannte ihn ihren »Meister« und sich selbst seine »Jüngerin«. Sie eiferte ihm nach, wo immer sie konnte, und dichtete über alles und jeden: über die Schönheit des Rheins, über Wanderausflüge rund um Ischl, über die Familie, über ihr geliebtes Griechenland und über den Lainzer Tiergarten, in dem die »Her-

mesvilla« stand, die Franz Joseph für sie hatte bauen lassen. Der Kaiser hatte gehofft, seine Frau werde sich öfter in Wien aufhalten, nachdem sie die Sportreiterei, die sie jahrelang leidenschaftlich betrieben hatte, aufgegeben hatte. Als er feststellte, dass sie sich weder in der Hofburg noch in der Kaiservilla in Ischl noch in Schönbrunn oder Laxenburg wohl fühlte, ließ er die Villa im Lainzer Tiergarten ganz nach ihrem Geschmack (und sogar mit modernen sanitären Anlagen) einrichten. Vor dem Haus steht eine Statue ihres Lieblingsgottes Hermes, auf dem Balkon eine Büste Heines, im Stiegensaal eine Statue ihres Lieblingshelden Achill, ihr Schlafzimmer ist mit Fresken ihres Lieblingsdramas, des »Sommernachtstraums«, ausgemalt. Die Zeichnungen dazu stammten übrigens von Makart, ausgeführt hat den Auftrag der junge Gustav Klimt. An ihrem Prunkbett findet sich ihre Lieblingsallegorie aus dem Shakespeare-Stück: Titania mit dem Esel – eine Anspielung auf ihre Beziehung zu ihrem Mann. Franz Joseph schluckte sogar das und tat alles, um seine anspruchsvolle Frau zufrieden zu stellen. Als die kaiserliche Familie erstmals in Lainz übernachtete, fühlte er sich dennoch nicht wohl und reagierte hilflos: »Ich werd mich immer fürchten, alles zu verderben.«

Er verdarb wieder einmal alles und Elisabeth ging weiter auf Reisen und dichtete. Er schrieb ihr traurige Briefe, die er mit »Dein armer Kleiner« zeichnete. »Ich hatte die stille Hoffnung«, schrieb er, »daß Du, nachdem Du Dein Haus mit so viel Freude, mit so viel Eifer gebaut hast, wenigstens den größeren Teil der Zeit, welche Du leider im Süden verbringst, ruhig in Deiner neuen Schöpfung bleiben würdest. Nun soll auch das wegfallen, und Du wirst nur mehr reisen und in der Welt herumirren.«

Elisabeth fühlte sich von ihren Zeitgenossen unverstanden und resignierte. Sie schrieb leidenschaftliche Gedichte und widmete sie den »Zukunftsseelen«, von denen sie mehr erwartete als von den Menschen des 19. Jahrhunderts. Der Kassette, die nach ihrem Tod für ihren Bruder bestimmt war, gab sie einen Brief bei: »Liebe Zukunfts-Seele! Dir übergebe ich diese Schriften. Der Meister hat sie mir dictirt, und auch er hat ihren Zweck bestimmt, nämlich vom Jahre 1890 an in 60 Jahren sollen sie veröffentlicht werden zum besten politisch Verurteilter u. deren hilfebedürften Angehörigen. Denn in 60 Jahren so wenig wie heute werden Glück u. Friede, das heisst Freiheit auf unserem kleinen Sterne heimisch sein. Vielleicht auf einem Andern? Heute vermag ich Dir Diess nicht zu sagen, vielleicht wenn Du diese Zeilen liest – mit herzlichem Gruss, denn ich fühle Du bist mir gut, Titania.«

Sie befahl, dass die Kassette dem Schweizer Bundespräsidenten übergeben werden müsse. Dieser dürfe die Kassette dann öffnen und die Gedichte der Allgemeinheit überlassen. Elisabeth wählte die Schweiz aus, weil sie in die demokratische Staatsform mehr Zutrauen hatte als in die Monarchie. Sie schaffte auch einen beträchtlichen Teil ihres persönlichen Vermögens in die Schweiz, um für den Fall gerüstet zu sein, dass die Monarchie zusammenbreche – selbstverständlich ohne Wissen ihres Mannes.

Da sie eine lebhafte Vorstellungsgabe hatte, bildete sich Elisabeth ein, sie könne mit ihrem toten »Meister« kommunizieren, und sie bemühte sich, ihm in allem zu ähneln. Sie liebte Griechenland genauso wie er, sie strebte nach Bildung und schrieb schwärmerische, zuweilen erotische Oden an Heine. Zum Beispiel:

»Es schluchzt meine Seele, sie jauchzt und sie weint,
Sie war heute Nacht mit der Deinen vereint;
Sie hielt Dich umschlungen so innig und fest,
Du hast sie an Deine mit Inbrunst gepresst.
Du hast sie befruchtet, Du hast sie beglückt,
Sie schauert und bebt noch, doch ist sie erquickt.
könnten nach Monden aus ihr auch erblüh'n
So wonnige Lieder, wie Dir einst gedieh'n!
Wie würde sie hegen, die Du ihr geschenkt,
Die Kinder, die Du, Deine Seele getränkt.«

Das ist beinahe frivol für eine Frau, die nicht gerade besonders sinnlich war. Denn andererseits dichtete sie auch:

Für mich keine Liebe,
Für mich keinen Wein;
Die eine macht übel,
Der andre macht spei'n!

Es ist überliefert, dass sie ihre ehelichen Pflichten äußerst ungern erfüllte, und dass sie Affären hatte, verweist ihre Biografin Hamann eher in das Reich der Fantasie. Die Männer lagen ihr zu Füßen und sie genoss das wohl. Sie spürte auch schwärmerische Verbundenheit mit Andrássy, mit ihrem »Königsvetter« Ludwig von Bayern, aber körperliche Beziehungen seien das nicht gewesen. Dagegen spricht auch, dass Elisabeth sich selbst nicht besonders gut leiden konnte. Sie betrachtete ihre Schönheit wohl eher von einem akademischen Standpunkt aus, als einen Wert, der sie über alle anderen erhob, den es um jeden Preis zu erhalten galt. Dafür quälte sie sich, aß kaum, unterzog sich komplizierten Schönheitskuren und turnte verbissen, um elastisch zu bleiben. In jedem Schloss, in dem sie sich aufhielt, musste ein eigener Turnsaal für die sportliche Kaiserin eingerichtet werden.

Elisabeth war groß gewachsen, aber wenn ihr Gewicht 50 Kilo überstieg, fühlte sie sich gleich »dick wie eine Tonne«. Elisabeth verwünschte jede Schwangerschaft, weil sie um ihre berühmte Wespentaille fürchtete, und sie ernährte sich wochenlang nur von Veilcheneis und Saft, der aus rohem Kalbfleisch gepresst wurde. Als man sie nach ihrem Tod obduzierte, fanden die Ärzte in ihrem ausgemergelten Körper Hungerödeme.

Um ihre Haut weich zu erhalten, badete Elisabeth in Milch. Sie betrieb einen Aufwand um ihr fast bodenlanges Haar, der jeder Beschreibung spottet. Es musste mehrmals die Woche mit zwölf Eidottern gewaschen werden. Sie engagierte die frühere Burgtheater-Coiffeuse Fanny Feifalik als ihre persönliche Friseuse. Wenn sie sich das Haar bürsten ließ, mussten ihr die Mädchen danach den Kamm zeigen. Fanden sich Haare darin, soll sie so fürchterliche Wutanfälle bekommen haben, dass die Zofen bald zu einem Trick griffen, um sich selbst zu schützen: Sie schmierten eine klebrige Masse an die Innenseite ihrer Rocksäume, um auf diese Weise die ausgegangenen Haare der Kaiserin diskret verschwinden zu lassen. Ihre langen, schweren Flechten verursachten Elisabeth oftmals Kopfschmerzen.

Noch zu ihrem 25. Hochzeitstag war die Kaiserin bildschön und ihre faszinierende Ausstrahlung wurde allgemein gepriesen. Aber die Gewalt, die sie ihrem Körper antat, hinterließ bald Spuren.

Die Frau des britischen Botschafters beschrieb die über 40-Jährige so: »Als ich sie vor neuneinhalb Jahren zum erstenmal sah, war sie noch eine wunderschöne und scheinbar junge Frau, die in einem weißen, mit Gold und Silber bestickten Kleid, mit Juwelen im Haar im Glanz von Hunderten von Kerzen stand. Jetzt stand sie in einem verblassenden Licht, in durchsichtiges, aber tiefes Schwarz gekleidet, eine Krone aus flaumigen schwarzen Federn auf dem kastanienbraunen Haar, eine Rüsche aus schwarzer Gaze um den mageren Hals. Ihr Gesicht sah aus wie eine Maske, ihre Lippen und Wangen waren zu rot.«
Elisabeth fand sich mit dem Altern nicht ab. Sie flüchtete immer öfter in ihre selbst erdichtete Traumwelt. Sie kümmerte sich zusehends nur um sich selbst – sie tat, was immer sie wollte. Und fühlte sich doch beengt und eingesperrt. Einerseits schaffte sie eine Selbstverwirklichung, die zur damaligen Zeit kaum eine Frau schaffte, auf der anderen Seite pflegte sie eine Egozentrik, die sie ihre Pflichten als Mutter, als Ehefrau und als Kaiserin völlig vergessen ließ. Sie hätte auf ihren Mann einwirken, sie hätte wohl einiges dazu beitragen können, den verknöcherten und durch das Hofzeremoniell erstarrten Franz Joseph einer moderneren Politik zu öffnen – allein: das tat sie nicht, auch nicht, als ihre Schwiegermutter nicht mehr im Weg stand. Nur einmal, beim »Ausgleich« 1867, als Ungarn gleichberechtigtes Königreich neben Österreich wurde, hatte »Sisi« ihre Finger im Spiel. Die freiheitsliebenden Ungarn hatten es ihr angetan, bis zu einem gewissen Grad wohl auch der feurige Graf Andrássy, und der unbeugsame Nationalstolz der ungarischen Magnaten beeindruckte sie viel mehr als die Ränke und Winkelzüge der böhmischen Adeligen, die am Wiener Hof den Ton angaben und auch ihre Schwiegermutter Sophie beeinflussten. Die Kaiserin lernte Ungarisch und umgab sich nur mit ungarischen Vertrauten, so stand ihr die Hofdame Ida Ferenczy am nächsten und Schloss Gödöllö wurde ihr vorübergehend Heimat. Sie hörte nicht auf, ihren Gatten zu bestürmen, die Forderungen der Ungarn zu erfüllen. Und ihr Vorhaben gelang – am 8. Juni 1867 wurden Franz Joseph und Elisabeth in der Matthiaskirche in Ofen zum König und zur Königin von Ungarn gekrönt. Zur »Belohnung« schenkte sie dem Kaiser doch noch ein Kind: Ma-

rie Valerie, über deren Erziehung sie eifersüchtig wachte und die sie nicht mehr an ihre Schwiegermutter abgab. Aus diesem Grund sprach sie von ihrer jüngsten Tochter immer als von ihrer »Einzigen«.
Aber bald darauf zog die Kaiserin sich wieder zur Gänze in ihr Privatleben zurück und vernachlässigte, wann immer es ihr möglich war, ihre Repräsentationspflichten. Sie hasste es nämlich, wie sie es nannte, »im Geschirr« zu sein. Und sie fasste auch äußerst verächtlich ihre Empfindungen bei den Repräsentationspflichten in Reime:

»Ich wollt', die Leute liessen mich
In Ruh' und ungeschoren,
Ich bin ja doch nur sicherlich
ein Mensch, wie sie geboren.

Es tritt die Galle mir fast aus,
wenn sie mich so fixieren;
Ich kröch' gern in ein Schneckenhaus
Und könnt' vor Wut krepieren.

Gewahr' ich gar ein Opernglas
Tückisch auf mich gerichtet,
Am liebsten sähe ich gleich das
Samt der Person vernichtet.

Zu toll wird endlich mir der Spass;
Und nichts mehr soll mich hindern;
Ich drehe eine lange Nas'
Und zeig ihnen den H…n.«

So dichtete also die »holde Kaiserin«. Noch lieber machte sie ausgedehnte Reitausflüge nach England, nahm an gewagten Parforceritten und Fuchsjagden teil und erlangte bald Weltruf als beste weibliche Reiterin. Sie schonte sich nicht, scheute keine Gefahr und oftmals waren ihre männlichen Begleiter bereits mehr als müde, während Elisabeth noch frisch dahingaloppierte.
Doch auch diese Flucht gelang ihr auf Dauer nicht. Es war das Alter, das sie einholte. Sie hatte zu Beginn der 80er-Jahre so

schwere Gichtanfälle, dass sie gezwungen war, das Reiten aufzugeben.
Also widmete sie sich ganz ihrem »Meister« und was als Spleen oder Schrulle begann, steigerte sich förmlich in Wahnvorstellungen hinein. Sie bildete sich ein, mit dem Toten spiritistischen Umgang zu haben. So schilderte sie einmal ihrer Tochter Marie Valerie eine Heine-Erscheinung in allen Einzelheiten. Sie habe eines Abends im Bett plötzlich sein Profil gesehen und dabei die »merkwürdige ... aber angenehme Empfindung« gehabt, »als wollte diese Seele die ihrige lostrennen aus dem Körper. Dieser Kampf brauchte einige Sekunden, aber Jehova gestattete der Seele nicht, den Körper zu verlassen«, schrieb Valerie über das Erlebnis ihrer Mutter. »Die Erscheinung verschwand und ließ Mama trotz der Enttäuschung des Weiterlebens für lange Zeit eine beglückende Befestigung im Glauben, eine grössere Liebe zu Jehova und die Überzeugung, dass Heines Seele bei Ihm und ihr Umgang mit Mamas Seele von Ihm gestattet sei. Und Mama versichert noch heute und sagt, sie könne jeden Schwur leisten, dass dies wahr sei und sie die Erscheinung vollkommen wachend und mit ihren leiblichen Augen vor sich gesehen.«
Wie Heine liebte Elisabeth Griechenland und sie setzte sich in den Kopf, Neugriechisch zu lernen. Sie bevorzugte – ebenfalls wie der »Meister« – die »Sprache des Volkes«. Sie wolle nämlich nicht die Sprache der Professoren und Politiker sprechen, sagte sie. Wenn sie etwas verabscheue, dann »die Verstellung in Gedanken, Schriften oder anderem«. Sie investierte viel Zeit und Energie in ihr Sprachstudium und übersetzte zum Beispiel Shakespeares »Hamlet« aus dem Original ins Neugriechische, später auch Texte von Schopenhauer. Sie empfand es als »heilsam, sich mit etwas recht Schwerem plagen zu müssen, um darüber die eigenen Gedanken zu vergessen«.
Die Liebe zu Griechenland lag bei den Wittelsbachern in der Familie. Elisabeths Vetter Ludwig schwärmte ebenfalls für das Land der Antike, ihr Onkel König Ludwig I. war ebenso ein Griechenlandschwärmer und sein Sohn Otto war 30 Jahre lang König von Griechenland. Die Kaiserin beschäftigte sich intensiv mit der griechischen Mythologie und der Geschichte des Landes. Einer ihrer Lieblingsdichter war Lord Byron, der wohl

berühmteste ausländische Teilnehmer am griechischen Freiheitskampf. Sie ahmte Heinrich Heine auch darin nach, dass sie viele Byron-Gedichte ins Deutsche übersetzte.
Ein griechischer Student wurde ihr ständiger Begleiter, er musste mit ihr griechische Konversation machen und ihr beim Gehen vorlesen. Das hatte für Beobachter mitunter komische Aspekte. Voran schritt die Kaiserin in ihren berühmten langen, schnellen Schritten, tief verschleiert, mit Fächer und Sonnenschirm, und hinterher hetzte ein junger Mann mit einem Buch in der Hand, der sich sichtbar bemühte, nicht zu stolpern und mit Elisabeth Schritt zu halten.
Was für eine Frau Elisabeth damals war, zeigt am besten die Begegnung mit dem österreichischen Konsul auf Korfu, Alexander von Warsberg. Er galt zu seiner Zeit als bester deutschsprachiger Griechenlandkenner und war der Kaiserin durch seine Bücher bekannt. 1885 bat sie ihn, sie auf ihren Reisen in Griechenland als wissenschaftlicher Führer zu begleiten. Warsberg schrieb später, ihr Obersthofmeister habe ihn angewiesen, »ich möge mich kurz, concentrirt fassen; die Kaiserin vertrage nicht das viele Reden. So wurde ich vor sie gestellt. Sie säuselte mich an, knapp, nicht unartig; ich fand sie häßlich, alt, spindeldürr aussehend, schlecht angezogen und hatte den Eindruck, nicht eine Närrin, sondern eine Wahnsinnige vor mir zu haben, so dass ich förmlich traurig wurde.«
Ein paar Tage später war bereits alles anders: »Bei den Besichtigungen war die Kaiserin eine andere Frau: gesprächig, formlos, gescheidt, geradezu bedeutend, intim, vorurtheilslos, kurz wie eine der bezauberndsten Erscheinungen, die mir im Leben begegnet.« Und sie hatte eine beachtliche Kondition: »4 Stunden ging ich neben oder – wenn der Fußsteig zu schmal war – immer unmittelbar hinter ihr, und machte sie mich unabläßig reden, dass mir der Kehlkopf Abends ganz entzündet war, und machte sie mir die merkwürdigsten, die aufrichtigsten Bemerkungen. Es ist das jedenfalls eine geistig sehr hochstehende Natur, die mich im höchsten Grade interessirt. Sie scheint das Bewußtein ihrer Bedeutung zu haben und darin die Berechtigung zu finden, sich nicht geniren zu laßen. Es wäre auch sonst nicht zu begreifen, dass ihr der Kaiser so viel Rücksicht zollt.«

Drei Jahre später war es um Alexander von Warsberg endgültig geschehen: »Sie ist bezaubernd liebenswürdig. Kann der Frau nicht widerstehen … Mir liegt nur an ihr, der Frau«, vertraute er seinem Tagebuch an.

Auch den Griechen selbst fiel diese seltsame Touristin auf, sie nannten sie respektvoll »die Eisenbahn« ob des hohen Tempos, mit dem sie die zerklüftete Landschaft durchmaß. Franz Joseph aber war wieder einmal hilflos gegenüber den »Wolkenkraxeleien« seiner Frau und schrieb ihr verwundert, was sie denn so lange im »kargen Ithaka« zu tun habe. Er versuchte ihr die Schönheiten der Hallstätter Landschaft auszumalen und wartete in seiner Verzweiflung mit ausländischen Gästen auf, die schon die ganze Welt bereist und ihm glaubhaft versichert hätten, dass das Salzkammergut die griechische Karstlandschaft bei weitem übertreffe. Aber seine »Engels-Sisi« wollte nicht hören und wie zum Trotz ließ sie sich als Zeichen ihrer ewigen Verbundenheit mit dem Ozean einen Anker auf die Schulter tätowieren.

Außer zu Marie Valerie hatte Elisabeth kaum Kontakt zu ihren Kindern. Ihre beiden Ältesten (die kleine Sophie war im Alter von drei Jahren verstorben) waren ihr frühzeitig entfremdet worden – durch die strenge Erziehung ihrer Schwiegermutter Sophie, die speziell aus dem kleinen Rudolf den perfekten Thronfolger machen wollte. Elisabeth hatte zwar um ihre Kinder gekämpft, aber nicht nachhaltig genug, um ihre Wünsche durchzusetzen. Nun waren die Kinder erwachsen, sie selbst eine alternde Frau – und die Kluft wurde immer größer. Dabei hätte sie gerade mit Rudolf viel gemeinsam gehabt. Er bewunderte sie vorbehaltlos und litt sehr darunter, dass er keinen näheren Kontakt zu ihr fand. Beide schrieben im Geheimen, beide hatten philosophische, literarische und historische Interessen, beide pflegten ihren Bildungseifer – und beide entfernten sich dadurch noch mehr von Franz Joseph und dem Wiener Hof.

Die Wiener Gesellschaft war, da sind sich die Historiker relativ einig, zu dieser Zeit nicht nur blamabel ungebildet, sie war sogar in gewissem Maße bildungsfeindlich. Man pflegte die alten Traditionen, gab sich erzreaktionär, war den Vorschriften der katholischen Kirche absolut hörig und sah hinter jeder weltoffenen, aufgeschlossenen Bemerkung ein Aufflackern von »gefährlichem Liberalismus«. Da ist es kein Wunder, dass eine Frau wie Elisabeth in der Wiener Gesellschaft im besten Falle als »seltsam« galt.

Elisabeth stand mit fast allen Mitgliedern der weit verzweigten Familie ihres Mannes auf Kriegsfuß. Einzig Max, den späteren Kaiser von Mexiko, konnte sie gut leiden – er hatte auch viel mehr Wittelsbacherisches als Habsburgisches an sich. Als er sich allerdings mit Charlotte verheiratete, war es aus mit dem guten Verhältnis. Die beiden Frauen hassten einander vom ersten Augenblick an.

Auch mit ihrer eigenen Schwiegertochter Stephanie konnte die Kaiserin wenig bis gar nichts anfangen und die Brüder und Neffen ihres Mannes hasste sie wegen deren Dekadenz, Präpotenz und der Skandale, die sie dem Hause Habsburg bescherten. Wie überall war Elisabeth auch hier widersprüchlich: Einerseits verachtete sie alle Menschen, die ihren persönlichen Wert nur davon ableiteten, dass sie einer Familie entstammten, die das »Gottesgnadentum« für sich gepachtet zu haben glaubte. Andererseits konnte sie nichts weniger leiden, als wenn Angehörige dieser Familie sich ihres Standes nicht als würdig erwiesen.

Besonders die beiden ältesten Söhne ihres Schwagers Erzherzog Karl Ludwig, Franz Ferdinand (der spätere Thronfolger) und Otto, lieferten ihr reichlich Grund, sich in Gedichtform aufzuregen. Otto zum Beispiel (der Vater des späteren Kaisers Karl) warf bei einem Saufgelage mit Offiziersfreunden in Klagenfurt die Bilder des Kaiserpaares aus dem Fenster. Ein andermal versuchte er, ebenfalls total betrunken, seine Kumpel ins Schlafzimmer seiner sehr frommen Frau zu führen, um ihnen »eine richtige Nonne« zu zeigen. Er konnte im letzten Augenblick von seinem Adjutanten daran gehindert werden.

Elisabeth fühlte sich genötigt, daraus ein Gedicht zu fabrizieren, in dem sie den »Zukunftsseelen« sagen wollte, wie »hoch im Rang, doch in Conduite tief, wie niemals ein Gemeiner« ihre Fürsten doch gewesen waren. Sie beendete das Gedicht mit einer »Moral«:

»Ihr lieben Völker im weiten Reich,
So ganz im geheimen bewundre ich euch:
Da nährt ihr mit eurem Schweisse und Blut
Gutmütig diese verkommene Brut!«

Otto oder Franz Ferdinand (darüber sind sich die Chronisten bis heute nicht einig) lösten 1886 einen weiteren Skandal aus, der im ganzen Reich bekannt wurde: Er sprang mit seinem Pferd über einen Sarg, der gerade in einem Trauerzug zum Friedhof getragen wurde. Er war der Ansicht, ein Erzherzog habe nicht auszuweichen, sondern viel eher der Trauerzug. Auch das findet sich in einem Gedicht Elisabeths wieder.

Dass sich Elisabeth in die Politik nicht einmischte hieß nicht, dass sie unpolitisch war. Sie hatte nur nicht die Kraft und die Ausdauer, sich gegen die Hof-Kamarilla durchzusetzen. Also zog sie sich lieber zurück und pflegte ihre Ansichten im Geheimen. Mit Heine teilte sie die Ablehnung der Monarchie. Die Republik erschien ihr als die einzige vernünftige Staatsform und das färbte auch auf ihre Kinder ab. Marie Valerie und Rudolf waren der gleichen Meinung – und beriefen sich dabei immer auf ihre Mutter. In ihren Gedichten analysierte die Kaiserin Franz Josephs Politik schonungslos, sie machte sich keine Illusionen darüber, dass es nicht mehr lange dauern würde, bis der Vielvölkerstaat auseinander brechen werde. Aber sie verteidigte ihren Ehemann immer wieder mit warmen Worten, litt an seiner Bitterkeit und daran, dass sie ihn zwar immer noch gern hatte, aber nicht mehr liebte. Ihr einziger Trost war die Hoffnung, dass die Nachwelt Franz Joseph Gerechtigkeit widerfahren lasse. Ihrem griechischen Vorleser vertraute sie in den 90er-Jahren an: »Wenn ich an ihn denke, bin ich bekümmert, dass es nicht in meiner Macht steht, ihm zu helfen. Ich verabscheue jedoch die moderne Politik und denke, dass sie voller Betrug ist. Sie ist nur ein Wettkampf, in dem der Listigste das beste Teil erhält zum Nachteil dessen der zögert, gegen sein Gewissen zu handeln. Heutzutage kommen Nationen und Privatleute nur vorwärts, wenn sie skrupellos sind.«

Auf der Insel Korfu hoffte Elisabeth auch in ihren späteren Jahren immer wieder, die Ruhe zu finden, die ihr in Wien so abging. Sie ließ sich ein Schloss auf einem Hügel am Meer bauen, abgeschieden von der Umwelt, mit eigenem E-Werk und Landeplatz am Meer. Das Schloss trug den Namen ihres Lieblingshelden Achill – »Achilleion« – und es sollte im Stil Pompejis sein. Achill war ihr Held, »weil er für mich die griechische Seele personificirt und die Schönheit der Landschaft und der Menschen. Ich liebe ihn auch, weil er so schnellfüßig war. Er war stark und trotzig und hat alle Könige und Traditionen verachtet und die Menschenmassen für nichtig gehalten, gut genug, um wie Halme vom Tode abgemäht zu werden. Er hat nur seinen eigenen Willen heilig gehalten und nur seinen Träumen gelebt, und seine Trauer war ihm wertvoller als das ganze Leben.«

In diesem Schloss umgab sie sich mit den Büsten aller, die sie liebte: Homer, Platon, Euripides, Demosthenes, Periander, Lysias, Epikur, Zeno, Lord Byron, Shakespeare. In ihrem »Musengarten« standen Kopien der Museumsstücke von Apoll und den Musen.

Ihre Verehrung für Heine wurde immer trotziger, je mehr der tote Dichter in die Tagespolitik hineingezogen wurde. Er war Zielscheibe des aufflammenden deutschnationalen Antisemitismus, der auch vor dem Kaiserhaus nicht Halt machte. Der Nationalist Georg Ritter von Schönerer kritisierte Elisabeth und Rudolf (freilich nicht namentlich) als »Judenknechte«. Elisabeth reagierte mit einem Spendenaufruf für ein Heine-Denkmal in Düsseldorf. Je verbissener die Auseinandersetzung wurde, desto leidenschaftlicher trat Rudolf für die Sache seiner Mutter ein. Nicht so sie selbst. 1889 gab sie ihre Unterstützung für die Errichtung des Heine-Denkmals auf und zog sich angewidert zurück. Sie hatte keine Lust, sich mit der »modernen Politik« anzulegen, und ließ ihr eigenes Heine-Denkmal beim Achilleion auf Korfu aufstellen. In einem Pavillon sitzt der kranke Heine, nur im Hemd, mit hängendem Kopf und einem Zettel in der Hand mit den Versen:

Was will die einsame Träne?
Sie trübt mir ja den Blick –
Sie blieb aus alten Zeiten
In meinem Auge zurück.

Du alte, einsame Träne,
Zerfließe
jetzunder auch …

Elisabeths Dichtertätigkeit endete am 30. Januar 1889. Es war der Tag der Tragödie von Mayerling. Rudolf erschoss erst seine jugendliche Geliebte Mary Vetsera und dann sich selbst. Die Kaiserin und den Kaiser traf die Katastrophe völlig unvorbereitet. Graf Hoyos, Rudolfs Jagdgefährte, überbrachte Elisabeth als Erster die Nachricht – in ihrer Griechischstunde, als sie gerade Homer las. Hoyos erzählte auch von der Leiche des Mädchens und meinte, dieses habe den Kronprinzen vergiftet. Elisabeth entzog sich dieses Mal keiner ihrer Pflichten. Sie informierte den Kaiser, ihre Lieblingstochter, die verhasste Schwiegertochter, sie sprach mit Marys Mutter Baronin Helene Vetsera und schärfte der hysterisch Schluchzenden ein: »Und jetzt merken Sie sich, dass Rudolf an Herzschlag gestorben ist.« Die »gnädige Frau« Katharina Schratt brachte sie persönlich zu ihrem Mann, weil sie wusste, dass nur die Freundin ihm in dieser bitteren Stunde Trost spenden konnte.
Zwei Tage später kam die Wahrheit ans Licht, der befürchtete Selbstmord wurde zur Gewissheit und Elisabeth reagierte erstaunlich gefasst: »Der große Jehova ist furchtbar, wenn er vernichtend einhergeht wie der Sturm.«
Elisabeth besuchte ihren toten Sohn am Morgen des 31. Januar, sie küsste ihn auf den Mund und streichelte ihn. Danach verlor sie erstmals die Fassung und weinte bitterlich. Ihr Verhältnis zu Stephanie verbesserte sich durch den gemeinsamen Verlust keineswegs. Sie gab ihrer Schwiegertochter die Schuld an seinem Tod: »Du hast Deinen Vater gehaßt, Du hast Deinen Mann nicht geliebt und Du liebst auch Deine Tochter nicht!« Sie wollte nicht sehen, dass auch sie selbst Schuld an Rudolfs Unglück hatte. Nicht nur Stephanie, auch Elisabeth hatte dem unglücklichen Kronprinzen die Liebe verwehrt.
Damit der Selbstmörder christlich begraben werden konnte, musste ein ärztliches Gutachten erstellt werden, das ihn für geisteskrank erklärte – für den Kaiser war das ein Trost, für Elisabeth eine Pein. Es erinnerte sie daran, dass ihre gesamte Familie

immer am Rande des Wahnsinns gewandelt war. Sie redete sich ein, »dass es ihr baierisch-pfälzisches Blut war, das Rudolf zu Kopf gestiegen, dies alles ist so unsagbar bitter mitanzusehen«, schrieb die todtraurige Marie Valerie.

Elisabeth hatte immer bezweifelt, dass der Selbstmord ihres Sohnes nur eine unglückliche Liebesgeschichte gewesen sei. Sie glaubte an politische Motive und sie war wie ihre Tochter (und auch wie Rudolf) überzeugt, dass nach Franz Josephs Tod die österreichisch-ungarische Monarchie dem Untergang geweiht war. Rudolf hatte seiner Schwester in seinem Abschiedsbrief geraten, sie und die Mutter mögen auswandern.

Der Wiener Hof und die Öffentlichkeit nahmen großen Anteil am Schmerz des Kaisers, gaben aber Elisabeth und Stephanie die Schuld an der Tragödie. Die Kaiserin habe zu viel an sich und zu wenig an ihre Pflichten gedacht, das habe die Katastrophe heraufbeschworen, hieß es.

Elisabeth zog sich noch mehr zurück und verstärkte ihre spiritistischen Neigungen. Die Tröstungen der katholischen Religion konnten ihr kaum helfen, sie glaubte mehr an Geisterbeschwörung. Schon wenige Tage nach Rudolfs Beisetzung stieg sie in die Kapuzinergruft hinunter, um mit dem toten Sohn Kontakt aufzunehmen und den Grund für seinen Freitod zu erfahren.

Marie Valerie schreibt über den Antikatholizismus ihrer Mutter: »Mama ist eigentlich nur deistisch. Sie betet den gewaltigen Jehova an in seiner vernichtenden Kraft und Größe; dass Er aber Bitten Seiner Geschöpfe erhört, glaubt sie nicht, weil – sagt Sie – von Anfang aller Zeiten her alles vorausbestimmt und der Mensch machtlos ist gegen diese ewige Prädestination, deren Grund eben nur Jehovas unerforschlicher Wille ist. Vor Ihm ist Sie ja der kleinsten Mücke gleich – wie könnte Ihm etwas an Ihr liegen.« Elisabeth vertraute ihrer Tochter an: »Rudolf hat meinen Glauben totgeschossen.«

Am Ende des Trauerjahres verschenkte die Kaiserin alle ihre farbigen Kleider, Schirme, Schuhe, Tücher, Taschen und alles, was Schmuck und Putz war, an ihre beiden Töchter. Sie behielt nur schlichte Trauerkleider und ließ sich auch bis an ihr Lebensende nicht mehr bewegen, wieder etwas Farbiges zu tragen. Auch

ihren Schmuck verschenkte sie und zog fortan fast wie eine dürre, traurige Vogelscheuche durch die Lande. Niemals mehr ließ sie sich porträtieren, sie zog sich von der Welt zurück und wurde zusehends einsamer. Rudolf war tot, Marie Valerie glücklich verheiratet mit Erzherzog Franz Salvator und bekam nach und nach neun Kinder, die älteste Tochter Gisela hatte schon mit 16 Jahren Prinz Leopold von Bayern geheiratet und Franz Joseph wusste sie gut versorgt durch Katharina Schratt.
Für Elisabeth war Valeries Eheschließung gewesen, als hätte sie auch ihr letztes Kind verloren. Sie bezeichnete die Ehe als »widernatürlich« und verstörte ihre Umgebung durch ihre zunehmende Todessehnsucht. Auf ihren Reisen benahm sie sich immer exzentrischer. Ihre Hofdame Marie Festetics beklagte sich einmal: »...Gestern früh war schlechtes Wetter, trotzdem fuhr sie mit dem Segler hinaus. Um 9 Uhr begann es schon zu gießen und bis 3 Uhr nachmittags dauerte der furchtbare von Donner begleitete Guß. Während der ganzen Zeit segelte sie um uns herum, saß am Deck, hielt den Regenschirm über sich und war ganz naß. Dann stieg sie irgendwo aus, bestellte den Wagen hin und wollte in einer fremden Villa übernachten.«
Elisabeth hatte förmlich eine Manie, unangemeldet in fremde Häuser einzudringen und dort Unterschlupf zu suchen. Oft wechselte sie kurzfristig ihr Reiseziel und hielt ihren kleinen Hofstaat ständig in Atem. Ihr Verhalten wurde immer sonderbarer.
Die Schauspielerin Rosa Albach-Retty beobachtete Elisabeth und eine ihrer Hofdamen 1898 in einem kleinen Landgasthaus in Ischl. Die Hofdame ließ Elisabeth kurz allein am Tisch zurück: »Elisabeth schaute sekundenlang vor sich hin, griff dann mit der linken Hand nach ihrem Gebiß, nahm es heraus, hielt es seitlich über den Tischrand und spülte es mit einem Glas Wasser ab. Dann schob sie es wieder in den Mund. Das alles geschah mit so viel graziöser Nonchalance, vor allem aber derart blitzschnell, dass ich zunächst meinen Augen nicht trauen wollte.«
Auf ihre Reisen nahm die Kaiserin stets Milchkühe mit, da sie sich in den letzten Jahren fast ausschließlich von Milch und Eiern ernährte. Sie wurde immer magerer und ihre Familie erschrak oft, wenn sie sie sah.

So erschien es nicht wenigen Chronisten wie eine »Erlösung« für Elisabeth, als die 60-jährige Kaiserin am 10. September 1898 von dem italienischen Anarchisten Luigi Lucheni auf dem Weg zur Bootsanlegestelle am Genfer See erstochen wurde.

Eigentlich hätte die spitze Feile einem anderen gelten sollen – am liebsten dem italienischen König Umberto, oder, da Lucheni das Fahrgeld nach Rom fehlte, zumindest Prinz Henri von Orléans, Thronprätendent von Frankreich, der sich in Genf angesagt hatte. Aber Henri kam nicht und Lucheni, der sich schon geistig auf seine »große Tat« vorbereitet hatte, war die Kaiserin von Österreich genauso recht. Auch sie war für ihn eine verhasste Aristokratin. Dass sie ihren eigenen Stand genauso hasste wie er, spielte dabei keine Rolle. Als Elisabeth in Begleitung ihrer Hofdame Irma Sztáray wie immer schwarz gekleidet zur Bootsanlegestelle ging, schaute Lucheni blitzschnell unter den Sonnenschirm, um sich zu vergewissern, dass er die Richtige traf. Er zielte genau ins Herz, Elisabeth fiel rücklings zu Boden, stand aber sogleich wieder auf. Passanten hielten Lucheni auf und brachten ihn zur Polizei. Elisabeth dankte inzwischen allen, die ihr beim Aufstehen geholfen hatten, und eilte zum Schiff. Sie mutmaßte, Lucheni habe ihre Uhr stehlen wollen, und beeilte sich, um das Schiff noch zu erreichen. Erst als dieses schon abgelegt hatte, brach sie zusammen. Die Hofdame glaubte zunächst an eine Ohnmacht und öffnete das Mieder der Kaiserin. Da erst entdeckte sie den kleinen bräunlichen Blutfleck über dem Herzen. Sie schlug Alarm, das Schiff fuhr eilends wieder zurück, Elisabeth wurde auf einer improvisierten Tragbahre ins Hotel zurückgebracht. Dort konnte der Arzt nur mehr den Tod feststellen.

Franz Joseph weinte, als er die Nachricht bekam, und er arbeitete mehr denn je, um seinen Schmerz zu bekämpfen. Wiederholt sagte er zu seiner Tochter Marie Valerie: »Wie kann man eine Frau ermorden, die keinem je etwas zu Leide getan hat.« Zu seinem Adjutanten Graf Paar sagte er die Worte, die sein ganzes Leid ausdrückten: »Sie wissen nicht, wie sehr ich diese Frau geliebt habe.«

Elisabeth war erlöst. Sie war ohne Schmerzen, schnell und ohne Komplikationen gestorben. Und sie sollte wieder einmal Recht behalten mit einem ihrer Gedichte, das sie anlässlich der Hochzeit von Marie Valerie verfasst hatte:

Keine Thränen wird man weinen,
Wird nicht seufzen, wird nicht klagen;
Fröhlich wird die Sonne scheinen
Auch an meinen Sterbetagen.

Die mir alles hier gewesen,
Meine Sonne und mein Leben,
Ach! Die hat mich längst vergessen,
Eh' ein Jahr sich hinbegeben!

Darum weise, wer hienieden
Seine Bahnen einsam wandelt,
Der die Liebe stets gemieden,
Wahrlich! Der hat klug gehandelt!

»Thränen« fließen längst nicht mehr um die schöne Dichter-Kaiserin – dafür umso mehr Geld mit ihrem Mythos.

Literatur

ALVAREZ, Manuel Fernández: Imperator Mundi. Karl V., Kaiser des Heiligen Römischen Reiches Deutscher Nation. Stuttgart/Zürich 1977.

ANDICS, Hellmut: Die Frauen der Habsburger. Wien 1993.

BROUWER, Johan: Johanna die Wahnsinnige. Ein tragisches Leben in bewegter Zeit. München 1978.

CLENN, Elwood: The legendary character of Kaiser Maximilian.

DIRK, Jan: Gedechtnus. Literatur und Hofgesellschaft rund um Maximilian I.

GIES McGUIGAN, Dorothy: Die Habsburger. Aufstieg und Fall einer europäischen Dynastie. Wien 1995.

GRÖSSING, Sigrid-Maria: Amor im Hause Habsburg. Eine Chronique scandaleuse. Wien 1990.

HAMANN, Brigitte: Elisabeth. Bilder einer Kaiserin. München 1982.

HAMANN, Brigitte: Elisabeth. Kaiserin wider Willen. München 1981.

HAMANN, Brigitte: Kaiserin Elisabeth. Das poetische Tagebuch. Wien 1992.

HASLIP, Joan: Maximilian. Kaiser von Mexiko. München 1972.

HEINIG, Paul Joachim: Kaiser Friedrich III. in seiner Zeit.

HERM, Gerhard: Der Aufstieg des Hauses Habsburg. Düsseldorf/Wien/New York 1989.

HERM, Gerhard: Glanz und Niedergang des Hauses Habsburg. Düsseldorf/Wien/New York 1989.

HORST, Eberhard: Die spanische Trilogie. Isabella – Johanna – Teresa. Düsseldorf 1989.

JOSEPH II: Reisetagebücher. Schärding 1979.

LHOTSKY, Alphons: Die Bibliothek Kaiser Friedrichs III. Graz 1950.

MAHOVSKY, Ekhard: Die Furche von Slawikowitz. Wien 1980.

MAY, Wolfgang: Studien zur Reisetätigkeit Josefs II. Diplomarbeit, Wien 1980.

MIDDENDORFF, Wolf: Maximilian, Kaiser von Mexiko. Sein Leben und sein Prozeß in historischer und psychologischer Sicht. Köln 1981.

NETTE, Herbert: Karl V. in Selbstzeugnissen und Bilddokumenten. Reinbek bei Hamburg 1979.

PFUNDHELLER, Joseph: Der Blumenkaiser. Wien 1885.

PRAWDIN, Michael: Johanna die Wahnsinnige. Habsburgs Weg zum Weltreich. Wien 1938.

RUDOLF (Kronprinz): Eine Orientreise. Wien 1884.

RUDOLF (Kronprinz): Fünfzehn Tage auf der Donau. Wien 1881.

SCHWARZMANN, Eva: Die Oper am Hof Leopolds I. Sänger und Musiker im Dienste der kaiserlichen Repräsentation. Diplomarbeit, Wien 1997.

SPIELMAN, John P.: Leopold I. Zur Macht nicht geboren. Graz/Wien/Köln 1981.

VACHA, Brigitte: Die Habsburger. Eine europäische Familiengeschichte. Graz/Wien/Köln 1992.

WIESFLECKER, Hermann: Maximilian I. Die Fundamente des habsburgischen Weltreiches. Wien 1991.

ZANETTI, Wolfgang: Der Friedenskaiser. Herford 1985.

Bildnachweis:

Bildarchiv der Österreichischen Nationalbibliothek: 51, 73, 103, 123, 143, 165, 185
Kunsthistorisches Museum Wien: 31, 87